David Zimmermann
Traumapädagogik in der Schule

Unter anderem sind bisher folgende Titel im Psychosozial-Verlag in der Reihe »Psychoanalytische Pädagogik« erschienen:

BAND 30 J. Körner, M. Müller (Hg.): Schuldbewusstsein und reale Schuld. 2010.
BAND 31 B. Ahrbeck (Hg.): Von allen guten Geistern verlassen? Aggressivität in der Adoleszenz. 2010.
BAND 32 D. Barth: Kinderheim Baumgarten. Siegfried Bernfelds »Versuch mit neuer Erziehung« aus psychoanalytischer und soziologischer Sicht. 2010.
BAND 33 H. Hirblinger: Unterrichtskultur. 2 Bände. 2010.
BAND 34 G. Salmon, J. Dover: Pädagogische Psychotherapie bei emotional-sozialen Lernstörungen. 2011.
BAND 35 A. Eggert-Schmid Noerr, J. Heilmann, H. Krebs (Hg.): Elternarbeit. Ein Grundpfeiler der professionellen Pädagogik. 2011
BAND 36 S. Bender: Sexualität und Partnerschaft bei Menschen mit geistiger Behinderung. Perspektiven der Psychoanalytischen Pädagogik. 2011
BAND 37 M. Datler: Die Macht der Emotion im Unterricht. Eine psychoanalytisch-pädagogische Studie. 2012
BAND 38 D. Zimmermann: Migration und Trauma. Pädagogisches Verstehen und Handeln in der Arbeit mit jungen Flüchtlingen. 2012
BAND 39 J. Heilmann, H. Krebs, A. Eggert-Schmid Noerr (Hg.): Außenseiter integrieren. Perspektiven auf gesellschaftliche, institutionelle und individuelle Ausgrenzung. 2012
BAND 40 H. Figdor: Patient Scheidungsfamilie. Ein Ratgeber für professionelle Helfer. 2012
BAND 41 H. Schnoor (Hg.): Psychodynamische Beratung in pädagogischen Handlungsfeldern. 2012
BAND 42 T.M. Naumann: Gruppenanalytische Pädagogik. Eine Einführung in Theorie und Praxis. 2014
BAND 43 J. Heilmann, A. Eggert-Schmid Noerr, U. Pforr: Neue Störungsbilder – Mythos oder Realität? Psychoanalytisch-pädagogische Diskussionen zu ADHS, Asperger-Autismus und anderen Diagnosen 2015
BAND 44 U. Pav: »… und wenn der Faden reißt, will ich nur noch zuschlagen!« Pädagogischer Umgang mit Gewalt in der stationären psychotherapeutischen Behandlung Jugendlicher. 2016

BAND 45

Psychoanalytische Pädagogik

HERAUSGEGEBEN VON
BERND AHRBECK, WILFRIED DATLER,
ANNELINDE EGGERT-SCHMID NOERR
UND URTE FINGER-TRESCHER

David Zimmermann

Traumapädagogik in der Schule

Pädagogische Beziehungen mit schwer belasteten Kindern und Jugendlichen

Psychosozial-Verlag

Bibliografische Information der Deutschen Nationalbibliothek
Die Deutsche Nationalbibliothek verzeichnet diese Publikation in der Deutschen Nationalbibliografie; detaillierte bibliografische Daten sind im Internet über http://dnb.d-nb.de abrufbar.

Originalausgabe

Walltorstr. 10, D-35390 Gießen
Fon: 06 41 - 96 99 78 - 18; Fax: 06 41 - 96 99 78 - 19
E-Mail: info@psychosozial-verlag.de
www.psychosozial-verlag.de

Umschlagabbildung: Paul Klee, »Bal champêtre«, 1940
Umschlaggestaltung und Innenlayout nach Entwürfen von
Hanspeter Ludwig, Wetzlar
Satz: metiTEC-Software, me-ti GmbH, Berlin
ISBN 978-3-8379-2585-2

Inhalt

1. Beziehungstraumatisierte Kinder und Jugendliche, reflexive Professionalität und soziale Rahmenbedingungen

1.1 In medias res oder: Ist geteiltes Leid doppeltes Leid?

Für beziehungstraumatisierte Kinder und Jugendliche gibt es kein »davor« und kein »danach«. Die innere und oft auch die äußere Welt dieser jungen Menschen sind durch ein »während« traumatischer Erfahrung gekennzeichnet. In Form überflutender Affekte überlagern die Extremerfahrungen das gesamte Erleben und sind deshalb subjektiv, zeitlich sowie räumlich nicht begrenzt (vgl. Brothers, 2014, S. 4). Der Terminus »Beziehungstraumatisierung« beschreibt immer langfristige, hoch belastende Erfahrungen und ihre Folgen für die gesamte Identität der Betroffenen. Oft sind die primären Beziehungspersonen unmittelbar verursachend, in jedem Fall jedoch am Verlauf des traumatischen Prozesses beteiligt (vgl. Schore, 2001; Streek-Fischer & Kolk, 2000). In selteneren Fällen sind es sekundäre Bezugspersonen, die langfristig traumatisieren, so etwa im Fall sexualisierter Gewalt in Wohnheimen oder Internaten (vgl. Baader, 2012) oder in totalitär organisierten Zwangskontexten, etwa in den Jugendwerkhöfen der DDR (vgl. Beyer et al., 2016). Das wesentliche Kriterium, das Beziehungstraumata von anderen schwer belastenden Erfahrungen unterscheidet, ist folgerichtig die dauerhafte emotionale und teils auch körperliche Abhängigkeit der Betroffenen von den traumatisierenden Bezugspersonen. Das heißt, über die klassische Unterscheidung von Typ I- und Typ II-Traumatisierungen (vgl. Terr, 1995) hinaus gilt es hierbei zu konkretisieren, dass die langfristige traumatische Erfahrung in einem Abhängigkeitsverhältnis zwischen Kind und Erwachsenem stattfindet. Je früher die traumatische Erfahrung wie ein Keil in die Entwicklung des Kindes eindringt, desto absoluter ist der äußere und innere Raum des Kindes zerstört. Die biografisch frühe Traumatisierung und gleichzeitige Abhängigkeit von den primären Bezugspersonen begründen, warum bei beziehungstraumatisierten Kindern innerpsychisch keine Zeit »vor der Traumatisierung« besteht; ebenso ist die Vorstellung über eine Zeit »danach« kaum zu verinnerlichen, denn die extreme Angst – oft sinnhaft als Überlebensangst zu rekonstruieren – wirkt bis heute fort (vgl. Hurvich, 2004). Eine Folge dieser zeitlich nicht begrenzten, traumatischen Erfahrung ist die Erwartung der Betroffenen, das Schreckliche müsse immer wieder geschehen (vgl. van der Kolk, 2005). Darüber hinaus ist in den meisten Fällen kennzeichnend, dass das traumatische Geschehen im Hier und Jetzt auch äußerlich und sozial keinen klaren Schlusspunkt aufweist. Entweder, weil die Betroffenen weiter in traumatisierenden Umständen leben (meist in den Herkunftsfamilien) oder, weil die Bedingungen der Fremdunterbringung keine Be- und Verarbeitung zulassen. Die äußere, soziale Erfahrung dieser jungen Menschen ist also dominiert von Beziehungen zu gewalttätigen, vernachlässigenden oder extrem unempathischen Erwachsenen.

Im Mittelpunkt dessen, was die Psychoanalytische Pädagogik als Reinszenierung bezeichnet (vgl. Gerspach, 2012) und hier als spezifische Form traumatischen Wiedererlebens und -agierens erscheint, stehen im Fall von Beziehungstraumatisierungen nicht etwa Anpassungsstörungen oder Verweigerungshaltungen (vgl. Bonus, 2008). Denn mit Letzteren sind mehr oder weniger maladaptive Verhaltensweisen gemeint, die demnach kognitiv umorganisiert werden könnten. Vielmehr handelt es sich bei beziehungstraumatisierten Kindern und Jugendlichen aber um tief verinnerlichte, im Regelfall unbewusste Vorstellungen von zurückweisenden und missbrauchenden Erwachsenen, deren Handlungen massive Ängste, Hilflosigkeits- und Ohnmachtsgefühle bei den Betroffenen ausgelöst haben. Die dementsprechenden Verhaltensweisen der Kinder und Jugendlichen sind deshalb hoch adaptiv im Hinblick auf eine massiv gestörte, äußere Erfahrung (vgl. Stein & Müller, 2015). Für die Erlebnisse und die dazugehörigen Emotionen fehlen den Kindern und Jugendlichen zudem Möglichkeiten der Symbolisierung. In ihrem Verhalten zeigen sich demnach erstens das massive lebensgeschichtliche (vergangene wie aktuelle) Leid und zweitens die existenziellen Anfragen an die erwachsenen Beziehungspersonen, in erster Linie die Pädagoginnen und Pädagogen.

Jene schwer belasteten Kinder und Jugendlichen verbringen eine erhebliche Anzahl von Stunden pro Woche in der Schule und in außerschulisch-pädagogischen Einrichtungen, einige von ihnen leben zudem in stationären Settings der Jugendhilfe. Schon aus diesen Gründen muss sich die Pädagogik mit den Extremerfahrungen dieser Klientel beschäftigen. Eine Aufspaltung in eine didaktisch und alltagspraktisch orientierte Pädagogik einerseits und die an den inneren Verletzungen arbeitende Therapie andererseits hat ausgedient (vgl. Gahleitner et al., 2015). Ein weiterer Grund für die Notwendigkeit der pädagogischen Auseinandersetzung mit dem Thema Beziehungstraumatisierung besteht in der massiven emotionalen Beteiligung der Fachkräfte und auch der Peers in der Arbeit mit jenen Kindern und Jugendlichen (vgl. Zimmermann, 2015a). So erscheint es vielerorts, als addiere sich im Kontext innerpsychischer wie sozialer Reinszenierung von Traumatisierung Leid, statt sich als geteiltes Leid zu halbieren. Sollen die pädagogischen Orte unabhängig davon, ob es sich um Schule, Jugendhilfe oder Sprachfördereinrichtung handelt, ausreichend sicher für alle Beteiligten gestaltet werden, ist ein Wissen um und eine entsprechende Haltung gegenüber den traumatischen Erfahrungen unerlässlich (vgl. Blülle & Gahleitner, 2014). Den Herausforderungen der Arbeit mit traumatisierten Kindern und Jugendlichen kann also teilweise mit professionellem Fachwissen begegnet werden. Grundlagen der Trauma- sowie der psychoanalytischen Pädagogik haben demnach in der Aus- und Weiterbildung von pädagogischen Fachkräften eine hohe Relevanz (vgl. Bausum et al., 2013; Crain, 2005; Gerspach, 2012). Noch mehr jedoch stellen traumatisierte Kinder und Jugendliche Anforderungen an die reflexive Kompetenz der Fachkräfte (vgl. Krebs, 2002). Hierbei müssen klassische Berufsrollenverständnisse vielfach erweitert und teilweise gänzlich neu justiert werden. Vermittlungskompetenz bleibt zwar selbstverständlich ein Kerngeschäft von Lehrkräften, Alltagsorganisation und Selbständigkeitstraining sind wichtige Qualifikationsaspekte für Fachkräfte in der Sozialen Arbeit. Die Voraussetzung für tatsächliche Bildungs- und Entwicklungsarbeit aber ist das Verstehen und die (trauma-)pädagogische Haltung, die in der derzeitigen Ausbildung von Sozialpädagoginnen und -pädagogen sowie von Lehrkräften eher randständig behandelt werden (vgl. Zimmermann & Wininger, 2014).

Zur Ermöglichung solcher pädagogischer Arbeit benötigen die Fachkräfte eine Organisationskultur, die für sie selbst ausreichend sicher ist (vgl. Schirmer, 2016). Daran wird unmittelbar deutlich, dass die pädagogisch Professionellen nicht in einem institutionellen Vakuum agieren und sich ihre Haltungen sowie Handlungen stets nur unter zusätzlicher Bezugnahme auf die organisationale wie institutionelle Rahmung des Interaktionsgeschehens nachvollziehen lassen. Theoretisch-konzeptionell und fallbezogen bedarf es deshalb stets auch der Analyse der äußeren Gegebenheiten, in denen die Arbeit mit schwer belasteten Kindern vollzogen wird und die entsprechende Möglichkeiten und Hemmnisse für die pädagogische Tätigkeit mit sich bringen.

Das vorliegende Buch handelt von Kindern und Jugendlichen mit derartigen Extremerfahrungen, ihren pädagogischen Bezugspersonen sowie den Institutionen, nicht zuletzt der Schule, die mit diesen jungen Menschen arbeiten.

1.2 Soziale Rahmung von massiv gestörter Entwicklung

1.2.1 »Rohe Bürgerlichkeit« und emotional-soziale Deprivation

Das Aufwachsen von Kindern und Heranwachsenden war ganz sicher in jeder Epoche durch spezifische und vielfach sequenziellen Charakter tragende Belastungen gekennzeichnet. Die Skizzierung einer gewissen Kontinuität historisch-gesellschaftlicher Missstände mit ihren Auswirkungen auf die Entwicklung von Kindern und Jugendlichen sollte jedoch nicht davon ablenken, dass auch die aktuelle gesellschaftliche Situation spezifische Belastungsfaktoren mit sich bringt. Zwar bleibt festzuhalten, dass ein mit Deprivations- und Stigmatisierungserfahrungen verbundener »sozialer Ort« (Bernfeld, 1925) der Entwicklung niemals linear in traumatische Erlebensmuster zu überführen ist. Dies wäre fachlich falsch und wissenschaftlich unzulässig. Jedoch: Soziale und ökonomische Rahmenbedingungen müssen zumindest skizziert werden, denn ohne diese strukturelle Analyse sind die Leidens- und Überforderungssituationen, die die primär sowie sekundär Betroffenen in der pädagogischen Tätigkeit mit schwer belasteten jungen Menschen erleben, nicht in Gänze nachzuvollziehen.

> »This is particularly of the essence within the context of social, emotional and behavioural difficulties (SEBD), in which simplistic explanations are often forwarded, locating the problem as residing in inadequacies either within the child [...] or in parenting without examining the wider social and political context in which the child and family operate« (Mowat, 2014, S. 154).

Relevante gesellschaftliche Veränderungen der vergangenen Dekaden lassen sich nunmehr auf einer Makro-, Meso- und Mikroebene analysieren. Die Ebenen stehen dabei miteinander in Verbindung, ohne unilineare Wirkmechanismen auszubilden. Das heißt beispielhaft: Kommt es auf der Makroebene zu einer Veränderung der Organisation der Erwerbsarbeit oder der formellen Bildung, hat dies Einfluss auf die konkrete Ausgestaltung der Einzelbetriebe, Schulen und auf die Beziehung ihrer Mitglieder zur Institution. Ebenso können sich zwischenmenschliche Beziehungsmuster ändern, wenn Partner- und Freundschaften durch eine geringere Verbindlichkeit geprägt sind (vgl. Bauman, 2003). Andersherum betrachtet: Kinder und Jugendliche, die ohnehin schwer belastende zwischenmenschliche Erfahrungen machen, sind gleichsam hoch vulnerabel für die Auswirkungen fehlender sicherer Orte in institutionellen und größeren sozialen Kontexten, ebenso für soziale Deprivation bis hin zur Stigmatisierung. Jene jungen Menschen bilden insofern eine Nagelprobe für gelingendes oder misslingendes soziales Miteinander.

Sozial benachteiligte Menschen sind einem hohen Druck, sowie damit einhergehend zunehmenden Vorurteilen und Abwertungen ausgesetzt (vgl. Lutz, 2014). Gesellschaftliche Leitgedanken und somit Voraussetzung für die Entwertung von Minderheiten sind Individualisierung und Leistungsoptimierung als zentrale Kennzeichen der »Risikogesellschaft« (vgl. Beck, 1986). Menschen ohne bezahlte Arbeit erleben in ihren Grundrechten auf Entfaltung massive Einschränkungen, die sich nicht nur in Form angedrohter oder realisierter Leistungskürzungen des Arbeitslosengelds II, sondern auch in gesellschaftlicher Ausgrenzung bis hin zur Entwertung manifestieren. Bezugnehmend auf Heitmeyers Terminologie der »rohen Bürgerlichkeit« beschreibt Rainer Benkmann (2014) die zunehmende Abwertung der sozial am Rande stehenden gesellschaftlichen Gruppen, wobei eine gedankliche Nähe jener von ihm kritisch analysierten Denkmuster zu rassistischen und biologistischen Theorien sehr deutlich herausgearbeitet wird. Eine Verschärfung finden die Entwicklungen in den letzten Dekaden durch Globalisierung und radikalen Leistungsdruck, der einhergeht mit dem Leitbild eines Homo oeconomicus, der nicht nur auf der Suche nach einem Selbst-Ideal ist, sondern sich auch gegenüber der Umwelt permanent vermarktet (vgl. Herz et al., 2015). Eine empirisch repräsentative Umfrage zur Leistungsorientierung der in Deutschland lebenden Bevölkerung gibt Einblicke in die Wirkmächtigkeit jener Ideologie im Hinblick auf Einstellungsveränderungen breiter Teile der Bevölkerung:

> »Der ersten Aussage zum unternehmerischen Universalismus, ›wer nicht bereit ist, was Neues zu wagen, der ist selbst schuld, wenn er scheitert‹, stimmen knapp zwei Drittel der Deutschen zu. […] Wiederum mehr als die Hälfte der Deutschen (56%) sieht eine eigene Schuld für das Scheitern, wenn es an Eigenmotivation mangelt. […] Den Glauben daran, dass Fortschritt lediglich durch Wettbewerb möglich sei, teilen knapp 62% der deutschen Bevölkerung« (Groß & Hövermann, 2015, S. 45).

Diese hohen Zustimmungsraten sind jedoch nicht nur als von vielen Menschen adaptierte Gemeinplätze zu verstehen, sondern korrelieren hochgradig mit tief verinnerlichten Abwertungen langzeitarbeitsloser Menschen. Ein deutlich geringerer Prozentsatz der Befragten wertet auch Menschen mit Behinderungen ab (vgl. ebd., S. 50).

Ein Zusammenhang von hoher Arbeitsmobilität, relativer Armut und daraus resultierender familiär und individuell schlechterer emotionaler und sozialer Lage der Kinder und Jugendlichen lässt sich nunmehr sowohl aus nationalen wie auch internationalen Studien herausarbeiten (vgl. Schneider & Waite, 2005). So stellt das Deutsche Jugendinstitut fest:

> »Je ausgeprägter die Armutslagen in den Kommunen sind, desto höher ist in der Regel auch der Bedarf an stationärer Unterbringung im Kontext der Kinder- und Jugendhilfe« (Deutsches Jugendinstitut, 2009, S. 9).

Ob die kraftvolle Durchdringung kapitalistischer Ordnung in Arbeits-, Schul- und Familienleben für die Individuen in allen Regionen und sozialen Räumen ähnlich stark ausgeprägt ist, bleibt demnach eine offene Frage. Dass sich ihre Auswirkungen je nach sozialer Situation der Familien sowie den Wohngegenden unterscheiden, ist jedoch gewiss. Statistisch bildet soziale Deprivation folgerichtig ein Bedingungsfeld für Verlust- und Vernachlässigungserfahrungen bei Kindern und Jugendlichen, das jedoch im Sinne des Neoliberalismus weitgehend ignoriert wird:

> »Schulversagen und Scheitern wird – wie bei Erwachsenen im Prekariat – individualisiert; Beeinträchtigungen in der kognitiven, sozialen und emotionalen Entwicklung werden überdies zunehmend biologisiert. … Die Pathologisierung normabweichenden Verhaltens hat eine lange Tradition; sie erfährt neuerdings einen unerhörten Aufschwung durch marktorientierte Leistungsideologien« (Herz, 2015b, S. 69).

Eine kritische Pädagogik muss diese sozialen Umstände hinsichtlich ihrer Belastungen für die kindliche Entwicklung analysieren. Eine Banalisierung von Leid, die die Zusammenhänge zwischen einer »erregten Gesellschaft« (Ahrbeck, 2008) und den massiven Problematiken von Kindern und Jugendlichen vorschnell negiert, ist weder einer fachwissenschaftlichen Weiterentwicklung noch einem gesellschaftlichen Dialog dienlich.

1.2.2 Optimierung von Kindheit und emotional-soziale Verwahrlosung

Ein zweiter zentraler Aspekt neoliberaler Durchdringung der Lebenswelt findet sich in der angestrebten Optimierung (früh-)kindlicher Entwicklungs- und Lernprozesse – mit weitreichenden Folgen für die emotionale Ausprägung von familialen Beziehungsmustern.

Deutlich mehr Kinder erleben einen wesentlichen Teil ihrer primären Beziehungserfahrungen außerhalb der Ursprungsfamilie. Der Ausbau der Elementarbetreuung wird deutschland- und europaweit vorangetrieben, sodass jetzt etwa jedes dritte Kind unter drei Jahren eine Kindertageseinrichtung besucht (Bundesministerium für Familie, Senioren, Frauen und Jugend, 2015, S. 2). Zusätzlich zur Ausdehnung der Platzanzahl etabliert sich auch eine höhere zeitliche Flexibilität der Angebote, mancherorts vom frühen Morgen bis in den späten Abend. In einer solchen Entwicklung zeigt sich eine beeindruckende Widersprüchlichkeit. Außerhäusliche Betreuung war ursprünglich ein emanzipatorisches Projekt mit dem Ziel, berufliche und private Verwirklichung beider Eltern, dabei insbesondere den zuvor benachteiligten Müttern, zu ermöglichen.[1] Nun jedoch gerät es mehr und mehr zu einer rein wirtschaftlich motivierten Tatsache, die Eltern einem hohen Leistungsdruck auf beiden Ebenen – Beruf und Familie – aussetzt. So legen einige der aktuellen (populärwissenschaftlichen) Elternstudien Folgendes nahe: »Eile, Hetze und Zeitdruck sind Alltag« (Lewicki & Greiner-Zwarg, 2015). Politisch sowie medial wird dies mit einem Leitbild des maximalen beruflichen Erfolgs beider Eltern verknüpft und das Recht auf möglichst umfassende Fremdbetreuung wird in einschlägigen Internetforen sehr engagiert diskutiert. Das Gleichgewicht zwischen Familie und Beruf verschiebt sich dabei in Richtung des beruflichen und wirtschaftlichen Erfolgs. Die Externalisierung von Erziehung und Beziehung aus der Familie wird in den großen Studien hingegen kaum problematisiert. Im Mittelpunkt der öffentlichen und wissenschaftlichen Diskussion stehen (kognitive) Förderperspektiven der Kinder und elterliche Betreuungsbedarfe, jedoch nicht die emotionalen Nöte und Anforderungen von Kindern (vgl. Grgic & Alt, 2014). Folgerichtig wird auch kaum die notwendige liebevolle und mit einem ausreichenden Personalschlüssel unterlegte Begleitung der kleinen Kinder thematisiert; die Ansprüche an umfassende *Förderung* beziehen sich nunmehr auf alle Erziehungs- und Bildungsinstitutionen inklusive der Kinderkrippen. Ein früher Optimierungsdruck auf die Kinder ist eine logische Folge, sollen doch

1 Angesichts der politischen Gesamtsituation darf ein Hinweis hier nicht fehlen: Jene Kritik an einer rein marktorientierten Fixierung auf möglichst umfassende, außerhäusliche Betreuung bewegt sich fernab der rechtspopulistisch motivierten, antifeministischen Strömungen, die ihre Heimat in Deutschland insbesondere in der rechtspopulistischen Partei ›Alternative für Deutschland‹ haben. Hier wird nur scheinbar über den gleichen Gegenstand gesprochen, die ethischen und politischen Grundverständnisse sowie die Vorstellungen gelingender Kindesentwicklung könnten jedoch nicht unterschiedlicher sein.

auch sie bereits auf die Konkurrenz und Selbstvermarktung vorbereitet werden (vgl. Naumann, 2015).

Einige Aspekte des gehetzten und unter permanentem Leistungsdruck stehenden familiären Miteinanders mögen zunächst primär für eine akademisch sozialisierte Gruppe von Eltern gelten. Gleichwohl betreffen diese Aspekte, wenn auch in abgewandelter Form, gerade auch die sozial benachteiligten Familien (vgl. Sennett, 2005). Jene Eltern, die aus wirtschaftlichen Gründen auf zwei Ganztagsstellen angewiesen sind, arbeiten vielfach in Servicebereichen, die eine maximale zeitliche Flexibilität erfordern. Ihre Einkommen reichen jedoch nicht aus, um sich Unterstützung zu finanzieren, und ihre beruflichen sowie materiellen Unsicherheiten sind ungleich existenzieller als für finanziell besser gestellte Eltern.

Der Druck, dem Familien ausgesetzt sind, insbesondere am sozialen Rand der Gesellschaft, wirkt gleichsam zurück auf weitere Bildungsinstanzen: Schule wird zunehmend als Ganztagsdienstleister verstanden, die Halbtagsschule gilt bereits im Grundschulbereich als Auslauf-, in jedem Fall aber als wenig förderliches Modell. Auch hierbei gilt: Die Betreuung und Förderung insbesondere sozial benachteiligter Kinder und Jugendlicher über die Mittagszeit hinaus ist ein hohes Gut. Gleichwohl werden andere Aspekte in der bildungspolitischen Diskussion konsequent vernachlässigt: Das Recht der Kinder auf Zeit mit ihren Eltern am Nachmittag, der zentrale Aspekt von Langeweile und Nichts-Tun für die psychische Reifung, insbesondere die Fantasieentwicklung sowie die Entscheidungsfreiheit von Familien für das eine oder andere Betreuungsmodell. In der Arbeit mit benachteiligten Kindern und Jugendlichen soll es Schule gelingen, sowohl gesellschaftliches Versagen als auch familiäre Vernachlässigungserfahrungen zu kompensieren. Tanja Sturm (2015, S. 28) zeigt auf, dass »permanente Leistungsbewertung dabei eine Eigenlogik entwickelt«, die nachhaltig zur Marginalisierung eben jener ohnehin ausgegrenzten Kinder und Jugendlichen durch schulischen Misserfolg beiträgt. Derselben inhaltlichen Logik folgend, nämlich dem Versuch der Überwindung von Differenzen bei gleichzeitiger Ausgrenzung derer, die nicht mithalten können, sammeln sich unter dem Schlagwort »Classroom Management« seit einigen Jahren Theorien, die eine gesellschaftliche Machbarkeitsfantasie auf die Schule projizieren. Diese weisen den pädagogischen Fachkräften gleichsam zu, auch schwierigste psychosoziale Konfliktlagen mit pädagogischer, primär als didaktisch verstandener Kompetenz in eine förderliche Entwicklung zu überführen (vgl. Farmer et al., 2014; Jennings & Greenberg, 2009). Der Grundtenor dieser Konzeptionen lautet: Mit recht einfachen Mitteln lassen sich (fast) alle Schwierigkeiten bewältigen. Gerade im Hinblick auf langfristige, teilweise transgenerational erfahrene Deprivationserfahrungen von Kindern und Jugendlichen ist dies eine hoch fragwürdige Ideologie. Jene pädagogische Orientierung ist Ausdruck einer sehr vereinfachenden, ökonomisch kurzfristig, scheinbar günstigen pädagogischen Stoßrichtung, die jedoch kaum einer pädagogisch-inhaltlichen, als vielmehr einer kapitalistischen Logik folgt.

Die Jugendhilfe ist im Gegensatz zur Schule bereits definitorisch mit misslingenden Entwicklungsprozessen von Heranwachsenden befasst und soll die gesellschaftlich Ausgeschlossenen zur Teilhabe an Schule und Arbeitsmarkt befähigen (vgl. Lutz, 2014). Arbeits- und Förderaufträge in familienunterstützenden Maßnahmen und stationärer Jugendhilfe unterliegen verstärkt einem kurzfristigen Machbarkeitsdogma, nach dem in ein bis zwei Jahren, manchmal auch nur in wenigen Monaten, zentrale Entwicklungsziele für durchaus ernsthaft entwicklungsbeeinträchtigte Menschen erreicht sein sollen (vgl. Heuer, 2012). Kurzfristig konzipierte, auf schnellen Erfolg angelegte Förderprogramme sind also auch hier en vogue. Im Kontext überfordernder Arbeitssituationen gewinnen sogar menschenfeindliche, pädagogische Paradigmen pervertierende punitive Konzepte, etwa jene der Konfrontativen Pädagogik, an Aufwind (vgl. Herz & Heuer, 2014; Müller, 2014).

Christian Wevelsiep (2014) fragt zudem, ob die pädagogischen Berufe (gemeint ist primär die soziale Arbeit) in einer Sinnkrise seien, da die Gesellschaft »die typischen Dimensionen ›der‹ Erziehung aus dem Auge« (ebd., S. 379) verliere. Begründet wird dieser Umstand damit, dass Kinder mit hoch variablen Wert- und Normenvorstellungen sozialisiert werden, demnach über keinen einheitlichen Bezugsrahmen mehr verfügen, an dem die Jugendhilfe anknüpfen könne. Wendet man diese Überlegungen, kann die Frage auch anders gestellt werden: Gibt es jenseits von kurzfristigen, letztlich rein monetär motivierten Förderaufträgen eine mehr oder weniger einheitliche Vorstellung in der Jugendhilfe und Schule, etwa hinsichtlich der pädagogischen Beziehungen und der Erziehungsvorstellungen, die den jungen Menschen angeboten werden können?

Eine Folge der kurzfristig zu erreichenden Ziele und Auftragsvergaben und gleichzeitig der starken Ökonomisierung sowie Etablierung von vielen auf Gewinnmaximierung orientierten Anbietern sind hoch unsichere Zukunftsperspektiven für »klassische« Träger der Jugendhilfe und in der Folge für deren Mitarbeitende.

> »(1) Anbieter orientieren sich mit ihren Leistungen primär an Kostenfragen – und der Position in Konkurrenz zu anderen Anbietern und nicht fachlich an den Erfordernissen der Nutzenden; (2) Bildung wird tendenziell zum kostenintensi-

> ven Angebot und (3) Bildungsarbeit droht zur prekarisierten Berufstätigkeit zu werden« (Kessl, 2015, S. 19).

Die darin gesellschaftlich angelegten strukturellen Verantwortungslosigkeiten haben unmittelbare Auswirkungen auf die inhaltliche Ausformung sozialer wie Bildungsarbeit. Und dies wiederum betrifft dann doch nahezu linear Kinder und Jugendliche mit potenziell traumatischer Erfahrungswelt. Denn die einer rein neoliberalen Ordnung folgenden Angebots- und Arbeitswelten derartiger pädagogischer Settings führen zu massiver Unsicherheit auf allen Ebenen, mithin zu einer Chronifizierung von Verlust- und Einsamkeitsängsten bei den Kindern und Jugendlichen.

In den hiermit skizzierten Veränderungen der Makro- und Mesoebene von Bildung (Kita, Schule, Jugendhilfe) spiegeln sich damit überdeutlich gesamtgesellschaftliche Ökonomisierungen wider. Angesichts der Anforderungen der sogenannten Wissensgesellschaft an Kinder und Jugendliche im Bereich Kompetenzentwicklung kann sogar Folgendes begründet angenommen werden: Die Umwälzungen der institutionellen Bildungslandschaft stehen im Zentrum jener Veränderungen (vgl. Faulstich & Zeuner, 2015). Denn die strukturellen und inhaltlichen Veränderungen vom elementar- bis hin zum berufs- und hochschulpädagogischen Bereich sind einerseits Folgen neoliberaler Umstrukturierungen und gleichzeitig Zugpferd derselben. Diese vollziehen sich insbesondere durch Qualifizierung junger Fachkräfte, die vielfach unhinterfragt mit Paradigmen der beschleunigten und auf Gewinnmaximierung ausgerichteten Gesellschaft sozialisiert sind.

1.2.3 Professionalisierung im Kontext von Prekarisierung und Leistungsdruck

Massive Erlebens- und Verhaltensstörungen lassen sich rein aus früher, außerhäuslicher Betreuung, dem Fakt überlasteter Eltern und neoliberaler Bildungsorganisation ganz sicher nicht herleiten. Mit anderen Worten: überlastete Familien mit geringen Einkommen produzieren nicht linear deprivierte oder traumatisierte Individuen. Unter Leistungsdruck stehende Paare der Mittelschicht werden nicht automatisch zu vernachlässigenden Eltern. Das mögliche Scheitern von Jugendhilfemaßnahmen hat in aller Regel mannigfaltige Bedingungsfelder, ist mithin nicht lineare Folge eines Wettbewerbs um Klientinnen und Klienten sowie möglichst kostengünstige Angebote (vgl. Freyberg & Wolff, 2005). Aber:

Ausgrenzende und teils kaum bewältigbare Drucksituationen, Beschämungen im Kontext von Arbeitslosengeld II oder latente und manifest ausagierte Vorurteile gegen Menschen, die im sozialen Mainstream an den Rand gedrängt werden, sind relevante Bedingungsfelder für beschädigte Identitäten.

All diese skizzierten Bedingungen verweisen auf ein deutlich steigendes Anforderungsprofil für pädagogisch Professionelle. Pädagogisches Personal in elementarpädagogischen Einrichtungen übernimmt verstärkt die Funktion korrigierender Beziehungserfahrungen, sei es, weil hoch entwicklungsbeeinträchtigte Kinder nunmehr überhaupt diese Einrichtungen besuchen oder sei es, weil vollzeitberufstätige, eher bürgerliche Eltern kaum Zeit für die emotionalen Bedürfnisse ihrer Kinder aufbringen. Im schulischen Kontext betrifft dies vorgeblich primär den didaktischen Bereich. Lehrerinnen und Lehrer sollen mit allen Raffinessen Lernende motivieren und erreichen, dabei so differenzieren, dass die Förderung hoch begabter Kinder sowie die nachzuholende Entwicklung vernachlässigter Schülerinnen und Schüler gleichermaßen gelingt. Fachkräfte der Kinder- und Jugendhilfe müssen sich permanent fortbilden, nicht selten trifft man hier auf Mitarbeitende, die in sechs oder acht völlig unterschiedlichen Bereichen Zusatzqualifikationen aufweisen. Auch an dieser Entwicklung ist sicher nicht alles falsch. Lehrkräfte sollen gut aufbereiteten Unterricht anbieten und sozialpädagogische Fachkräfte müssen aufgrund der Breite ihres Arbeitsfelds viele unterschiedliche Kenntnisse haben. Die pädagogische Kernherausforderung jedoch, nämlich jene im Bereich der Beziehungsarbeit mit sehr unterschiedlichen Kindern und Jugendlichen gerät im Kontext von dominanten Machbarkeitsfantasien vielfach in den Hintergrund (vgl. Benkmann, 2014; Herz & Zimmermann, 2015). Reflexive Pädagogik, die die aktuelle Beziehung und Arbeit an derselben in den Mittelpunkt stellt, wird zwar einerseits inhaltlich wertgeschätzt, anderseits gilt sie aber vielerorts als nicht mehr realisierbar.

Wird jene allgemeine Skizzierung nunmehr auf Kinder und Jugendliche mit schweren emotionalen und sozialen Belastungen bezogen, so muss die kritische Analyse noch einmal in verschärfter Form hervorgebracht werden. Denn die lebensgeschichtlichen Erfahrungen dieser Gruppe bedingen herausfordernde Erlebens- und Verhaltensweisen und somit spezifische Anforderungen an eine unbedingt langfristig anzulegende pädagogische Beziehungsarbeit (vgl. Zimmermann & Wininger, 2014). Auch die erhebliche Zunahme kinderpsychiatrischer Diagnosen ist ein wichtiger Indikator für neue pädagogische Herausforderungen, obgleich der quantitative Zuwachs an Diagnosestellungen genau analysiert werden muss (vgl. Stein & Müller, 2015). So muss eine steigende Diagnosehäufigkeit nicht zwingend ein Anzeichen für eine reelle Zunahme an gestörten

Erlebensmustern sein, sondern kann auf erweiterte diagnostische Methoden, enger gefasste Normalitätskonstruktionen oder organisationsbezogene Effekte verweisen (vgl. Dorness, 2015, S. 124ff.). Einer Kausalitätskette hält Martin Dorness (vgl. ebd.) entgegen, dass ein realer Anstieg psychischer Belastungen unter den Bedingungen eines verschärften Kapitalismus nicht auszumachen sei. Auch Kindern gehe es heute so gut wie in kaum einer anderen Epoche zuvor (vgl. Dorness, 2012).

Während sich die quantitative Zunahme von Hilfefällen bzw. von schulischem Förderbedarf also nicht abschließend auf einzelne Bedingungsfelder zurückführen lässt, dürfte ein qualitativ wachsender, pädagogischer Auftrag in der Arbeit mit dieser Zielgruppe weitgehend unumstritten sein. Er ergibt sich aus einer höheren Verantwortungszuschreibung für gelingende Entwicklungsprozesse an die Pädagogik allgemein, ganz besonders jedoch für die Arbeit mit jener Gruppe, für die die Schule und Jugendhilfe oft der einzige stabile Bezugsrahmen ist. Ausgehend von einer zunehmenden Ausgrenzung benachteiligter Personengruppen sowie unsicheren, gleichwohl hoch zeitintensiven Erwerbsbiografien der Elterngeneration einerseits und hochgradig belastenden, teils traumatisierenden Beziehungserfahrungen der Kinder und Jugendlichen andererseits, kann demnach hier von besonders zeit- und personalintensiven, ebenso jedoch von inhaltlich spezifischen Herausforderungen ausgegangen werden (vgl. Bleher et al., 2013). Dem kann mit kurzfristig angelegten Förderkonzepten, einer ebenso kurzfristig angelegten Qualifikationsprämisse und mit einer neoliberalen Marktlogik in den Bildungsinstitutionen nicht adäquat entgegnet werden.

Zu konstatieren bleibt deshalb auch in diesem spezifischen Feld ein sich verändernder gesellschaftlicher Auftrag an schulische und außerschulische Pädagogik: Verwahrung im Heim ist nicht mehr ausreichend, Förder- und Verselbstständigungspläne sind heute Basisbestandteile jeder Jugendhilfemaßnahme (vgl. Crain, 2012). Schule soll und kann nicht mehr aussondern, denn alle Institutionen sind, zumindest formell, der ganzheitlichen Förderung aller Kinder und Jugendlichen verschrieben (vgl. Baumann, 2012; Crain, 2012; Heinrich et al., 2013). Es ist demnach wichtig, das Zusammenspiel schwer belasteter Kinder und Jugendlicher, viele von ihnen traumatisiert, als Subjekte von Pädagogik einerseits und den sich verändernden Strukturen von Erziehung und Bildung andererseits genauer in den Blick zu nehmen. Im hier vorliegenden Buch ist dies kein Schwerpunkt, jedoch ein Querschnittsthema. So werden alle theoretischen und aus eigener Forschung entlehnten Überlegungen stets auch auf die größere soziale und wirtschaftliche Dimension hin untersucht. Denn weder individuelles Leid, noch pädagogische Professionalität im Umgang mit jenem Leid ist ohne den Bezug zu den äußeren, durchaus auch gesamtgesellschaftlichen Bedingungen vorstellbar und damit konzeptionalisierbar (vgl. Becker, 2014). Geschieht dies nicht, werden konzeptionelle und professionsbezogene Weiterentwicklungen – unter ihnen traumapädagogische – zu bloßen Formeln ohne Anbindung an die Arbeit mit emotional und sozial herausfordernden Kindern und Jugendlichen. Jenen Missstand, der den Inklusionsdiskurs vielerorts prägt, gilt es zu vermeiden (vgl. Benkmann, 2013). Soll echte Beziehungsarbeit ermöglicht werden, muss die Veränderung der sozialen Orte, in denen diese stattfindet, mitgedacht werden.

> »Das konkrete pädagogisch-räumliche Arrangement, bei Bernfeld: die Schule, stellt somit immer einen Teil der historisch-spezifischen sozialen Ordnung dar, sie markiert und (re-)produziert also die jeweilige ›Formation des Sozialen‹ – seit dem 19. Jahrhundert als wohlfahrtsstaatliche Formation« (Dirks & Kessl, 2012, S. 510).

1.3 Belastungserfahrungen in der pädagogischen Arbeit mit emotional-sozial beeinträchtigten Kindern und Jugendlichen

> »Kinder mit schweren Verhaltensstörungen sind an einer Regelschule kaum adäquat zu betreuen.«[2]

> »Die Vorstellung, dass auch für Schülerinnen und Schüler mit sozial auffälligen, aggressiven Verhaltensweisen die allgemeinen Schulen mit ihren meist großen Klassen und der Vielzahl von Problemen zum Regelförderort werden sollen, beunruhigt die Lehrerkollegien. Zumal die Bundesländer es an konkreter Unterstützung fehlen lassen« (Schumann, 2013).

Viele ähnlich konnotierte Zitate lassen sich derzeit in Internetforen für Lehrkräfte finden. Diese sind nun zweifelsohne nicht repräsentativ, dennoch bilden jene Foren eine Möglichkeit, zahlreiche Wahrnehmungen aus der Praxis abzubilden. Dies scheint durchaus notwendig, da der wissenschaftliche Diskurs angemessene Formen der Sachlichkeit in teils frappierender Art und Weise vermissen lässt. So schreibt Andreas Hinz über vermeintliche Kritiker inklusiver Pädagogik:

2 News4Teachers.de (2014)

> »In der Regel gibt es bei solchen Innovationsprozessen verschiedene typische Reaktionen: Zunächst wird Neues häufig ignoriert, später, wenn es nicht mehr ignorierbar ist, kommt es zu Auflehnung, aggressiver Abwehr und u. U. zu Beschimpfungen und Verteufelungen« (Hinz, 2013).

Mit anderen Worten: Kritischen Stimmen zur Theorie oder Praxis von Inklusion, von denen nicht wenige der Fachdisziplin »Pädagogik bei Verhaltensstörungen« entstammen, werden pathologische Züge oder, so ließe sich das Zitat auch interpretieren, adoleszente Affektdurchbrüche unterstellt. Wie Bernd Ahrbeck (2014) und Birgit Herz (2015b) herausarbeiten, geht dies einher mit einer ausgeprägten Ideologisierung und Idealisierung einer allumfassenden Inklusion bei gleichzeitiger Verleugnung sozialer Realitäten, etwa der fortdauernden Marginalisierung sozial benachteiligter Familien. Gerade theoretisch fundierte, gleichwohl die unmittelbare Praxis fokussierende Stimmen haben deshalb im Hinblick auf den Realitätsbezug der Diskussion besondere Relevanz (vgl. Liesebach, 2015; Lynn et al., 2013).

Demnach zeigen sich gute Gründe, auch jene in Foren geäußerten Wahrnehmungen ernst zu nehmen und sie nicht per se als unprofessionell zu brandmarken (Hamburger Bündnis für schulische Inklusion, 2014). Denn auch »[…] empirische Arbeiten mit einer institutionellen Perspektive haben als Hauptbelastungsfaktoren [von Lehrkräften, D. Z.] solche Probleme wie Unterrichtsstörungen und Disziplinschwierigkeiten der Klasse sowie auffällige und unmotivierte Schülerinnen und Schüler identifiziert« (Klusmann & Richter, 2014). Das heißt, es ist nicht primär die Heterogenität von Lernausgangslagen als solche, die von Lehrkräften als problematisch eingeschätzt wird. Eine Reihe von individuellen Merkmalen und sozialen Differenzlinien, wie etwa Sinnesbeeinträchtigungen oder Probleme in der Unterrichtssprache, werden vielfach im Sinne möglicher und mit guter Didaktik nutzbar zu machender inklusiver Praxis gewürdigt. Der Verweis auf gelingende inklusive Praxis, bei der eben *jede* Zusammensetzung einer Lerngruppe als Chance beschrieben wird, hinkt jedoch sehr deutlich im Hinblick auf massive emotionale Beeinträchtigung. Folgerichtig verweisen Urton, Wilbert und Hennemann (2014) darauf, dass sich die Einstellung von Lehrkräften zur Inklusion als theoretisches Konstrukt deutlich von jener zur praktischen Umsetzbarkeit von Inklusion unterscheidet. Jene Differenz kann sinnhaft sowohl mit struktureller Unterversorgung als auch mit der massiven Konfrontation der Fachkräfte mit schwerer emotionaler Belastung in der inklusiv-pädagogischen Praxis in Verbindung gebracht werden. Sowohl für die betroffenen Schülerinnen und Schüler als auch für Peers und Lehrkräfte sind demnach Störungen im Verhalten, die aus schwer belastenden Erfahrungen und den damit verbundenen affektiven Beeinträchtigungen resultieren, eine deutliche Herausforderung mit entsprechenden Rückwirkungen auf die Lern- und Entwicklungssituation dieser Gruppe von Lernenden selbst:

> »Bei Schülern mit schweren Verhaltensstörungen ist die Wahrscheinlichkeit, dass dies [die Exklusion in der formalen Inklusion, D. Z.] geschieht, besonders hoch. Sie gehören zu denjenigen, die überproportional häufig am Rande der Klasse stehen, eine erhebliche Ablehnung erfahren und nicht selten gemobbt werden« (Ahrbeck, 2014, S. 30).

Es wird darüber hinaus darauf verwiesen, dass in der Folge auch Motivation und Leistungen aller Lernenden beeinträchtigt werden, wenn Lehrkräfte infolge von kaum zu bewältigenden sozialen Herausforderungen in der Klasse emotional schwer belastet sind (Jennings & Greenberg, 2009). Jene Belastungen für betroffene Kinder und Jugendliche, für Peers und für die Fachkräfte gilt es zunächst einmal anzuerkennen; dies ist kein Votum für die eine oder andere »richtige« äußere Form von Schule. Wird die (affektive) Belastung jedoch banalisiert, insbesondere im Kontext von Trauma, entstehen neue Gefühle von Hilfslosigkeit und Ohnmacht auf allen Seiten.

Störungen im Unterricht gehen zweifelsohne von einer deutlich größeren Gruppe als jener der emotional-sozial schwer beeinträchtigten aus. Ulrike Becker und Annedore Prengel (2016) betonen, dass viele Störungen auch durch wenig wertschätzende Kommentare der Fachkräfte selbst mitbedingt werden. Zudem sind es auch die schulischen Rahmenbedingungen sowie didaktisch-methodische Fragen, die Unterrichtsstörungen auslösen. Schulentwicklungs- und Weiterbildungsprozesse werden von Lehrkräften vielfach kritisch hinterfragt, wofür sich wiederum eine Reihe von verschiedenen Bedingungen zusammentragen lässt (Böing, 2011). Ein wesentlicher struktureller Grund dürfte in der Überbetonung von Handlungskonzepten und didaktischer Raffinesse bei gleichzeitiger Geringschätzung von Reflexion und Beziehungsarbeit in diesen Prozessen liegen.

Gleichwohl: Soll eine Schuldzuweisung an beteiligte Pädagoginnen und Pädagogen unterbleiben – dies muss das Ziel pädagogischer Professionalisierung sein –, bleibt festzuhalten, dass sich Lehrkräfte aktuell von keiner Gruppe von Lernenden derart nachhaltig herausgefordert fühlen wie von den schwer emotional-sozial belasteten. Trotz unterschiedlicher Formen von Feststellungsverfahren sowie der äußeren Organisation sonderpädagogischer Förderung gilt dies schulsystemübergreifend und demnach auch für den internationalen Kontext (vgl. Dyregrov et al., 2012; Moreno et al., 2014; Shearman, 2003). Umgekehrt gilt auch: Psychisch schwer belastete Kinder und Jugendliche, ob als traumatisiert eingeschätzt oder nicht, weisen unabhängig von diagnostiziertem Förderbedarf massive Problemlagen in ihrer schulischen Entwicklung auf (vgl. Janschewski et al., 2014; Stein & Müller, 2014). Die Problemlagen umfassen demnach häufig, jedoch nicht durchgängig, sowohl schulische Leistungsschwierigkeiten als auch soziale Konfliktsituationen mit Lehrpersonen und Peers (vgl. Lynn et al., 2013). Das heißt, ein mutueller Zusammenhang von massiv beeinträchtigter schulischer Entwicklung einerseits und hoher emotionaler Belastung aller am pädagogischen Prozess Beteiligten andererseits kann zunächst sinnhaft angenommen werden. Gleichwohl wird zu zeigen sein, dass es auch schulisch hoch erfolgreiche sowie angepasste Kinder und Jugendliche gibt, deren emotionale Belastungen keinesfalls zu vernachlässigen sind.

Massive emotionale Beteiligung aller in den pädagogischen Prozess Involvierten ist demnach kein *exklusives* Kennzeichen der pädagogischen Tätigkeit mit schwer belasteten Kindern und Jugendlichen. Jedoch: Die derzeit populäre Strukturlogik, nach der ein gelungenes Classroom-Management Überlastung verringert oder ausschließt (vgl. Hillenbrand, 2015), entfaltet seine kontraproduktive Kraft besonders stark in diesem Arbeitsfeld, da die immanenten Machbarkeitsfantasien hier schnell ad absurdum geführt werden. Gerade Interventionsstrategien, die vorgeblich alle Schülerinnen und Schüler erreichen, sind mitverantwortlich für Emotionen der Hilflosigkeit und Wut sowie mittelbar für den Ausschluss oder die Entwertung der als schwer verhaltensgestört geltenden Kinder und Jugendlichen. Eine Inklusionsrhetorik, die der Vielfalt huldigt, ohne die (emotionalen und sozialen) Herausforderungen zu benennen, forciert zudem den Affekt der Scham, weil persönliche Grenzen und professionelle Selbstbilder so strukturell verletzt werden. Hiermit ist Niemandem gedient, am wenigsten den schwer belasteten Kindern und Jugendlichen.

1.4 Perspektiven einer traumasensiblen, psychoanalytischen Pädagogik – Die Schwerpunkte dieses Buchs

Da im Mittelpunkt dieses Buches junge Menschen stehen, deren lebensgeschichtliche Erfahrung nicht nur durch überwältigende Gewalt, Vernachlässigung oder Fluchterfahrungen gekennzeichnet, sondern deren gesellschaftliche Wahrnehmung oft von einem hohen Maß an Ignoranz und Marginalisierung geprägt ist, sollen ihre Lebens- und Leidensgeschichten besondere Wertschätzung erfahren (vgl. Kavemann & Rothkegel, 2014). Sowohl die theoretische Entfaltung eines Verständnisses von pädagogischen Interaktionen unter den Rahmenbedingungen von individueller Traumatisierung und sozialer Diskriminierung als auch die Analyse von Fallgeschichten zielen deshalb darauf ab, die subjektiven Sinnzusammenhänge der Kinder und Jugendlichen und auch die der pädagogischen Professionellen möglichst gut zu erfassen. In Kapitel 2 und 3 liegt deshalb der Fokus auf den Erfahrungs-, Erlebens- und Interaktionsmustern von (beziehungs-)traumatisierten Kindern und Jugendlichen.

Geht es um Traumatisierung und deren Widerspiegelung in pädagogischer Interaktion, werden in einem tiefenhermeneutischen Fallverstehen fast zwangsläufig viele hoch komplexe, teils destruktive Interaktionsmuster herausgearbeitet. Dabei soll es jedoch nie darum gehen, die handelnden Personen als unprofessionell zu brandmarken. Vielmehr zielt dieses Buch darauf ab, die Herausforderungen eines sehr schwierigen Arbeitsfeldes und die damit verbundenen subjektiven Sinngehalte zumindest partiell zu entschlüsseln. Dass dabei weniger die gelingenden Interaktionssequenzen als solche, in denen der (wieder-)erlittene Schmerz im Vordergrund steht, analysiert werden, bringt der traumapädagogische Fokus mit sich. Geeignete Forschungszugriffe, vier intensive Interaktionsgeschichten sowie eine theoretisch verankerte horizontale Auswertung der qualitativen Forschungen bilden deshalb die Schwerpunkte der Kapitel 4 bis 6.

Traumapädagogische Forschung kann sinnhaft jedoch kaum als Selbstzweck verstanden werden. Werden die spezifischen Herausforderungen eines solchen Arbeitsfelds herausgearbeitet, müssen daraus auch Veränderungsvorschläge für die pädagogische Arbeit mit traumatisierten Kindern und Jugendlichen sowie für die pädagogischen Professionellen abgeleitet werden. Durch die Entwicklung der Fachrichtung »Traumapädagogik« (Bausum et al., 2013), die Aufdeckung der strukturell mitbedingten sexualisierten Gewalt in pädagogischen Einrichtungen (vgl. Ricken, 2012) und die Verabschiedung des Kinderschutzgesetzes mit entsprechenden Handlungsleitfäden für Praktikerinnen und Praktiker (vgl. Thoms et al., 2015) sind hier einige wichtige Entwicklungen, zumindest auf der juridischen Ebene angestoßen worden. Gleichwohl ermöglicht der tiefenhermeneutische bzw. psychoanalytisch-pädagogische Blickwinkel darüber hinausgehende Perspektiven, als dass die unbewusste Verstrickung der Beteiligten in eine traumatische Reinszenierung so viel deutlicher wird. In diesem Sinne ist zu hoffen, dass von dieser und ähnlichen Publikationen Professionalisierungseffekte für die pädagogische Praxis, gleichzeitig und damit verbunden aber auch Entwicklungsperspektiven für pädagogische Institutionen ausgehen können. Die Effekte traumapädagogischer und reflexionsorientierter Lehrerweiterbildung werden deshalb anhand einer kleinen eigenen Studie abschließend in Kapitel 7 dieses Buches diskutiert.

2. Können wir dich noch aushalten?

Beziehungs- und institutionelle Aspekte einer Pädagogik bei schwerer emotional-sozialer Beeinträchtigung

2.1 Wie nennen wir das Kind? Terminologische (Un-)Schärfen im Verständnis schwerer emotional-sozialer Beeinträchtigungen

»Die meisten dieser Kinder waren, da sie eintraten, in dem Zustand, die die äußerste Zurücksetzung der Menschennatur allgemein zu seiner nothwendigen Folge haben muß. Viele traten mit eingewurzelter Krätze ein, daß sie kaum gehen konnten, viele [...] mit Augen voll Angst und Stirnen voll Runzeln des Misstrauens und der Sorge, einige voll kühner Frechheit, des Bettelns, des Heuchelns und aller Falschheit gewöhnt; andere vom Elend erdrückt, dultsam aber mißtrauisch, lieblos und furchtsam.«

Pestalozzi, 1932 [1799] (zit. n. Göppel, 2010, S. 15)

»Die Kinder und Jugendlichen in den untersuchten Projekten leben nicht nur unter extremen realen Bedingungen (Armut, Hunger, Kälte, Verfolgung, Gewalt etc.) und haben demzufolge – als »rationale« Antworten auf äußere Bedrohungen – notwendige Überlebensstrategien entwickelt. Sie haben auch spezifische Beziehungserfahrungen gemacht, die vor allem durch Trennungen, Verluste, Traumatisierungen und Unsicherheit geprägt sind.«

Wolff (2010, S. 64)

»An den Grenzen der Pädagogik« – so nennt Lisa Wolff (2010) ihre Dissertationsschrift über die pädagogischen Herausforderungen in der Arbeit mit Straßenkindern in Südamerika. Eine Begründung findet der Titel des Buches in der Analyse, dass die äußeren Gefahren, denen die Kinder fortgesetzt ausgesetzt sind sowie auch die innerpsychischen Abwehrstrukturen, die sie ausprägen mussten, ihr Erleben dominieren. Die Wirkkraft nachhaltiger pädagogischer Angebote ist so ernsthaft infrage zu stellen.

Welche Aussagekraft haben ein historisches erziehungswissenschaftliches Dokument sowie eine psychoanalytisch fundierte Analyse des Beziehungsgeschehens mit hoch belasteten, gleichsam sozial deprivierten peruanischen Kindern und Jugendlichen für eine Pädagogik bei erschwerter emotional-sozialer Entwicklung in Deutschland im 21. Jahrhundert? Ein kritischer Einwand bietet sich schnell an: Es handelt sich um wenig zeitgemäße bzw. stark kulturabhängige, vor allem jedoch sehr wenig ressourcenorientierte Stereotypisierungen individueller Lebensgeschichten, die die Fähigkeiten der jungen Menschen weitgehend außer Acht lassen.

Jenem Einwand kann nur teilweise begegnet werden. Richtig ist, dass jegliche Kategorienbildung, sei sie psychiatrischer oder pädagogischer Fundierung, die individuelle Realität nur unzureichend und partiell abbilden kann. So werden nicht nur sonderpädagogische Förderbedarfe und psychiatrische Diagnosen wie AD(H)S vielfach zurecht als stigmatisierend kritisiert – auch der traumabezogene Fokus steht stets nur für *einen* möglichen Zugriff auf die Erlebenswelt der Kinder und Jugendlichen. Gleichwohl bedarf es eines individuumübergreifenden Verstehens, um innerpsychische Stabilisierung und soziale Teilhabe für jene Kinder und Jugendlichen zu gewährleisten, die auch in der heil- und sonderpädagogischen Theoriebildung eher marginalisiert sind. So zeigen Nadia Desbiens und Marie-Helene Gagné (2007), dass sich die Analyse des Zusammenhangs von (hier: primär familienbedingten) Leidensgeschichten und Verhaltensmustern im Sinne einer mindestens partiell sinnvollen Typisierung von Kindern und Jugendlichen mit emotionaler Beeinträchtigung verwenden lässt. Sie arbeiten die Typen des »Ungeliebten«, des »Explosiven« und des »Deliquenten« heraus (vgl. ebd., S. 224–233). Ganz Ähnliches, wenn auch forschungsmethodisch anders gelagert, gelingt Baumann (2012). Auch er arbeitet drei Typen heraus, die sich hinsichtlich ihres Selbstbildes, ihrer Beziehungsbedürfnisse sowie auch ihres Erlebens der pädagogischen Institution unterscheiden. Ohne jeden Zweifel, und dies lässt sich anhand der gleichen Forschungsbeiträge zeigen, haben jene Analysekategorien ihre Schwächen und beziehen sich oft nur auf einen theoretischen Zugriff wie etwa die Bindungstheorie. Gleichwohl: Geschieht dies nicht, geraten die Individualität von Kindern und Jugendlichen sowie auch ihre spezifischen Entwicklungsrisiken umso mehr aus dem Blick.

Zunächst sollen, ausgehend von den zwei Eingangszitaten des Kapitels, drei Überlegungen zum angemessenen pädagogischen Verständnis von hoch gestörter Entwicklung und ihrer Folgen skizziert werden:

- Die äußeren Lebensbedingungen der Kinder und Jugendlichen müssen genau analysiert werden, sollen die schwerwiegenden Auswirkungen auf die emotional-soziale Entwicklung nachvollzogen werden. Im Fall der von Johann Heinrich Pestalozzi beschriebenen Stanzer Kinder, die oft obdach- und elternlos waren, ist es die »äußerste Zurücksetzung«, die primär Angst und Misstrauen sowie sekundär unter anderem aggressiv-ausagierende Symptombildungen bedingt. So wie es Pestalozzi skizziert, wirken die Kinder teils körperlich hochgradig vernachlässigt, ein äußeres Merkmal, das, so kann sinnhaft rekonstruiert werden, vielfach mit innerer Zerstörung korreliert. Die Straßenkinder in Cajarmarca, auf die sich Wolff bezieht, haben alle Gewalt, Vernachlässigung und existenzielle körperliche und seelische Not erlebt. Darauf reagieren sie mit Desorganisiertheit, Aggressivität und der Angst, langfristige Beziehungen einzugehen.
- Im inneren Erleben und den sichtbaren Verhaltensweisen spiegelt sich die äußere Erfahrung der Kinder und Jugendlichen, zudem stehen jene zwei Dimensionen untereinander in einem subjektiv logischen Zusammenhang. Sie können jedoch nur sinnrekonstruierend erschlossen werden. Die Verhaltensweisen beider Gruppen, jener in Stanz und jener in Cajamarca, mögen ganz unterschiedlich sein. Gleichwohl kann sinnhaft begründet werden, dass die lebensgeschichtlichen Erfahrungen bei allen von ihnen massive Ängste ausgelöst haben. Eine Pädagogik der emotional-sozialen Förderung bedarf deshalb des Rückgriffs sowohl auf die Erlebens- als auch auf die Verhaltensebene (vgl. Stein & Müller, 2015).
- Die pädagogische Arbeit mit schwer belasteten Kindern und Jugendlichen ist immer eine Konfrontation mit einer fremden Erfahrungs- und Erlebenswelt. Dies gilt nicht nur, jedoch dann in doppelter Hinsicht, für die Arbeit mit Kindern und Jugendlichen mit Migrations- und Fluchtgeschichte (vgl. Zimmermann, 2015b). Wird die fremde Welt nicht möglichst detailliert und sinnverstehend erschlossen, müssen pädagogische Angebote zwangsläufig auf Widerstand treffen, da sie die Kinder und Jugendlichen vielfach mit neuen Ängsten belasten würden.

Wie also lässt sich die Gruppe der Kinder und Jugendlichen mit schweren emotional-sozialen Beeinträchtigungen im 21. Jahrhundert kennzeichnen? Die Unklarheit, um wen es hier eigentlich ginge, zeigt sich nicht zuletzt in der Vielfalt der begrifflichen Varianten, mit der die Personengruppe der in ihrer emotionalen und sozialen Entwicklung gestörten jungen Menschen bezeichnet wird:

> »Die Liste der in der Geschichte der Pädagogik vorfindbaren Bezeichnungen für diese Problemlage ist lang und vielfältig: da ist unter anderem die Rede von ›sittlich verwilderten‹, ›moralisch schwachsinnigen‹, ›psychopathisch minderwertigen‹, ›neurotischen‹, ›erziehungsschwierigen‹, ›schwererziehbaren‹, ›entwicklungsgestörten‹ und ›verhaltensgestörten‹ Kindern« (Göppel, 2010, S. 10).

Diese »hochfrequente Synonyma-Bildung« (Bleidick & Ellgar-Rüttgardt, 2008, S. 187), die noch um die schulische Begrifflichkeit des »Förderbedarfs emotionale und soziale Entwicklung« sowie um den Begriff »verhaltensoriginell« (vgl. Müller & Stein, 2013) erweitert werden könnte, entspringt partiell der Vielfalt der forschenden und in der praktischen pädagogischen Arbeit beteiligten Fachdisziplinen.[3] Historisch dominieren dabei wechselnde Zugänge, die wiederum ein unterschiedliches Verständnis dessen mit sich bringen, was unter einer emotionalen und sozialen Beeinträchtigung zu verstehen sei. Insbesondere die Psychiatrie, die Kinder- und Jugendpsychologie sowie in jüngerer Zeit auch die Neurowissenschaften beanspruchen dabei vielfach, Leitwissenschaft zum Verständnis der Störung, teilweise sogar zur Entwicklung adäquater Handlungsansätze, zu sein (vgl. Fegert & Petermann, 2014; Lück et al., 2006; Willmann, 2012). Weitere Bezugswissenschaften, die das Verständnis hoch gestörter emotionaler und sozialer Entwicklung geprägt haben, sind die Bindungstheorie, die Theorie der Objektbeziehungen (vgl. Feuser & Jantzen, 2014) sowie die Psychoanalyse (vgl. Bohleber, 2012; Gerspach, 2002). In die pädagogische Theorie und Praxis, insbesondere jene der Verhaltensstörungen, sind diese Konzeptionen partiell singulär-linear (z. B. in Form einer rein organischen Erklärung abweichenden Verhaltens mit der logischen Folge einer Medikation als einzig unterstützende Maßnahme bei unruhigem Verhalten), mehrheitlich jedoch eher additiv eingeflossen.

Wichtig für den vorliegenden Zusammenhang ist folgende Überlegung: Obwohl unterschiedlich akzentuiert, verortet das Gros der Termini die Problematik im Kind oder Jugendlichen selbst, am Eindeutigsten sicherlich mit medizinischen Begrifflichkeiten wie »psychopathisch«, wobei sich die derzeitigen psychiatri-

3 Einen sehr genauen und guten Überblick über den »Gegenstand« der Fachrichtung sowie die mit den verschiedenen Begrifflichkeiten verbundenen Intentionen und Schwierigkeiten liefern Stein und Müller (2015).

schen Kategorien dabei eher als terminologisches Spiel jener Pathologisierung beeinträchtigter Entwicklung erweisen (vgl. Amft et al., 2004; Herz, 2015a). Mindestens aber lösen die derzeit gängigsten Diagnosen ganz ähnliche Phantasmen aus. Dies gilt einerseits im Sinne einer Behinderung als Stigma; gleichzeitig aber auch im Sinne einer Hoffnung, dass sich auf Basis der Diagnose unmittelbar Fördermöglichkeiten ableiten und so Unsicherheiten abbauen ließen:

> »Häufig wird diese Hoffnung aber enttäuscht: Abgesehen davon, dass es mitunter nicht leicht ist, Eltern zu einer Abklärung zu motivieren, merken Pädagoginnen oft, dass eine [klinische, D.Z.] Diagnose sie in der Arbeit mit dem Kind auch nicht weiterbringt: Entweder wird keine klare Diagnose gestellt [...] oder es ist nicht nachvollziehbar, warum es bei einem Kind zu dieser oder jener Diagnosestellung gekommen ist. Und meistens beantwortet die Diagnose alleine noch lange nicht die Frage, wie man mit dem Kind pädagogisch umgehen soll« (Barth-Richtarz & Neudecker, 2015, S. 12).

Aber auch die erziehungswissenschaftlichen Termini suggerieren mehrheitlich, es seien die zu Erziehenden selbst, die die Schwierigkeiten auslösen würden. Wer denkt schon spontan so weit, dass eine »Schwererziehbarkeit« eine Folge eines hochgradig gestörten Erziehungserlebens ist, demnach in den *Beziehungs*-erfahrungen der Kinder und Jugendlichen begründet liegen könnte (vgl. Herz & Zimmermann, 2015)? Vielmehr scheint die Erziehung eines *Kindes* erschwert, die Ursache der Störung liegt demnach in dem zu erziehenden Objekt.

Wie verhält es sich nun mit dem ursprünglich als entstigmatisierend initiierten Begriff der »Verhaltensoriginalität«?

> »Hier wird offenbar gezielt eine Neubewertung versucht, denn Auffälligkeiten, Probleme und Schwierigkeiten sind – zumindest im (schul)pädagogischen Umfeld – traditionellerweise negativ konnotiert; Originalität hingegen – im Sinne von Einzigartigkeit und Ursprünglichkeit – lässt auch nach dem Jahrhundert des Kindes auf eine positive Bewertung schliessen [sic!]« (Gruntz-Stoll, 2006, S. 9).

Tatsächlich scheint auch hier die »Originalität« in irgendeiner Weise eine Besonderheit des Individuums zu sein, mithin eine Variante generell variabler Persönlichkeitsmerkmale, auf die man pädagogisch nur wertschätzend reagieren müsse, so die Rezeption des Begriffs im Inklusionsdiskurs. Der Umgang mit schwer erschütterter Entwicklung bestehe dann darin, Lernen als einen »aktiven, wenn nicht sogar expansivem Prozess der Akzeptanz individueller Lernwege und der Begleitung (einschließlich produktiver Reibung) zwischen allgemeinen Entwicklungsvorstellungen und individuellen Ausformungen von Interessen, Lernschritten und Lernwegen« (Hinz, 2013) zu verstehen. Die Widerspiegelung von Gewalt und Vernachlässigung sowie von Kriegs- und Deprivationserfahrungen im pädagogischen Beziehungsverhältnis wird in diesem Verständnis auf eine »produktive Reibung« zwischen Lehrperson und Lernenden reduziert. Jene Banalisierung von ernsthaft beschädigter Identität und Beziehung mag verschiedene Bedingungsfelder haben. Es handelt sich bei der Rezeption des Begriffs im Sinn einer »Nivellierung biografischer Erfahrungen« (Stein & Müller, 2015, S. 25) im Übrigen um eine, gegen die sich der Urheber des Terminus deutlich verwahrt (vgl. Kobi, 2008). Noch wichtiger aber ist Folgendes: Den Begriff »engt […] die Bindung ans Verhalten wieder ein« (Gruntz-Stoll, 2006, S. 9). Die biografische wie aktuelle Beziehungssituation, ebenso das innere Leid, bleiben ausgeklammert. Der Idee folgend, dass Erfahrung, Erleben und Verhalten aufeinander bezogen sind – müssten dann nicht konsequenterweise auch die zugrundliegenden Leidenserfahrungen wie schwerste Gewalt, Vergewaltigung oder die Flucht vor Krieg als »originell« bezeichnet werden? Selbstverständlich ist das eine absurde Vorstellung. Jedenfalls ist einem interaktionistischen Verständnis von hoch gestörter Entwicklung, die ja eine Anerkennung der leidvollen Erfahrungen zur Grundlage hat, mit derartigen terminologischen Spielen wenig geholfen; pädagogisch dürfte die Banalisierung individueller Leidensgeschichten nur beidseitige Frustration und Hilflosigkeit auslösen. Dies gilt schon deshalb, weil sich ein überraschendes, irgendwie auffälliges und möglicherweise sogar kreatives Verhalten pädagogisch auch recht leicht beeinflussen lassen müsste. Dies kann jedoch angesichts der nationalen sowie internationalen Untersuchungen zur sozialen Position der Kinder und Jugendlichen mit schweren emotional-sozialen Beeinträchtigungen niemand ernsthaft behaupten (vgl. Ahrbeck, 2014; Shearman, 2003).

Umgekehrt können auch die viel kritisierten Begriffe »entwicklungsgestört« und »verhaltensgestört« bei differenzierter Interpretation ein interaktionistisches Verständnis von beeinträchtigter Entwicklung zulassen. Ist die Entwicklung gestört, so ist dies terminologisch untrennbar mit den sozialen Desintegrationsprozessen und leidvollen Beziehungserfahrungen verbunden, nicht jedoch Ergebnis einer individuellen, zufälligen und statischen Schädigung. Und ein gestörtes Verhalten verweist eben auch darauf, dass diese Manifestationen lediglich als »Signal für die dahinter liegende Störung aufzufassen sind« (Stein & Müller, 2015, S. 29). Das Verhalten der Kinder und Jugendlichen ist demnach regelhaft alles andere als »maladaptiv«, sondern hochgradig angepasst. Wohl ist der Terminus »maladaptiv« so zu verstehen, dass sich die fehlende Anpassung nicht auf die lebensgeschichtliche Erfahrung, sondern auf den aktuellen sozialen Kontext (primär die Schule), also die zeit- und institutionsspezifischen Erwartungen bezieht (vgl. Myschker, 1999, S. 47ff.). Gleichwohl bleibt auch dies zu hinterfragen. Angesichts einer Dominanz der sogenannten evidenzbasierten Förderung sollte die folgende Frage gestellt werden: Kann störendes Verhalten nicht ebenso als hoch adaptive, teils durchaus gesunde Reaktion auf die pädagogische Prämisse der Anpassung an bestehende Verhältnisse interpretiert werden?

Es müsste also noch deutlicher herausgearbeitet werden, wie emotionale und soziale Beeinträchtigung nicht »nur« Reaktion auf Lebensgeschichte ist. Stattdessen stehen auch gezeigtes Verhalten und die aktuelle soziale Situation, demnach der institutionelle und beziehungsbezogene Kontext in einem wechselseitigen Verhältnis zueinander. Wenn auch im Einzelfall zu diskutieren, dürfte es sowohl historisch-biografisch als auch aktualgenetisch-subjektiv stets gute Gründe für die eine oder andere Verhaltensweise geben.

Terminologisch also bleibt diese Gruppe von Kindern und Jugendlichen weiterhin schwer beschreibbar. Der deutliche Verweis auf die Extremerfahrungen und deren Widerspiegelungen in der inneren Welt sowie im Verhalten muss für den vorliegenden Kontext ausreichen. Auf der Verhaltensebene gilt es, neben den klassischen Kategorien der »aggressiv-ausagierenden« und »depressiv-zurückgezogenen« auch die hoch angepassten Kinder und Jugendlichen zu beachten. Denn in ihrem Verhalten spiegelt sich eine besondere innere Not, nach der nur die sehr extreme Anpassung an jegliche Normen und Regeln ein soziales Überleben sichert. Mit der extremen Anpassung ist eine Symptombildung benannt, die insbesondere für die pädagogische Beziehungsarbeit mit Kindern und Jugendlichen mit Fluchtgeschichte eine ausgesprochene Beachtung verdient (vgl. Zimmermann, 2015b).

Es handelt sich also um Kinder und Jugendliche, deren Erfahrungen für die Betroffenen selbst oft unaussprechlich sind, die jedoch im Fachdiskurs benannt und reflektiert werden müssen, denn

> »[d]ie Pädagogik ist gehalten, sich bei ihren Einlassungen in und Auslassungen über aktuelle Erziehungs- und Bildungsfragen um eine grundsätzlich allgemeinverständliche und allgemein verständliche Sprache zu bemühen« (Kobi, 2006, S. 125).

Es kann also sinnhaft davon ausgegangen werden, dass es eine kleinere Gruppe schwer belasteter Kinder und Jugendlicher gibt, für die es zwar keine »strengen [geeigneten, D. Z.] Klassifikationssysteme« (Stein & Müller, 2015, S. 31) gibt, deren Gemeinsamkeit sich jedoch auf drei Ebenen beschreiben lässt: biografische Extremerfahrungen, hoch beeinträchtigte Erlebensmodi, die einen erheblichen Leidensdruck auslösen sowie damit subjektlogisch verbundene, stark auffällige Verhaltens- und Beziehungsmuster (vgl. Herz & Zimmermann, 2015). Somit zeigt sich auch, dass die scheinbar ferne Welt in Stanz und Cajamarca nicht so fern ist. Zentrale Aspekte der Erfahrungs- und Erlebenswelt sind durchaus generalisierbar für Kinder und Jugendliche mit schweren emotionalen Beeinträchtigungen. Gleiches gilt auch für die Auswirkungen auf pädagogische Beziehung(sversuche). Als Folge massiver »Störungen im Person-Umfeld-Bezug« (Stein & Müller, 2015, S. 28), die Pestalozzi im Eingangszitat dieses Kapitels als »äußerste Zurücksetzung« kennzeichnet, benötigen die betroffenen Kinder und Jugendlichen in besonderem Maß zugewandte Erwachsene, die ihre Erfahrungs-, Erlebens- und Verhaltensmuster symbolisieren, sie so halten und »containen«, demnach der Angst eine korrigierende Beziehungserfahrung entgegensetzen können. Gleichzeitig aber dürfen sich die pädagogischen Professionellen nicht in Beziehungsverhältnisse verstricken oder verstricken lassen, in denen sie als die einzigen »Retter« der Kinder und Jugendlichen erscheinen. Dies wird jedoch nur unter entsprechenden Rahmenbedingungen möglich sein.

2.2 Kinder und Jugendliche mit schweren emotional-sozialen Beeinträchtigungen in der Institution Schule

Auch im schulischen Inklusionsdiskurs erscheinen die Schülerinnen und Schüler mit hohem emotional-sozialen Förderbedarf als wichtige, gleichwohl recht unbestimmte Gruppe. Ihre Teilhabe wird politisch im Gegensatz zu Schülerinnen und Schülern mit »klassischen« Behinderungen wenig diskutiert. Trotz vieler gegenteiliger Studien (vgl. Ellinger & Stein, 2012; Mowat, 2014; Scanlon & Barnes-Holmes, 2013; Shearman, 2003) gelten sie politisch oft sogar als leicht integrierbar in allgemeinpädagogische Settings (vgl. Bleher et al., 2013). Während einschlägige Internetportale, Kinospots und Plakate die zahlenmäßig eher kleinen Gruppen wie Menschen mit Trisomie 21 und Gehörlose fokussieren sowie die wechselseitige Bereicherung von Inklusion betonen, werden die viel zahlreicheren emotional-sozial beeinträchtigten Kinder und Jugendlichen medial und politisch fast immer marginalisiert.

> »Während Diversität in Form von Wertschätzung von Vielfalt im inklusionspädagogischen Diskurs mitunter ausschließlich positiv konnotiert wird, verweist

> die UN-BRK [Behindertenrechtskonvention, D.Z.] auch auf die sozialen Problemlagen und Ausgrenzung im Kontext von Behinderung und stellt damit auch Anschlussfähigkeit an sozialpädagogische Traditionslinien her« (Lindmeier & Lindmeier, 2015, S. 48).

Die demnach durchaus abwägende und an den Bedürfnislagen von Individuen wie Gruppen orientierte juridische Perspektive findet sich im (deutschsprachigen) Inklusionsdiskurs jedoch allzu selten wieder.

Meyer, Haertel, Heuer, Hoyer, Liesebach, Schwarz und Zimmermann (2016) zeigen auf, dass die Förderquote im Schwerpunkt emotional-soziale Entwicklung deutlich ansteigt. Die absolute Anzahl der Schülerinnen und Schüler mit dem Förderbedarf emotionaler und sozialer Entwicklung ist in Deutschland zwischen 1992 und 2013 um fast das Vierfache angestiegen und der Anteil der Förderquote dieser Subgruppe bezogen auf die gesamte sonderpädagogische Förderung um das Dreifache (von fünf auf 15%).

Nun lassen sich nicht alle Zahlen zwangsweise inhaltlich begründen. So hat das Bundesland mit der höchsten Förderquote im Schwerpunkt emotionale und soziale Entwicklung, Mecklenburg-Vorpommern, eine mit 2,67% aller Schülerinnen und Schüler fast zehnfach höhere diesbezügliche sonderpädagogische Förderquote als Rheinland Pfalz, das Bundesland mit dem niedrigsten prozentualen Anteil. Derart auffällige Unterschiede lassen sich mit der soziografischen Zusammensetzung der Bevölkerung nach menschlichem Ermessen nicht abschließend erklären. Ein Bedingungsfeld mögen organisationale Zusammenhänge sein –primär die Frage des Vorhandenseins spezifischer sonderpädagogischer Einrichtungen (vgl. Ahrbeck, 2014, S. 13). Meyer und Kolleginnen und Kollegen (2016) ergänzen, dass im Fall vorhandener Schulen mit dem expliziten Förderschwerpunkt emotionale und soziale Entwicklung oft alle dort beschulten Kinder und Jugendlichen dem Förderschwerpunkt zugerechnet werden, unabhängig vom tatsächlich zuerkannten individuellen Status. Auch bildungspolitische Traditionen sowie die fachliche Qualifizierung der Gutachterinnen und Gutachter, die sich in der Qualität der Feststellungsverfahren niederschlägt, können eine Bedeutung für die so deutlich unterschiedlichen Förderquoten haben (vgl. Schöning et al. 2013). Mit Ausnahme von Thüringen gehören alle ostdeutschen Bundesländer zur Spitzengruppe in Bezug auf die sonderpädagogische Förderquote. Die Deutung derart krasser Ungleichverteilungen bleibt gleichwohl spekulativ, gerade der Anteil politischer Steuerung im Hinblick auf institutionelle Ausgrenzung bzw. Teilhabe kann kaum belegt werden. Eine häufig vermutete positive Korrelation zwischen Inklusionsanteil und Förderquote lässt sich nicht durchgängig feststellen. So ist der Inklusionsanteil in den Stadtstaaten Bremen und Hamburg ähnlich hoch, die sonderpädagogische Förderquote aber sowohl insgesamt (Hamburg: 8,3%; Bremen: 5,7%) als auch bezogen auf den Schwerpunkt emotionale und soziale Entwicklung sehr verschieden (Hamburg: 13,3%; Bremen: 7,2%, jeweils bezogen auf die Anzahl aller Schülerinnen und Schüler mit Förderbedarf). Das Land Niedersachsen weist hingegen eine ähnlich niedrige sonderpädagogische Förderquote wie Bremen auf, hat jedoch im Bereich emotionale und soziale Entwicklung mit nur gut einem Viertel aller Lernenden eine sehr niedrige Inklusionsquote (vgl. Meyer et al., 2016).

Die vorliegenden Zahlen zur sonderpädagogischen Unterstützung von Kindern und Jugendlichen mit hohem Förderbedarf haben demnach begrenzte Aussagekraft hinsichtlich der inhaltlichen und quantitativen Bestimmung der Gruppe. Eines jedoch lässt sich gut aus den aktuellen schulpolitischen Entwicklungen ablesen: Die reale Praxis der Inklusion führt abweichend zur diesbezüglichen Theoriebildung zu einer extrem reduzierten individuellen Unterstützung dieser Kinder und Jugendlichen und damit auch der Peer-Group sowie der pädagogischen Professionellen. In einer Analyse der Gewerkschaft Erziehung und Wissenschaft Hamburg wird für dieses Bundesland herausgestellt, dass insgesamt fast 70% aller Schülerinnen und Schüler mit sonderpädagogischem Förderbedarf an Stadtteilschulen angemeldet werden. Während jedoch in Schulen in sogenannten bevorzugten Stadtteilen mit einem hohen Sozialindex lediglich 0,5% der Schülerinnen und Schüler Förderbedarf aufweisen, sind dies in Gebieten mit dem schlechtesten Sozialindex, den sogenannten stark belasteten Wohngegenden, fast 23%. Es lässt sich unschwer interpretieren, welche hohe soziale Abhängigkeit mindestens bei den inklusionsrelevantesten Förderschwerpunkten Lernen, emotional-soziale Entwicklung und Sprache vorliegt. Zwar wirkt sich der Sozialindex einer Schule partiell auf die sogenannte systemische Ressourcenzuteilung von Lehrkräften an die Schulen aus. Dies kann bei einer derart hohen Förderquote, die eine massiv benachteiligte und oft mit ausgeprägten Deprivationserfahrungen an die Schule kommende Schülerschaft symbolisiert, jedoch keinesfalls zu einer angemessenen Förderung der Lernenden führen. Liesebach (2015, S. 123) argumentiert folgerichtig:

> »Die daraus resultierende Unterversorgung, welche besonders in den Ballungszentren und dort in den Milieus ungünstiger sozialer und kultureller Bedingungen deutlich wird, gefährdet ein erfolgreiches Gelingen inklusiver Praxis in vielerlei Hinsicht.«

2.3 Pädagogische Konzeptbildungen

Die Aspekte »schwere emotionale Belastung« und »soziale Deprivation« sind wie beschrieben im Kontext inklusiver Schulentwicklung und in der pädagogischen Forschungslandschaft weitgehend marginalisiert. Daraus ergibt sich ein wesentliches sonderpädagogisches Desiderat: Die umfassende Konzeptualisierung des Wechselspiels von Beziehungsprozessen zwischen schwer belasteten, vielfach traumatisierten Kindern und Jugendlichen, ihrer pädagogischen Bezugspersonen und der Institutionen, in denen diese Beziehungsprozesse stattfinden.[4] Eine solche genaue Analyse von Beziehungsprozessen führt selbstverständlich nicht zu völlig neuer Konzeptbildung; gleichwohl aber erscheint es zwingend, dass die vorliegenden Handlungskonzeptionen unter dem Paradigma einer erschwerten und gleichsam mit spezifischer Emotionalität verbundenen Beziehungsgestaltung neu betrachtet werden.

So dominieren derzeit verhaltensmodifikatorische Ansätze die Praxis der Pädagogik bei emotional-sozialer Beeinträchtigung – vielfach kombiniert mit pharmakologischer Behandlung der Kinder und Jugendlichen (vgl. Herz, 2015a). Dort bestimmen sogenannte evidenzbasierte Förderverfahren (vgl. Hillenbrand, 2015) das pädagogische Miteinander. Diese Förderkonzepte klammern die Individualität der Kinder und Jugendlichen nahezu komplett aus.

> »Viele der modernistischen Lösungsansätze für die Bearbeitung emotional-sozialer Schwierigkeiten in schulischen Lernprozessen zielen also letztlich auf eine Anpassung des Kindes an den Organisationsrahmen und die Zielvorgaben schulisch-institutionalisierter Lernprozesse und die damit verbundenen Vorstellungen von Normalität und Homogenität« (Willmann, 2015, S. 130).

Trainings- wie auch punitive Konzepte suggerieren eine allgemeine Wirksamkeit, die es de facto jedoch gar nicht geben kann. Zudem, so kann fachlich sinnhaft begründet werden, wird genau die Zielgruppe der jungen Menschen mit den höchsten Förderbedarfen mangelhaft erreicht; teils sind durch eine »Dressurpädagogik« (ebd., S. 130) kontraproduktive Effekte zu erwarten. Der Analyse

4 Es sollte darauf hingewiesen werden, dass das Thema »traumatisierte Kinder« vor allem in der außerschulischen Erziehungshilfe durchaus *en vogue* ist. Mit dieser Formulierung wird aber auch deutlich gemacht, dass es in vielen Institutionen dieser pädagogischen Teildisziplin eher um einen weiteren Nachweis im Rahmen eines marktwirtschaftlich orientierten Leistungsspektrums zu gehen scheint, weniger um eine wirkliche Umorientierung der pädagogischen Arbeit und, noch zentraler, der institutionellen Rahmenbedingungen.

Willmanns ist im Hinblick auf die schweren, teils traumatischen Belastungen besonders zuzustimmen. Liegen hier doch als existenziell erlebte, oft traumabezogene Beziehungsbedürfnisse und wenig differenzierte Förderkonzepte meist quer zueinander.

Oft jedoch finden sich in den gleichen Schulen und außerschulischen Fördereinrichtungen auch Konzepte der humanistischen Pädagogik und Mitbestimmung, ein Ansatz, der ideengeschichtlich mit der Verhaltensmodifikation eher schwer vereinbar erscheint. Dies mag dazu beigetragen haben, dass eine einheitliche Pädagogik der emotional-sozialen Entwicklung, insbesondere ein einheitliches Erziehungsverständnis, nur schwer zu bestimmen sind (vgl. Müller & Stein, 2013). Inklusive Schulentwicklungen – aller Rhetorik zum Trotz – bringen vielfach einen Rückgriff auf übergriffige und kaum subjektzentrierte Konzepte mit sich.

Jene oft hoch widersprüchlichen, institutionellen sowie individuell-professionellen pädagogischen Zugänge lassen sich relativ stringent mit den oben genannten Aspekten der Unterversorgung, des omnipräsenten Leistungsgedankens und den daraus resultierenden Überforderungen pädagogischer Fachkräfte in Verbindung bringen (vgl. Sturm, 2015). Denn sie fördern eine Aufspaltung in pädagogischen Prinzipien folgenden, oft partizipativen Zugriffen auf die Arbeit auch mit schwer belasteten Kindern und Jugendlichen einerseits und in vielfach entwertende, Macht-Ohnmacht-Spiralen fördernde Bestrafungs- und Disziplinierungstechniken andererseits.

Hierin mag ein pädagogisches Dilemma liegen, das sich zum von Liesebach (2015) und vielen anderen beschriebenen politischen Dilemma gesellt. Betonen doch gerade die inklusionstheoretischen Zugriffe auf moderne Beziehungsgestaltung das Arbeitsbündnis zwischen Pädagoginnen und Pädagogen einerseits und Kindern und Jugendlichen andererseits. Ein solches Arbeitsbündnis solle die individuellen Beziehungen in ausdifferenzierten, durch Heterogenität geprägten Lernorte charakterisieren. Hiermit ist jedoch ein hohes Maß an Freiwilligkeit auf beiden Seiten vorausgesetzt, das sich didaktisch in einem Übermaß an selbstgesteuerten Lernmethoden, Gruppenarbeiten und Zielvereinbarungen zwischen Lehrkräften und Lernenden widerspiegeln kann. Selbst die Verhaltensmodifikation versucht, sich diesem Trend anzupassen, indem Regelüberschreitungen mit kreativen, auf Mitwirkung der Schülerinnen und Schüler orientierten Methoden beantwortet werden. Willmann (2015, S. 130) nennt hierfür exemplarisch den »›Bußgeldkatalog Grundschule‹ mit ›72 originellen[n] Zusatzaufgaben bei Regelverstößen‹«.

Ein derzeit sehr populäres, nach Kriterien der Evidenzbasierung wirksames Interventionskonzept namens Response-To-Intervention verweist auf die hohe

Quote der Kinder und Jugendlichen mit emotional-sozialen Schwierigkeiten, die durch die engmaschige Diagnostik und die entsprechenden Interventionen erreicht werden könnten (vgl. Hillenbrand, 2015, S. 217). Das Mehrebenen-Präventionsmodell, das nicht zuletzt auf die Förderung der emotional-sozialen Entwicklung zielt, weise, so argumentieren seine Verfechter, Erfolge bei insgesamt 98% der Schülerinnen und Schüler auf (vgl. Hartke et al., 2015). Jener Zahlenwert muss hier nicht ausführlicher diskutiert werden, zumal die theoretische Unterfütterung vielfach schmal ausfällt. Jedoch ist die Erfolgserwartung auch in der (theoretisch angenommenen) engmaschigsten Förderung begrenzt: zwei Prozent aller Schülerinnen und Schüler würden demnach nicht erreicht (vgl. Mahlau et al., 2011, S. 211). Es erscheint doch hoch wahrscheinlich, dass die massiv vernachlässigten, geschlagenen und missbrauchten Kinder und Jugendlichen genau zu jenen zwei Prozent gehören, die von solcherart Gießkannenförderung nicht profitieren. Dies spricht nicht prinzipiell gegen ein engmaschiges Prinzip, auch, wenn die tatsächlich messbaren Ergebnisse im emotional-sozialen Bereich eher unklar bleiben. Es ist jedoch eine vielfach belegte Erkenntnis, dass Kinder, deren Zugang zur inneren Welt so massiv eingeschränkt ist, kaum durch Trainingsprogramme erreichbar sind. Da jedoch Effektstärken empirisch abgesichert seien, verlagern scheiternde Arbeitsbündnisse die Problematik dann folgerichtig zurück auf das Kind oder den Jugendlichen mit massiver Entwicklungsstörung:

> »Wenn kindliche Entwicklungen unter extrem erschwerten Bedingungen abweichen, dann wird der Ruf nach ebenso extremen Maßnahmen schnell laut, man greift nach ›letzten Mitteln‹, die den herkömmlichen Rahmen der Pädagogik überschreiten« (Wevelsiep, 2014, S. 378).

> »Dabei [in kritischen Beiträgen zur zu hohen Prävalenz von Methylphenidat-Verordnungen, D. Z.] aber werden die verhaltensmanipulativen Bestrebungen lediglich in höherem Maße an eine ›Erziehung‹ delegiert, die sich unter Begriffen wie ›Training‹, ›Coaching‹, und ›Management‹ auf Konditionierungstechniken behavioristischer Provenienz beschränkt und sich deutlich der Praktiken der ›Schwarzen Pädagogik‹ bedient« (Herz, 2015a, S. 98).

Das heißt, der Rückgriff auf oben genannte punitive, hoch regulative oder manipulative Konzepte in der Arbeit mit besonders schwer belasteten Kindern und Jugendlichen kann als Reaktion auf nicht aushaltbare Beziehungsdynamiken mit dem Kind verstanden werden (vgl. Baumann, 2012). Immer aber sind sie auch Reaktion auf Rahmenbedingungen (fehlende Professionalisierung, zu große Klassengruppen, nicht ausreichende Reflexionsmöglichkeiten, Überladung mit Trainingsprogrammen) im organisationalen System Schule oder Jugendhilfe. Nicht umsonst haben jene Konzepte in den zumeist hochgradig unterversorgten beruflichen Schulen eine hohe Verbreitung erlangt. Dies ist nunmehr keine neue Erkenntnis und kann an den soziologisch und psychoanalytisch orientierten Falldarstellungen von Thomas von Freyberg und Angelika Wolff (2005) exemplarisch und detailliert nachvollzogen werden. Dass diese Grunderkenntnis jedoch zu einem paradigmatischen Wechsel in der pädagogischen Konzeptbildung bei emotional-sozialer Beeinträchtigung geführt hat, kann angesichts des hoch präsenten Wunsches nach schnellen Lösungen in der Pädagogik nur schwerlich beobachtet werden.

In einer Übertragung der kritischen Anmerkungen Burkardt Müllers (2013) zur Professionsentwicklung in der Sozialen Arbeit könnte hier auch für die Pädagogik bei hoch erschwerter emotionaler Entwicklung formuliert werden: Ein Arbeitsbündnis zwischen den pädagogischen Bezugspersonen ist ein »ideales Ergebnis« (ebd., S. 250) eines pädagogischen Geschehens, keinesfalls seine Voraussetzung. Vorbedingung des pädagogischen Miteinanders sind ja vielmehr sehr negative Erfahrungen der Kinder und Jugendlichen mit Erwachsenen sowie mit der Institution Schule. Hier ein Arbeitsbündnis im Sinne von »produktiver Reibung« (Hinz, 2013) vorauszusetzen, ist nicht naiv, sondern vielmehr verleugnend gegenüber den sozialen Realitäten. Die Gemengelage partizipativer Zugriffe auf pädagogisches Geschehen, dominante Machbarkeits- und Leistungsfantasien und populäre verhaltensmodifikatorische Steuerungsversuche führen vielfach zu einer Beliebigkeit und Unberechenbarkeit pädagogischen Handelns, unter dem besonders die schwer belasteten Kinder und Jugendlichen leiden.

Ausgehend von dieser Problemskizzierung: Welche Bedeutung können Zugriffe der psychoanalytischen Pädagogik wie Traumapädagogik in der aktuellen neoliberalen pädagogischen Landschaft für die Arbeit mit schwer belasteten Kindern und Jugendlichen einnehmen? Dieser Frage soll hier nur in Kürze und mit dem Verweis auf die ausführliche Studie, die diesem Buch zugrunde liegt, nachgegangen werden.

- Psychoanalytische Pädagogik sowie Traumapädagogik sind immer erziehungswissenschaftliche Teildisziplinen gewesen, die die politischen und gesellschaftlichen Rahmenbedingungen genau analysieren. Das heißt, dass ihre Erklärungsmodelle für hoch beeinträchtige Entwicklung und handlungspraktische Ansätze, in denen sich ihre theoretische und praktische Arbeit vollzog, nie ohne Bezug zu den sozialen Rahmenbedingungen zu verstehen waren (vgl. Zimmermann, 2015d). B. Müller schreibt im Hinblick auf professionelles Selbstverständnis in der Sozialpädagogik: »Die Qualität der Rahmenbedingungen ihres [professionellen, D. Z.] Handelns (hängt) nur sehr begrenzt von ihnen selbst ab, sondern von anderen, insbesondere ökonomischen und politischen Faktoren« (2002, S. 29). Die Genauigkeit der Reflexion von sozialer Lage, individueller Verarbeitungsmuster und Widerspiegelungen in der pädagogischen Beziehung darf deshalb getrost als Kernmerkmal psychoanalytischer Pädagogik und Traumapädagogik verstanden werden.

- Traumapädagogik sowie psychoanalytische Pädagogik sind demnach nie nur als Zwei-Personen-Geschehen und auch nicht als Beziehungsarbeit einer professionellen Person mit einer Gruppe zu denken. Sie müssen, um erfolgreich zu sein, beide stets in eine Organisationsstruktur eingebunden sein, die durch ein hohes Maß an Sicherheit, an Transparenz und an Reflexionskultur gekennzeichnet ist. In Abgrenzung zu den oben beschriebenen, populären Interventions- und Förderkonzepten benötigen sie demnach einen sicheren sozialen Ort in der Organisation, der die Arbeit mit den Klientinnen und Klienten erst ermöglicht (vgl. Dörr, 2013).
- Psychoanalytische Pädagogik sowie Traumapädagogik sind mit einer Form der Professionalisierung verbunden, die ausschließlich in langfristigen und kontinuierlichen Entwicklungsprozessen der beteiligten Fachkräfte erworben werden kann (vgl. Krebs, 2002). Das heißt, professionelles Handeln ist niemals Handlungswissen als solches, sondern kann sich stets nur dadurch aktualisieren, dass Beziehungs- wie Selbstreflexionsprozesse aktiv initiiert und von der Institution unterstützt werden.

3. Die Kategorie »Trauma« als Beitrag zur Theorie- und Praxisentwicklung einer Pädagogik bei emotional-sozialer Beeinträchtigung[5]

3.1 Das Unbekannte Bekannte

Die Quantität der Publikationen im Themenfeld psychische Traumatisierung ist seit etwa zehn Jahren und noch immer sehr hoch. Insbesondere die Anzahl der Veröffentlichungen in der Kinder- und Jugendpsychotraumatologie hat auch für Expertinnen und Experten ein unüberschaubares Maß angenommen. Dieser Umstand ist wesentlich darin begründet, dass es sich um ein nur interdisziplinär in seiner Breite zu erfassendes Themenfeld handelt, demnach sehr unterschiedliche fachwissenschaftliche Perspektiven auf ein innerpsychisches und gleichsam soziales Phänomen in die Diskussion einfließen. Zudem: die Theorieentwicklung einer Traumakonzeption in Kindheit und Adoleszenz war noch bis vor etwa 20 bis 25 Jahren wenig differenziert und größtenteils marginalisiert. Denn der Forschungsmainstream betonte bis zum Beginn der 1990er Jahre, dass selbst schwer belastende soziale Erfahrungen keine allzu nachhaltigen Folgen im Erleben der Kinder hinterließen, sich vielmehr allenfalls eine vorübergehende Symptomatik zeige (vgl. Rosner & Hagl, 2008, S. 205). Ein hohes Maß an Fehldiagnosen, die die deutlichen Zusammenhänge von äußerer und innerer Erfahrung nicht ausreichend abbildeten, war eine logische Folge davon (vgl. Schmid et al., 2010). Jenes Theoriedefizit hatte entsprechende Auswirkungen auf die pädagogische, therapeutische und psychiatrische Praxis mit den betroffenen jungen Menschen, deren

5 Dieses Kapitel beruht partiell auf dem Beitrag: Zimmermann, D. (2016a). Die innere und äußere Beziehungsstörung – eine (psychoanalytisch-)pädagogische Perspektive auf das Phänomen Trauma. Er wurde für diese Monografie jedoch deutlich modifiziert und erweitert.

äußere und innere Realität nicht ausreichend wahrgenommen wurde. Das heutzutage nahezu allgemeingültige Axiom, dass »Schäden in dieser [Entwicklungs-, D.Z.] Phase […] als nur schwer oder gar nicht reversibel angesehen« (Görgen et al., 2013, S. 219) werden, ist demnach Ergebnis eines umfassenden, gesellschaftlichen, medialen, fachwissenschaftlich pädagogischen sowie medizinischen Paradigmenwechsels. Die entsprechenden Diskurse sind demnach als verhältnismäßig jung zu begreifen, wenngleich auch zuvor eher vereinzelte Debatten zu diesem Thema angestoßen wurden (vgl. ebd.).

Seit den 1990er hat sich, nicht zuletzt bedingt durch das offensichtliche und massive seelische Leid der Kinder und Jugendlichen, die aus dem zerbrechenden und unter einem Krieg leidenden Jugoslawien in andere Staaten Europas flohen – quasi als Gegenstück zur vorhergehenden Marginalisierung –, eine sehr breite traumabezogene Forschungs- und Veröffentlichungsdynamik in verschiedenen Fachdisziplinen entwickelt. Insbesondere die Beiträge der Kinder- und Jugendpsychiatrie sowie der klinischen Psychologie sind zumindest quantitativ so umfangreich, dass sie die Grenzen selbst einer ausführlicheren Literaturumschau sprengen würden (vgl. exempl. Desbiens & Gagné, 2007; Fegert et al., 2013; Fischer & Riedesser, 2009; Streeck-Fischer, 2014; Streek-Fischer & van der Kolk, 2000).

Auch die psychoanalytische Theorie und Praxis hat sich verstärkt dem Thema »Trauma« zugewandt. Ein erhebliches Publikationsaufkommen, teils eher theoretisch, teils im klassischen Junktim von therapeutischer Praxis und Theorieentwicklung verankert, ist eine Folge davon (vgl. exempl. Baita, 2014; Bohleber, 2007, 2012; Bräutigam, 2000; Brothers, 2014; Felitti et al., 2007; Hirsch, 2011). Relevante Beiträge zur Theorieentwicklung sowie zur therapeutischen und pädagogischen Tätigkeit mit traumatisierten Kindern und Jugendlichen liefern auch die Neurowissenschaften (vgl. Hüther et al., 2010, 2012; Sachsse, 2012; Schore, 2013) sowie die Bindungstheorie (vgl. Brisch & Hellbrügge, 2003; Gahleitner, 2011; Ziegenhain, 2009).

Zudem liegen umfassende Handbücher vor, die den Forschungsstand zusammenfassen (vgl. Seidler et al., 2011; Hantke & Görges, 2012). Auch die Gründung der deutschsprachigen Fachzeitschrift »Trauma und Gewalt« im Jahr 2007 trägt mit Beiträgen aus differenten fachwissenschaftlichen Zugängen sowie aus den verschiedenen Praxisfeldern zur intensiven Fachdiskussion und Veröffentlichungspraxis bei. Gleichwohl ist die wissenschaftliche Auseinandersetzung mit Trauma durch ein geringes Maß an Verbundenheit zwischen den Fachdisziplinen geprägt. Auch in den Handbüchern werden die fachlichen Perspektiven eher additiv als miteinander verwoben diskutiert. Interdisziplinäre Auseinandersetzung findet bislang nur punktuell statt, so etwa zwischen den Neurowissenschaften und der Psychoanalyse (vgl. Leuzinger-Bohleber, 2009).

Zu den traumaforschenden Fachdisziplinen gehören traditionelle Handlungsfelder, primär die Kinder-, Jugend- und Erwachsenenpsychiatrie, die psychosomatische Medizin sowie verschiedene therapeutische Schulen. Zur Ausdifferenzierung der mit psychischer Traumatisierung befassten Arbeitsfelder hat auch die Entwicklung der Traumapädagogik beigetragen. Jenes Fachgebiet hat sich vor allem aus dem Handeln mit schwer belasteten Kindern und Jugendlichen heraus entwickelt (vgl. Kühn, 2012). So weisen die Pioniere der erziehungswissenschaftlichen Teildisziplin »Traumapädagogik« fast durchgängig jahrzehntelange praktische Erfahrung in der Arbeit mit schwer belasteten Menschen auf, überwiegend in der Kinder-, Jugend- und Familienhilfe sowie zu einem kleinen Teil in der Arbeit mit Menschen mit Behinderung und seltener in der Schule. Zur Traumapädagogik gibt es eine zwar quantitativ noch verhältnismäßig kleine, aber doch wachsende Publikationstätigkeit (vgl. exempl. die Sammelbände: Bausum et al., 2013; Gahleitner et al., 2014; Weiß et al., 2016; Zimmermann et al., 2016). In jüngerer Zeit sind zunehmend auch theoretisch und forschungsbezogen angelegte Beiträge publiziert worden, womit ein Defizit in der Entwicklung der Traumapädagogik sukzessiv behoben werden konnte. Neben entsprechenden Handbüchern, Sammelbänden und Monografien verweisen drei Themenhefte der Zeitschrift »Trauma und Gewalt« (vgl. Schmid & Fegert, 2008, 2009; Streek-Fischer, 2012) auf die Bedeutung der Subdisziplin innerhalb der Pädagogik und auch für die Psychotraumatologie des Kindes- und Jugendalters. Traumapädagogische Weiterbildungen genießen ein hohes Maß an Popularität und an vielen anbietenden Instituten sind entsprechende Kurse über Jahre hinweg ausgebucht.

Demnach sollte es ein Leichtes sein, eine pädagogische Perspektive auf das Phänomen »Trauma« zu formulieren. Ein genauerer Blick auf die vorliegenden Publikationen jedoch zeigt erste Schwierigkeiten auf. Verlässt die Traumapädagogik ihr ursprüngliches Habitat der praxisnahen Formulierung von Haltungen und Handlungen und begibt sich in die manchmal fremde Umgebung theoretischer Fundierung, bezieht sie sich bislang vor allem auf die Bindungstheorie, auf Neurowissenschaften und trotz hoch differenter Praxis auch auf die kinder- und jugendpsychiatrischen Klassifikationen (vgl. Schmid, 2008). Obwohl ein breites Wissen darüber vorliegt, dass Trauma im pädagogischen Kontext nicht nur reinszeniert wird, sondern sich über die angebotenen pädagogischen Beziehungen und institutionellen Settings aktualisiert, das heißt, eine spezifisch in der pädagogischen Beziehung begründete und auch institutionelle Spezifika widerspiegelnde Ausprägung auf der Erlebens- und Verhaltensebene gewinnt (vgl. von

Freyberg & Wolff, 2006), wird es meist über die »starken« Bezugswissenschaften definiert.

3.2 Das problematische Verhältnis von Traumatherapie und Traumapädagogik

Der in nahezu allen traumapädagogischen Publikationen bis hin zu Studienabschlussarbeiten wiederholten Definition von Fischer und Riedesser (2009, S. 82), Trauma sei ein

> »vitales Diskrepanzerlebnis zwischen bedrohlichen Situationsfaktoren und den individuellen Bewältigungsmöglichkeiten, das mit Gefühlen von Hilflosigkeit und schutzloser Preisgabe einhergeht und so eine dauerhafte Erschütterung von Selbst- Weltverständnis bewirkt«,

ist kaum zu widersprechen. Dies gilt insbesondere, da in dieser Definition der Fokus auf dem unbedingten und wechselseitigen Abhängigkeitsverhältnis äußerer Erfahrungen und innerer Bewältigungsmöglichkeiten bzw. ihres Fehlens liegt. So ist eine psychische Traumatisierung ohne die auslösenden singulären, wiederkehrenden oder chronisch prägenden sozialen Erfahrungen nicht erklärbar; gleichwohl ist die rein äußere Extremerfahrung nicht ausreichend zur Erfassung der spezifisch traumatischen Veränderungen der emotionalen und sozialen Welt. Mit den emotionalen Aspekten von Hilf- und Schutzlosigkeit sowie der Erschütterung (oder des Zusammenbruchs) von Selbst- und Weltverständnis sind durchaus auch Aspekte benannt, die für die pädagogische Situation von hoher Relevanz sind. Allerdings ist die zwischenmenschliche Beziehungsebene bzw. die traumaspezifische Ausprägung derselben mit dieser Definition noch nicht in ihrer angemessenen Breite erfasst.

Die nunmehr als pädagogisch deklarierten Definitionsversuche sind nicht selten durch einen mehr oder weniger wahllosen Eklektizismus gekennzeichnet. So verweisen Corinna Scherwath und Sybille Friedrich (2012, S. 21–41) in einem insgesamt lesenswerten Buch zur Erläuterung des Phänomens »Trauma« auf folgende Kategorien: Neurobiologische Auswirkungen, posttraumatische und komplexe Belastungsstörungen, Störungen der Bindungsentwicklung sowie Schuld- und Schamgefühle. In dieser Reihenfolge rekurrieren sie demnach mehr oder weniger explizit auf Forschungsergebnisse der Neurowissenschaften, der Psychiatrie, der Bindungstheorie sowie der Psychoanalyse. Ulrike Beckrath-Wilking und Kolleginnen (2013) verweisen zwar im Titel auf Traumapädagogik, jedoch beziehen sich die zahlreichen Kurzbeiträge zu den theoretischen Grundlagen der Psychotraumatologie ausschließlich auf klinische sowie bindungstheoretische Kategorien. Eine explizit pädagogische Perspektive, die die genannten Aspekte zusammenführen könnte, fehlt in beiden Fällen. Auch die vielfältigen Praxis- und Fallbeispiele traumapädagogischer Veröffentlichungen werden primär mithilfe der Bindungstheorie sowie der Psychoanalyse erläutert (vgl. Gahleitner, 2011; Brothers, 2014). Die Bezugnahme der Traumapädagogik auf Forschungsergebnisse und Interventionsstrategien der Psychologie, der verschiedenen therapeutischen Schulen oder der Psychiatrie ist grundsätzlich nicht zu kritisieren und entspricht einer langen Tradition der Integration von Bezugswissenschaften in die Pädagogik (vgl. Willmann, 2012). Gerade im Hinblick auf die Schnittstelle von Jugendhilfe und Sonderpädagogik einerseits sowie Kinder- und Jugendpsychiatrie andererseits ist ein Austausch von Forschungs- und Praxiserfahrungen sogar explizit wünschenswert (vgl. Adam et al., 2016). Der Mangel einer tatsächlich pädagogischen Perspektive ist jedoch bemerkenswert und erzeugt ein sowohl theoretisches als auch praktisches Desiderat.

Während die Traumapädagogik demnach trotz einer in den letzten fünf Jahren gestärkten wissenschaftlichen Unterfütterung an gering ausgeprägter Theoriebildung leidet, verstehen Fachkräfte aus Medizin und Therapie ihre Forschungsergebnisse und Handlungsstrategien als explizit pädagogisch relevant. Hantke (2015, S. 125) schreibt:

> »Arne Hofmann, einer der ersten EMDR-Therapeuten in Deutschland, soll einmal gesagt haben, 95% der Therapie mit traumatisierten Menschen sei Stabilisierung. Wir fügen hinzu: Und die findet im Alltag statt, in Beratung, Pädagogik, Pflege und Begleitung. Die Therapien können den Bedarf nicht decken, Ressourcen müssen im Alltag gefunden und angewandt werden.«

Dem ist zuzustimmen. Natürlich hat die Pädagogik die Aufgabe zu stabilisieren. Schaut man sich jedoch die diesen Sätzen im Originaltext vorangestellten Interaktionsskizzen in Kombination mit dem Schlusszitat an, so ist unklar, wie sich pädagogische Arbeit von therapeutischer unterscheidet. Es bleibt also offen, was genau das eigentliche Verständnis von Traumatisierung als pädagogische Kategorie ist und welche Aufgaben sich daraus für die traumapädagogische Tätigkeit in der Folge ergeben. Zurück zum obigen Zitat: Ja, Stabilisierung findet im Alltag statt, jedoch keine Therapie oder therapieähnliche Arbeit. Demnach können auch Haltungs- und Handlungsleitfäden der therapeutischen Stabilisierungstechniken, etwa aus dem Bereich der Psychodynamisch-Imaginativen Traumatherapie (vgl. Krüger, 2007; Reddemann, 2011), nicht schlichtweg als Grundlage von traumapädagogischer Arbeit übernommen werden (genau dies aber suggerieren viele Veröffentlichungen und Vorträge zu Traumapädagogik). Dabei sind zwei Gründe entscheidend: Aufgrund des gänzlich anderen Settings verleiten die therapeutischen Ideen im pädagogischen Handeln zum einen zu starrer Manualisierung des Geschehens, das heißt, das unmittelbar Beziehungsorientierte tritt zugunsten von Handlungsleitfäden und Methoden zurück. Zum anderen löst der weitgehend unhinterfragte Transfer von Handlungsmöglichkeiten in ein gruppenbezogenes pädagogisches Setting eher neue Hilflosigkeit bei den Fachkräften aus, da eben jene Ansprüche im Setting der Schule oder der Kinder- und Jugendhilfe gar nicht eingelöst werden können (vgl. Dabbert, 2016). Zur Vermeidung einer solchen beziehungsdynamischen Reduktion auf eine vorgeblich immer hilfreiche Methodik sollte die Traumapädagogik stärker als bislang einen eigenen fachlichen Zugang zu den hoch belasteten Kindern und Jugendlichen entwickeln und auch eigene Haltungs- und Handlungsansätze ausformulieren.

Aus mindestens zwei Gründen erscheint es insofern sinnvoll, die elementare Theoriebildung der Traumapädagogik voranzutreiben. Ein erster Grund liegt im notwendigen, zu enthierarchisierenden interdisziplinären Dialog, in dem pädagogische Zugänge zur psychischen Traumatisierung offensiv vertreten werden sollten. Ein ersichtlicher Grund, warum die Fachdisziplin, deren grundlegende Verständnisse und Konzepte erheblichen Einfluss auf die Alltagsarbeit mit schwer belasteten Kindern haben, sich hier nicht als gleichberechtigter Interaktionspartner verstehen sollte, ist kaum ersichtlich. Ein zweiter Grund liegt in der Überführung der Theoriebildung in die praktische pädagogische Tätigkeit. Denn nur aus einer tatsächlich pädagogischen Perspektive auf Bedingungen, Verlauf und Symptomatik, vor allem bei langfristigen und Beziehungstraumatisierungen, lassen sich adäquate pädagogische Haltungs- und Handlungsmaximen formulieren. Gerade hinsichtlich des Einbezugs der pädagogischen Beziehungsdimension erscheint eine Rückkoppelung von pädagogischem Handeln an traumapädagogische Konzeptbildung dringend notwendig, da die Axiome der Traumapädagogik sonst Gefahr laufen, an der pädagogischen Realität zu zerschellen (vgl. Volmer, 2016). Die aus der Praxis entwickelten Haltungs- und Handlungsideen, die teils auch konsequent weiterentwickelt wurden (vgl. exempl. für den Bereich Schule: Burgess & Phifer, 2013; Ding, 2014; Möhrlein & Hoffart, 2014), erfahren so eine Aufwertung durch die Anbindung an eine fachadäquate Theoriebildung.

Geschieht dies nicht, wird entweder die Übergabe der Verantwortlichkeit für das seelische Leid der Kinder und Jugendlichen an medizinische und psychotherapeutische Fachkräfte forciert oder aber pädagogische Fachkräfte sollen zu Teilzeit-Psychologinnen oder -Therapeuten werden. Schaut man sich die Zusammensetzung vieler Leitungsgruppen traumapädagogischer Fortbildungsinstitute und deren vermittelte Inhalte an, zeigt sich hier eine sehr problematische Entwicklung. Denn viele der Dozentinnen und Dozenten kennen die pädagogische Praxis nur aus der Außenperspektive, viele Inhalte der traumapädagogischen Weiterbildungen unterscheiden sich dementsprechend nur marginal von den traumatherapeutischen.

Im weiteren Verlauf dieses Kapitels soll deshalb versucht werden, die pädagogische Perspektive auf Traumatisierung stärker von der Pädagogik aus zu denken. Traumapädagogische Forschung und Praxis sollten dabei in enger Wechselseitigkeit gesehen werden. Die Psychoanalyse, demnach eine wichtige Bezugswissenschaft der Traumapädagogik, kennt das Junktim von »Heilen und Forschen« (Freud, 1927a, S. 293). Dementsprechend lassen sich Forschungsergebnisse primär aus der Analyse der therapeutischen Arbeit gewinnen und umgekehrt gewinnt Letztere durch neue wissenschaftliche Erkenntnisse erweiterte Handlungsmöglichkeiten (vgl. Datler, 2005). So kann analog für die Traumapädagogik formuliert werden: Eine profilierte Definition bedarf der Analyse der praktischen Erziehungstätigkeit, denn nur aus dieser lassen sich die Aktualisierungen variabler traumatischer Erfahrungen für die pädagogische Situation erfassen. Die praktische Traumapädagogik wiederum gewinnt eine fachliche Stärkung und neue Perspektiven durch die theoretische Fundierung.

3.3 Pädagogik und Beziehung

Die Pädagogik kann aufgrund ihrer starken Ausdifferenzierung sowohl hinsichtlich der Handlungsfelder als auch ihrer wissenschaftlichen Verortung schwer als einheitliches Gebilde erfasst werden. Ein »allgemein anerkanntes, diese leitendes und verbindendes pädagogisches Denken, Wissen und Können« (Benner, 2010, S. 17) ist nur schwer zu bestimmen. Ein gemeinsamer Nenner könnte heißen: Pädagogik beruht auf einer theoretischen und praktischen Auseinandersetzung mit einer hierarchisch organisierten Beziehung zwischen Erwachsenem und Kind. Diese Beziehung[6] im Generationenverhältnis ist durch eine mit der

6 Während »Beziehung« stets über ein unmittelbares, wechselseitiges Interaktionsgeschehen zu definieren ist, betont der Begriff der »Bezogenheit« stärker das trianguläre Geschehen im pädagogischen Raum über einen gemeinsamen Gegenstand. In der pädagogi-

Reifung der Kinder und Jugendlichen abnehmenden »fundamentalen Angewiesenheit« (Prengel, 2013, S. 59) der Kinder und Jugendlichen gekennzeichnet. Es handelt sich dabei um ein ganzheitlich angelegtes Verhältnis, das demnach nicht zweckgebunden ist (vgl. Eggert-Schmid Noerr, 2002). Der pädagogische Bezug zueinander bestehe, so Herman Nohl (1949, S. 134), im »leidenschaftliche(n) Verhältnis eines reifen Menschen zu einem werdenden Menschen und zwar um seiner selbst willen, daß er zu seiner Form komme.«

Aufgrund der seelischen Verletzungen der Zielgruppe, mit der Traumapädagogik definitorisch befasst ist, muss sie noch stärker als andere pädagogische Subdisziplinen über jene oben genannten Beziehungsaspekte und insbesondere über die emotionale und soziale Angewiesenheit der Kinder und Jugendlichen gedacht werden. Pädagogische Beziehungen mit jener Klientel sind also gekennzeichnet durch eine Generationendifferenz zwischen Erziehenden und zu Erziehenden, »in welcher Identität [der Kinder, D. Z.] noch nicht als personale Charakterstruktur in Erscheinung tritt, sondern als eine strukturierte Beziehung des Selbst zu *bestimmten* Objekten (Hervorh. i. O.)« (Hirblinger, 2011, S. 227). Das heißt, zur Entwicklung von innerer Autonomie, demnach der Vorstellung von einem stabilen Selbst, benötigen die Kinder verlässliche und intensive Begegnungen mit ihren Gegenübern und konkret mit den pädagogischen Beziehungspersonen. Zu entwickelnde Identität ist dabei nicht als statische Größe im Sinne eines einmal entwickelten und dann stets stabilen, sämtliche soziale Bezüge überlagernden Seins aufzufassen. Gleichwohl verweisen nicht zuletzt Beziehungsanfragen von schwer seelisch verletzten Menschen auch auf eine Suche nach stabilen Identitätskernen, die über wechselnde soziale Bezugssysteme hinaus Bestand haben können (vgl. Fickler-Stang, 2009). Manche, aktuell weniger populäre Identitätskonzepte wie jenes von Erik H. Erikson (1973) sind deshalb für die traumapädagogische Theoriebildung durchaus hoch relevant. Sie korrelieren mit einer psychoanalytischen Definition von Traumatisierung, nach der diese mit einem Verlust des Bezugs zu Selbst- und Fremdobjekten einhergehe (vgl. Bohleber, 2012). Derart in ihrer inneren Autonomie, das heißt, in ihrem Fühlen und Denken sich selbst und anderen gegenüber schwer beeinträchtigte Kinder und Heranwachsende benötigen jenseits postmoderner Konzeptualisierungen zunächst eine stabile Vorstellung von sich und anderen Menschen, auf deren Grundlage in der Folge

schen Praxis scheint dies nicht immer deutlich zu differenzieren zu sein; dennoch bildet die Bezogenheit von Kindern und Jugendlichen vielfach die Voraussetzung dafür, dass eine wirkliche pädagogische Beziehung möglich wird. Im Text wird, sofern es sich um das menschliche Miteinander handelt, der Terminus »Beziehung« genutzt, da er stärker das Unmittelbare des Zwei- oder Mehrpersonengeschehens fokussiert.

auch Instabilitäten und somit wechselnde Identitätsanteile ausgehalten werden können. Das pädagogische Miteinander, insbesondere mit hoch belasteten jungen Menschen, zielt deshalb zunächst auf innerpsychische Autonomie und

> »steht nicht nur für die Entwicklung von Authentizität, Aktivität, eigenem Willen, eigener Motivation und Kompetenz, sondern auch für die Akzeptanz des Anderen, für kooperative Bezogenheit, für Gemeinschaftlichkeit und für Verantwortlichkeit« (Speck, 1997, S. 148).

Insbesondere der Begriff der Authentizität als zentrales Kennzeichen von Identität verlangt im Kontext schwer beschädigter Entwicklung nach einer Vorstellung von sich und anderen, die nicht wieder (so wie es durch Traumatisierung geschieht) zerstört werden darf. Letzteres ist ein Grundanliegen jedweder pädagogischen Arbeit, insbesondere jedoch der mit traumatisierten Kindern und Jugendlichen.

Pädagogische Arbeit lässt sich aus einem anderen Blickwinkel in einem sehr umfassenden Sinn über die Vermittlung von Bildung definieren, wobei es Aufgabe der jüngeren Beziehungspartner ist, diese Bildungsanteile zu modifizieren und den aktuellen Anforderungen der sozialen Welt anzupassen (vgl. Prengel, 2013, S. 59). Zwischen den Termini des pädagogischen Bezugs, der Erziehung und der Bildung zeigt sich somit, trotz an dieser Stelle nicht weiter zu diskutierender Unterschiede, auch eine Reihe von Gemeinsamkeiten. Im Hinblick auf Erziehung betonen Thomas Müller und Roland Stein (2015, S. 27), dass auch hier die zu Erziehenden als autonomes Selbst zu verstehen seien, der Erziehungsprozess demnach keinesfalls ein unilinearer Prozess ist.

In der unmittelbaren Bedeutung der Bezogenheit bzw. Beziehung zwischen zwei Menschen findet sich so ein über die pädagogischen Schulen hinweg geltendes allgemeines Kernmerkmal von pädagogischer Praxis wie auch ihrer theoretischen Fundierung. Die Parallelität von emotionaler, in Beziehung eingebundener und kognitiver Entwicklung gilt dabei heute als »Allgemeinplatz« (Katzenbach & Ruth, 2008, S. 61). Pädagogik ohne die Gestaltung der Beziehung zum Kind ist unvorstellbar, dies kann als richtungsübergreifender Konsens gelten. Das lässt sich besonders an aktuellen Veröffentlichungen von in gänzlich unterschiedlicher Art und Weise ausgewiesenen Fachwissenschaftlerinnen und -wissenschaftlern der Pädagogik bei Verhaltensstörungen ablesen (vgl. Ahrbeck, 2008; Hillenbrand, 2006; Herz & Zimmermann, 2015; Stein & Müller, 2015). Dennoch müssen auch die deutlichen Diskrepanzen innerhalb der Pädagogik zum Thema gemacht werden, da sie im Hinblick auf ein pädagogisches Traumaverständnis von hoher Bedeutung sind:

Die verhaltensmodifikatorische Pädagogik sieht die Beziehung eher als Begleiterscheinung, bestenfalls als Basis darauf aufbauender Förderung:

> »Ungeachtet der geläufigen Rede von der hohen Bedeutung der Beziehungsarbeit in der [...] Förderung wird zur Verbesserung sozial-emotionaler Kompetenzen letztlich doch eher auf curricular orientierte Trainings [...] gesetzt« (Katzenbach & Ruth, 2008, S. 62).

Einige der gerade in der Sonderpädagogik populären Förderkonzeptionen scheinen dem Psychologen Frazier in Burrhus F. Skinners Roman »Walden Two« (1980) zu folgen: »Was ist das, Liebe?«, wird darin gefragt. »Doch nur ein anderer Name für die Anwendung von positiver Verstärkung« (Skinner, 1980, S. 266). Zwischenmenschliche Beziehung wird nach dieser Logik auf ein technizistisches Verständnis von pädagogischen *Handlungen* (nicht: Haltungen!) reduziert und damit ihres Kerns enthoben. In vielen Aspekten der Konfrontativen Pädagogik wird zwar die Beziehung zum Mittel einer erwünschten Verhaltensänderung. Diese »Beziehungsarbeit« besteht jedoch fast ausschließlich aus Beschämung und Bestrafung, dient insofern keinesfalls der Entwicklung haltender und zuverlässiger, demnach identitätsstiftender Selbst- und Fremdvorstellungen (vgl. Herz & Heuer, 2014; C. Müller, 2014).

Den Gegenentwurf zu einer solchen weitgehend beziehungsleeren Handlungslogik liefert die *Psychoanalytische Pädagogik*. Konzeptionell stellt die Beziehung hier die Grundlage der Diagnostik sowie der pädagogischen Arbeit selbst dar (vgl. Crain, 2005; Müller & Schwarz, 2016). Die Beziehungsreflexion durch die Fachkraft dient somit dem Verständnis der (beeinträchtigten) Entwicklung, durch die Gestaltung der Beziehung werden korrigierende Erfahrungen ermöglicht. Die mit erschwerten Lebenssituationen beschäftigten pädagogischen Teildisziplinen, etwa die Sonder-, aber auch die Traumapädagogik, haben in diesem Diskurs eine besondere Relevanz: Mit dem Fokus auf nachhaltige Störungen der Entwicklung lassen sich die Brüche zwischen entindividualisierten Förderverständnissen und auf die Beziehung selbst aufbauenden Haltungs- und Handlungsprämissen besonders gut aufzeigen. Dörr fragt:

> »Wie steht es um die Verfasstheit der Institutionen der stationären Jugendhilfeeinrichtungen, die den gesetzlichen Auftrag haben, mit Kindern und Jugendlichen, eben auch mit bereits verwundeten und gedemütigten Kindern und Jugendlichen, pädagogisch verantwortlich zu arbeiten? Ihnen also, nach ihrem ›Überleben‹ von Misshandlungen, (sexuellen) Gewaltwiderfahrnissen und/oder basalen Ver-

nachlässigungen, weitere Überlebenshilfen anzubieten, die Selbstbestimmung und Teilhabe am Leben in der Gesellschaft (wieder) eröffnen?« (2015, S. 138)

Diese »Überlebenshilfen« müssen fast definitorisch aus zuverlässigen, auch Widerstände und Regelüberschreitungen aushaltenden pädagogischen Beziehungen bestehen. Nur so kann der extreme Missbrauch ihrer »fundamentale(n) Angewiesenheit« (Prengel, 2013, S. 59), den all diese schwer belasteten Kinder und Jugendlichen erlebt haben, be- und eventuell auch verarbeitet werden. Es versteht sich von selbst, dass sich der Begriff des »Missbrauchs« hier nicht nur auf sexuelle Übergriffigkeit und Gewalt bezieht, obwohl diese extreme Form der Verletzung kindlicher und adoleszenter Integrität stets in besonderer Weise mitzudenken ist, wie biografische Reflexionen von Betroffenen stets aufs Neue eindrücklich aufzeigen (vgl. Max, 2012). Ein technizistisches Modell von menschlichen Beziehungen, das letztlich einer Instrumentalisierung der zwischenmenschlichen Begegnung durch Handlungsanweisungen, Normen und scheinbar zielführenden Regelsystemen entspricht, ist dabei fast immer kontraproduktiv und in diesem Sinne nicht selten traumachronifizierend.

Der Bezogenheits- bzw. Beziehungsbegriff sollte also als Ausgangspunkt für eine pädagogische Betrachtung des Themas »Trauma« gewählt werden. Mit ihm kann – so eine erste Annahme – eine Reihe von Kernmerkmalen der Traumatisierung für den pädagogischen Kontext formuliert werden. Im Folgenden soll dieser Idee deshalb strukturierter nachgegangen werden. Die Psychoanalytische Pädagogik stellt dabei eine wichtige Referenz dar, da sie sich wie keine andere pädagogische Teildisziplin über »differenziertes und sorgfältiges Nachdenken über Beziehungsprozesse« (Wininger, 2012, S. 53) definiert. Sie beschäftigt sich mit der Analyse von emotionaler und sozialer Verbundenheit unter Einbezug unbewusster Anteile der inneren Welt wie auch des Interaktionsgeschehens.

3.4 Trauma als Beziehungsstörung

3.4.1 Die Zerstörung innerer Objekte

Gelungene pädagogische Praxis besteht – soviel kann nun sinnhaft generalisiert werden – primär aus der zuverlässigen, transparenten und vor allem professionell reflektierten Gestaltung von zwischenmenschlichen Beziehungen. Im Hinblick auf die seelisch schwer verletzten Kinder lässt sich Folgendes ergänzen: Die Pädagogik zielt primär auf die Ermöglichung von *korrigierenden Beziehungserfah-*

rungen; Letztere sind gleichermaßen zentrales Handlungsinstrument pädagogischer Professionalität (vgl. Heiner, 2004). Zentrale Fragestellungen zur genaueren Erschließung der pädagogischen Dimension von Traumatisierung heißen demnach: Wie äußern sich schwere psychische Verletzungen in der pädagogischen Beziehung und welche Folgen hat ein solches Verständnis für die (zunächst theoretische) Formulierung pädagogischen Handelns?

Die realen zwischenmenschlichen Beziehungen sind jedoch nicht verstehbar, ohne die inneren Repräsentanzen des Kindes in den Blick zu nehmen. Das Kind entwickelt in der Beziehung zu anderen Menschen Vorstellungen von diesen und damit von sich selbst. Daniel Stern (2003, S. 143f.) spricht von »RIGs – Representations of Interactions that have been generalized«. Die in der psychoanalytischen Terminologie sogenannten Fremd- und Selbstobjekte kennzeichnen demnach weniger Einzelinteraktionserfahrungen, sondern spiegeln (bei nicht-traumatischer Entwicklung) die Menge der verinnerlichten Erfahrungen mit anderen Menschen. Diese innerpsychischen Objekte ergänzen sich mit den realen, aktuellen Beziehungserfahrungen, primär jenen mit den wichtigsten Umgebungspersonen. Gemeinsam bilden sie den »potentiellen Raum« (Winnicott, 2006, S. 111ff.), in dem innere und äußere Welt miteinander interagieren. Werden die primären wie auch die sekundären Beziehungspersonen (zu denen auch Pädagoginnen und Pädagogen gehören) demnach als sicher und schutzgewährend erlebt, verinnerlicht das Kind eine Vorstellung der Umwelt, die haltend und vertrauensgebend ist. In der frühen Interaktion entstehen zudem Vorstellungen von Selbstwirksamkeit und damit haltende Selbstobjekte. Erlebt das Baby und Kleinkind seine wichtigsten Beziehungspersonen als liebend und zuverlässig, kann es sich auch selbst als wirksame, zunehmend autonome Person verinnerlichen (vgl. Diem-Wille, 2009).

Eine wichtige Entwicklungsbedingung, mithin einen Schutz vor kumulativen Traumatisierungen[7] (vgl. Solnit & Kris, 1967), stellt ein gelingendes »Contai-

---

7 Trotz unscharfer Rezeption in der traumatheoretischen, noch gravierender in der traumapädagogischen Literatur: Mit kumulativen Traumatisierungen sind ursprünglich langfristige Belastungen auf der interpersonalen Ebene und primär zu *einer* wichtigen Beziehungsperson gemeint, die singulär keinen traumatischen Gehalt aufweisen, chronifiziert jedoch einen solchen entwickeln (vgl. Khan, 1977). Psychoanalytisch gesprochen: Der Reizschutz des Kindes wird meist in der Beziehung zu primären Beziehungspersonen dauerhaft verletzt. Dennoch spielen auch hier gesellschaftliche Phänomene hinein. Ein deutlichstes Beispiel ist der Erziehungsratgeber »Die (deutsche) Mutter und ihr erstes Kind« von Johanna Haarer (1934), der sowohl in der NS-Diktatur als auch in der BRD publiziert wurde. Es kann sinnhaft interpretiert werden, dass Erziehungstipps zur Verleugnung kindlicher Not etwa bei Weinen in der Nacht zu zahlreichen Ausbildungen kumulativer Traumatisierung

ning« in den ersten Lebensjahren dar (Bion, 1990, S. 177). Das Kind verfügt in diesem Alter noch nicht über ausreichend sichere, innere Fremd- und Selbstobjekte. Empfindungen wie Hunger, Angst in der Dunkelheit oder Kälte erlebt es deshalb als bedrohlich, teils als lebensbedrohlich. Gelingt der vor allem nonverbal angelegte Dialog zwischen den Bezugspersonen und dem Kind, können die Eltern die Emotionen des Kindes wahrnehmen. Sie nehmen dann, so die Theorie, die negativen Empfindungen in sich auf, um das Kind zu entlasten. Zu einem späteren Zeitpunkt kann das Kind die von den Eltern gereinigten Emotionen wieder in seine eigene psychische Struktur integrieren. Durch diese personal vermittelte Sicherheit werden äußere Belastungen für das Kind aushaltbar und verlieren ihren bedrohlichen Charakter (vgl. Gerspach, 2002, S. 151f.). Gelingt dieser Dialog nicht oder nur bruchstückhaft, erlebt das Kind Frustrationen und Herausforderungen langfristig als nicht bewältigbar, teilweise als überflutend.

Traumatische Erfahrungen haben nunmehr einen überstarken Einfluss auf die Ausgestaltung der inneren Objektwelt: Mütter und Väter, die selbst schwer belastet sind, sind vielfach nicht sensitiv genug, um entsprechend mit ihren kleinen Kindern agieren zu können (vgl. Brisch, 2000). Die psychische Energie emotional beeinträchtigter Männer und Frauen reicht nicht aus, um in diesen wichtigen Dialog mit den Kindern einzutreten. Dies hat Folgen für die emotionale und soziale Entwicklung des Kindes: »The more disorganised the parent, the more disorganised the child« (Streek-Fischer & van der Kolk, 2000, S. 903). Noch weitergehend: Zusätzlich zu ihren eigenen Emotionen müssen die Kinder dann die Hilflosigkeit der Eltern ertragen. Sie werden unbewusst versuchen, die unaushaltbaren Emotionen der Eltern zu reinigen, mit dramatischen Folgen für ihre eigene Objektwelt:

> »Die Vorstellung von den Objekten ist von Misstrauen, Wut und Angst geprägt, die vom eigenen Selbst von Wertlosigkeit, Ohnmacht und der Überzeugung, auf die Objekte keinen Einfluss zu haben« (Gerspach, 2002, S. 147).

Die Identifikation mit einem hoch belasteten Elternteil und die damit verbundene Übernahme von unaushaltbaren Emotionen ist dann besonders wirkmächtig, wenn zugleich die Entwicklung triadisch angelegter äußerer Beziehungen und in-

beigetragen haben. Hiervon unterscheiden sich die sequenziellen Traumatisierungen, die, verkürzt dargestellt, singulär traumatische Erfahrungen in differenten, sozialen Settings beschreiben, die sich innerpsychisch zu einem hoch wirkmächtigen Geschehen verdichten (Keilson, 1979; Zimmermann, 2012a).

nerer Repräsentanzen misslingt, demnach dem realen und imaginierten Dritten keine strukturbildende Funktion zukommen kann (vgl. Dammasch, 2008). Hierbei ist weniger die die Triangulierungstheorien beschäftigende Frage relevant, ob die strukturbildende Funktion des Dritten erst im Laufe des zweiten Lebensjahres einsetzt oder ob die Triade als primäre Beziehungsform bereits beim Neugeborenen angelegt ist (vgl. v. Klitzing, 2000). Vielmehr verweist die Traumaforschung darauf, dass die emotionale Verschmelzung zwischen den hoch belasteten Eltern und ihren Kindern bereits pränatal und über die gesamte Kindheit hinweg die Entwicklung einer autonomen Selbstrepräsentanz massiv erschwert (vgl. Brothers, 2014). Sehr wohl aber hat ein nicht oder weniger belastetes, emotional verfügbares Elternteil einen deutlich mildernden Einfluss auf die transgenerationale Weitergabe von schwer belastenden Erfahrungen.

Aus der psychoanalytischen Traumaforschung stammt noch eine andere wichtige Überlegung: Eltern mit traumatischen Erfahrungen müssen ihre eigenen Erinnerungen oft dissoziieren. Das heißt, kognitive Erinnerung und dazugehörige Emotionen werden abgespalten (vgl. Bohleber, 2012, S. 154). Emotionen werden deshalb in Situationen, die an die traumatische Erfahrung erinnern, manchmal sogar generalisiert, als bedrohlich erlebt. Ist dies der Fall, ist die Fähigkeit zum »Containing« kindlicher, ängstigender Affekte massiv eingeschränkt.

Werden so Objekte, mithin innere Beziehungsrepräsentanzen ausgebildet, die die Welt feindlich und bedrohlich wirken lassen, kann dies in sinnvoller Weise als Traumatisierung aufgefasst werden. Die Kinder erleben dann auch neue Beziehungen als unzuverlässig und angsteinflößend. Der »unlösbare [...] Konflikt« (Beckrath-Wilking et al., 2013, S. 97) dieser Kinder besteht in einem ungestillten Beziehungswunsch, aber gleichzeitig wird Nähe und Schutz auch als bedrohlich wahrgenommen. Die Kinder verhalten sich deshalb oft unberechenbar, teils aggressiv-ausagierend. Pädagogisch aber ist die übermäßige Angst als Kernmerkmal der traumadominierten Beziehungserfahrungen dieser Kinder entscheidend. Nur so lassen sich die nachhaltigen Störungen der Interaktion, auch der pädagogischen, verstehen. Die stark beeinträchtigten inneren Objekte als Folge von Beziehungsstörungen sind regelhafte Merkmal von frühen, kumulativen sowie sequenziellen Traumatisierungen.

Traumatische Erfahrungen können jedoch auch – und dies mag ein deutliches Unterscheidungsmerkmal zu anderen belastenden Erfahrungen sein – vorhandene sichere Strukturen und Objektrepräsentanzen zerstören. Das Vorhandensein von Resilienzfaktoren im Sinne positiver Beziehungsrepräsentanzen kann dann nicht davor schützen, innerlich überflutet zu werden. Der Kontakt zu den haltenden Objekten geht in der traumatischen Situation verloren. Anders ausgedrückt:

Die Kraft der traumatischen Erfahrung ist ausreichend, um seelische Strukturen zu zersetzen. Die überwältigende Kraft der traumatischen Erfahrung erzeugt so interindividuell Ohnmachtserfahrungen, gegen die die verinnerlichten, haltenden Objekte nicht ausreichend schützen können.

> »Die kommunikative Dyade zwischen dem Selbst und seinen guten inneren Objekten bricht auseinander, was absolute innere Einsamkeit und Trostlosigkeit zur Folge hat« (Bohleber, 2012, S. 114).

Die terminologische Erfassung von Trauma als »dauerhafte[r] Erschütterung des Selbst- und Weltverständnisses« (Fischer & Riedesser, 2009, S. 90) ist demnach in einen Zusammenbruch der inneren Objektwelt partiell übersetzbar. Sie lässt sich insofern konkretisieren, als dass bei früh- und beziehungstraumatisierten Kindern das Selbst- und Weltverständnis von Beginn an durch Schmerz, Einsamkeit und Angst dominiert wird. Die Dominanz der Vorstellung, diese Erfahrungen müssten sich stets aufs Neue wiederholen, ist folglich entwicklungslogisch. Im Fall späterer traumatischer Erfahrung werden gute innere Objekte massiv gefährdet, ob sie zusammenbrechen, kann nur vom Einzelfall aus beantwortet werden.

Die Wirkmächtigkeit biografisch späterer Traumatisierungen wird dadurch verstärkt, dass traumatische Erfahrungen in ihrer Absolutheit der Macht-Ohnmacht-Beziehung an hochgradig gestörte Eltern-Kind-Beziehungen erinnern:

> »Hier entsteht durch die erzwungene Regression eine Beziehungsqualität wie zwischen mächtigem ›Erwachsenen‹ und ohnmächtigem ›Kind‹, wie sie im familiären Trauma schon vorgegeben ist« (Hirsch, 2011, S. 44).

Die massive und vielfach generalisierte Störung der Selbst- und Fremdrepräsentanzen kann deshalb als ein Kernmerkmal eines pädagogischen Traumaverständnisses gelten. Die als feindlich erlebten inneren Objekte hindern die betroffenen Kinder und Jugendlichen am Beziehungsaufbau zu neuen, auch pädagogischen Bezugspersonen sowie in der Peer-Group. Eine in dieser Weise hoch beeinträchtigte Objektwelt geht immer mit der Entwicklung starker Ängste, die sich symptomatisch sowohl in aggressiv-ausagierendem als auch depressiv-zurückgezogenem Verhalten zeigen können, einher (vgl. Willmann, 2012). Kinder und Jugendliche mit traumatisch belasteten Beziehungen zu sich selbst werden darüber hinaus im Lernen vielfach behindert, da sie kaum Vertrauen in ihre eigenen Fähigkeiten entwickeln konnten (vgl. Reiser, 2016). Die Reflexion dieser nachhaltig gestörten inneren Welt traumatisierter Kinder hilft, die als unverständlich geltenden Erlebens- und Verhaltensmodi der Kinder im pädagogischen Setting als subjektiv gut begründet nachzuvollziehen.

3.4.2 Die belasteten äußeren Beziehungen

Pädagogisch lässt sich die Traumatisierung nunmehr nicht ausschließlich über die »innere Welt« und damit über die hoch belasteten, teils gänzlich traumatisch dominierten inneren Repräsentanzen definieren. Denn es sollte gerade Grundlage eines pädagogischen Selbstverständnisses sowie pädagogischer Tätigkeit sein, die realen Beziehungen in den Fokus zu rücken. Hiermit ist eine deutliche Abgrenzung zum PTBS-Konzept gekennzeichnet, nach dem die aktuellen Symptome als nahezu lineare Folge der massiven seelischen Verletzungen der Vergangenheit erscheinen, bis hinein in den Flüchtlingskontext. Denn selbst wenn die Belastungen im Exilland anerkannt werden, beziehen sich Therapieangebote doch auf pathologisch deklarierte Symptome als Folge von Vergangenem, nicht als subjektiv notwendige Reaktion auf aktuelle unaushaltbare Lebensumstände, möglicherweise auch im therapeutischen Setting selbst (vgl. Eberle-Sejari et al., 2015). Auch psychoanalytisch-therapeutische Arbeiten betonen die unterschiedlichen Manifestationen von Traumatisierung in Übertragung[8] und Gegenübertragung, wobei die auslösende Kraft des aktuellen Settings vielfach sehr wenig beachtet wird (vgl. Henningsen, 2012). Die aktuelle Realität ist jedoch für die Traumapädagogik von sehr hoher Relevanz: Wird ausschließlich auf die massiv beschädigte innerpsychische Struktur der Kinder und Jugendlichen fokussiert, erleben sich viele Fachkräfte als tendenziell hilflos gegenüber deren Reinszenierungen. Wird der Fokus nunmehr aber zusätzlich auf die reale, aktuelle Situation gelegt, wird die Relevanz korrigierender Beziehungserfahrungen, unter ihnen zuallererst die pädagogischen, für die Kinder und Jugendlichen überdeutlich. Im Sinne der Theoriebildung können deshalb zwei grundlegende Aspekte unterschieden wer-

8 Unter Übertragungen versteht man »eine spezifische Illusion [...], die sich in Bezug auf eine andere Person einstellt, und die ohne Wissen des Subjekts in einigen ihrer Merkmale eine Wiederholung der Beziehung zu einer bedeutsamen Figur der eigenen Vergangenheit darstellt. Dabei ist zu betonen, daß sie vom Subjekt nicht als Wiederholung sondern als völlig gegenwarts- und personengerecht erlebt wird. [...] Zu Übertragung gehören auch die unbewußten Versuche, Situationen mit anderen herbeizuführen oder zu manipulieren, die eine verhüllte Wiederholung früherer Erlebnisse und Beziehungen sind« (Sandler et al., 1979, S. 43, zit. n. Dörr, 2016, im Druck).

den: Die Beziehung zu den unmittelbar traumatisierenden Erwachsenen und jene zu aktuellen Bezugspersonen.

Eine Mehrheit von Lehrerinnen und Lehrern gibt in einer kleineren quantitativen Untersuchung an, regelhaft mit stark vernachlässigten und mit Gewalt aufwachsenden Kindern zu arbeiten (vgl. Ullrich & Zimmermann, 2014). Das heißt, die das pädagogische Arbeiten prägenden Belastungen entstammen in großer Mehrheit langfristigen Beziehungstraumatisierungen in den Familien. Letztere sind definitorisch durch eine nicht-integrierbare Ambivalenz geprägt. Denn die traumatisierenden Erwachsenen sind in einer übergroßen Anzahl gleichzeitig nicht zu ersetzende Schutz- und Erziehungspersonen. Da das Kind aufgrund seiner fehlenden psychischen und körperlichen Reife auf die Schutzfunktion dieser schwer verletzenden Erwachsenen nicht verzichten kann, ist Spaltung ein traumalogischer, wenn auch nicht immer ausgebildeter Lösungsversuch der Betroffenen. Jene psychische Funktion dient nicht nur dem Schutz guter, innerer Objekte (vgl. Kreuter-Hafer, 2012), sondern hat ganz konkret die Eigenschaft, emotionales und körperliches Überleben in der aktuellen, bis zum heutigen Tag präsenten, äußeren Beziehung zu gewährleisten. Gleichzeitig bilden die verfolgenden Erwachsenen eine permanente Quelle der Gefahr. Die Beziehung zu diesen Menschen wird folgerichtig als nicht mehr integriert erlebt. Stattdessen werden verfolgende und schützende Anteile der Beziehungspersonen getrennt voneinander wahrgenommen. Es dominieren extreme Ängste vor erneuten Traumatisierungen einerseits und Rettungsfantasien durch die Erwachsenen andererseits. »Ich glaube, dass der Kern jeder Traumatisierung in extremer Einsamkeit besteht. Im äußersten Verlassensein« (van der Hart, 2007, S. 61). Diese populär gewordene Aussage trifft ganz sicher auch auf die beziehungstraumatisierten Kinder zu. Pädagogisch aber erscheint genauso wichtig, dass das Kind in seinem Angewiesen-Sein selbst bei schwerer Traumatisierung versucht, das Band zu den guten Restobjekten sowie auch zu den realen Beziehungspersonen aufrechtzuerhalten. Das Zerrissen-Sein zwischen dem Bedürfnis nach Hilfe und Zuwendung einerseits und extremen Gefühlen von Angst sowie Panikattacken andererseits bleibt für viele betroffene Kinder deshalb dauerhaft prägend (vgl. Felitti et al., 2007). Trennungs- und Autonomiekonflikte, die zur kindlichen und adoleszenten Entwicklung hinzugehören, werden vor dem Hintergrund der traumatischen Beziehungserfahrung oft als lebensbedrohlich erlebt (vgl. Wolff, 2012). Der entwicklungsförderliche Prozess der De-Idealisierung der Eltern kann mitunter nur schwer gelingen, da sie in diesem Fall als gute Identifizierungsobjekte nicht mehr erhalten bleiben würden (vgl. Bohleber, 2006, S. 122). An der hoch gestörten Beziehung zu unmittelbar traumatisierenden Erwachsenen dürfte es demnach kaum Zweifel geben, denn sie erschließt sich aus der langfristig traumatischen Erfahrung der Kinder.

Für das Verständnis der pädagogischen Beziehung bei Traumatisierung ist nunmehr die Erweiterung dieses Modells in doppelter Hinsicht erforderlich. Einerseits im Hinblick auf ein spezifisch traumabezogenes Übertragungs-Gegenübertragungsgeschehen im pädagogischen Setting, andererseits im Hinblick auf ein sich sequenziell manifestierendes Traumatisierungsgeschehen, bei dem die äußeren Bedingungen in pädagogischen Settings selbst als potenziell traumatisches Bedingungsfeld zu verstehen sind (Kap. 3.4.3).

So ist die Kraft traumatischer Übertragung ungleich stärker als dies bei weniger zerstörenden, wenn auch belastenden Beziehungserfahrungen der Fall ist, denn sie sind unverbunden von den nicht-traumatischen zwischenmenschlichen Erfahrungen im Gehirn abgespeichert (vgl. Schore, 2013). Henningsen (2012, S. 136f.) unterscheidet zwischen einer abgewehrten, in der Latenz gehaltenen Form von Traumatisierung und einer intrusiven, manifesten Ausprägung. Beide, die Extrempunkte eines Kontinuums bildenden Formen, haben spezifische Folgen für die Übertragungs- und Gegenübertragungsprozesse. Während bei den aktuellen Bezugspersonen im ersten Fall Affekte der Bewunderung, aber auch der Depression dominieren, sind Gegenübertragungen bei manifest erlebten traumatischen Überflutungen durch Wut, Angst, Aggressionen sowie Scham und Schuld gekennzeichnet. Jenes Phänomen lässt sich auch in pädagogischen Fortbildungen beobachten: Sind die Reaktionen von Lehrkräften auf hoch angepasste, leistungsstarke junge Geflüchtete oft von eben der genannten Bewunderung und einem hohen subjektiven Druck geprägt, alles richtig machen zu müssen, zeigen sich als Gegenübertragung auf störende, offen dissoziierende und aggressive Jugendliche die oben genannten, deutlich traumabezogenen Affekte von Angst, hoher Aggressivität gegen die Schülerinnen und Schüler sowie Scham, dem eigenen Ich-Ideal nicht entsprechen zu können (Dörr, 2016; Zimmermann, 2015a, c).

Vor dem Hintergrund spezifisch traumatischer Übertragungsprozesse kann die aktuelle Interaktionssituation von betroffenen Kindern und Jugendlichen oft nur sehr eingeschränkt bewertet werden. Das Beziehungsverhalten dieser jungen Menschen wird somit nachhaltig von den aus der traumatischen Erfahrung stammenden Bedürfnissen und Notwendigkeiten geprägt. Die diesem Beziehungsverhalten zugrunde liegenden Ängste, aber auch die Bedürfnisse können jedoch meist kaum formuliert werden:

> »Sprache als ausdrucksfähiges, erlebensnahes Medium steht nicht wirklich zur Verfügung« (Gerspach, 2009, S. 109).

Aus diesem Grund kann die traumatische Erfahrung oft nur über das von den Beziehungspersonen als herausfordernd empfundene Verhalten ausgedrückt werden. Der Zusammenhang von Misshandlungserfahrungen und Verhaltensproblemen ist dabei mittlerweile gut belegt (vgl. Desbien & Gagné, 2007). Pädagoginnen und Pädagogen treffen demnach in ihrer Praxis auf Kinder und Jugendliche, die ihre traumatischen Erfahrungen und die assoziierte Erlebenswelt in die Institutionen hineintragen und dort reinszenieren (vgl. Herz & Zimmermann, 2015).

> »Es gelingt [den betroffenen Kindern deshalb, D. Z.] nur unter großen Schwierigkeiten, tragfähige Beziehungen (erneut) aufzubauen und aufrecht zu erhalten« (Ahrbeck, 2006, S. 21).

Aus dem oben Beschriebenen wird jedoch deutlich, dass mit dem psychoanalytischen Begriff der Reinszenierung keine bewusste Darstellung, keine aktive »Aufmerksamkeitssuche« gemeint sein kann. Vielmehr handelt es sich um eine unbewusste Darstellung des Erlittenen und der damit verbundenen Emotionen. Mit diesem Verhalten lösen die traumatisierten Kinder und Jugendlichen eine enorme emotionale Involviertheit bei den Professionellen aus (vgl. Mack, 2002; Zimmermann, 2015a). Dabei bilden Formen konkordanter (ein »Mitschwingen« mit den Emotionen des Kindes) und komplementärer Gegenübertragung (Erleben von Gefühlen der ursprünglich traumatisierenden Erwachsenen) kein Gegensatzpaar, sondern emotionale Anteile, die oft in derselben Person vorkommen (vgl. Clarkin et al., 2008, S. 63; Gerspach, 2012, S. 149f.).

Jene überdeutlichen, auf die traumatischen Erfahrungen der Kinder und Jugendlichen bezogenen Reaktionen der Professionellen entstammen demnach partiell den biografisch-historischen und aktuellen Beziehungserfahrungen mit unmittelbar traumatisierenden Erwachsenen. Sie sind umso stärker, wenn die Kinder und Jugendlichen noch in weitgehend unverändert bestehenden, hoch belastenden Umgebungen leben oder im Kontext von (begleiteten) Umgängen wiederkehrend Kontakt zu den traumatisierenden Beziehungspersonen haben. Mit diesem Ansatz ist ein besonders hohes Maß an Selbst-, Fremd- und institutioneller Reflexion gefordert. Neben der intensiven Auseinandersetzung mit der Geschichte und dem Erleben der Kinder fordert dieser pädagogische Zugang auch zur Analyse der eigenen Biografie auf. Es sind neben den Gegenübertragungsgefühlen die eigenen lebensgeschichtlichen Erfahrungen der Lehrkräfte, die unbewusst einen massiven Einfluss auf die Wahrnehmung von und den Umgang mit diesen Kindern haben (vgl. Weiss, 2002). Dies gilt entgegen mancher sozialpädagogisch populären Annahme besonders dann, wenn die Übertragungen und die eigenen Emotionen nicht reflektiert werden. Nur die Wahrnehmung und Analyse der emotionalen Beteiligung aller ermöglichen einen traumapädagogischen Umgang mit den schweren seelischen Verletzungen.

Die Störung der pädagogischen Beziehung kann folglich gut aus den zurückliegenden und aktuellen Gewalt- und Vernachlässigungserfahrungen der betroffenen Kinder und Jugendlichen erklärt werden. Die Begründung über ein Übertragungs- und Gegenübertragungsgeschehen allein ist jedoch nicht ausreichend, insofern die unmittelbar das pädagogische Miteinander prägenden Umstände nicht im notwendigen Maß reflektiert werden.

3.4.3 Das Zusammenwirken von Rahmenbedingungen und traumatischer Objektwelt

»Emotionale Katastrophenerfahrungen« (Herz, 2013, S. 59) erleben die traumatisierten Kinder und Jugendlichen auch im pädagogischen Kontext selbst. Hierzu gehören wiederholte Ausschlüsse aus Institutionen, in denen die Kinder und Jugendlichen als nicht tragbar gelten. Ebenso bedeutsam sind nicht-transparente Abläufe und auf Verhaltensmodifikation fixierte pädagogische Angebote. Eine damit verbundene weitgehende Verweigerung haltender Beziehungsangebote kann sinnhaft als traumatisches Bedingungsfeld verstanden werden. Gerade paradoxe Arbeitsaufträge und somit alle Beteiligten überfordernde Settings verhindern, dass neue Beziehungsangebote korrigierenden Charakter erhalten können. Das »affektive Geschehen zwischen zwei (oder mehreren) Subjekten in konkreten Situationen« (Dörr, 2015, S. 141) ist dann nicht nur durch die von außen auf die pädagogische Beziehung übertragenen Belastungen beeinflusst, sondern auch durch strukturelle Barrieren sowie wenig ausgeprägte reflexive Professionalität im Kontext der pädagogischen Beziehung selbst. Dörr (ebd., S. 143) ergänzt:

> »Dysfunktionalitäten in der Organisation, wie z. B. nicht transparente oder strikt hierarchische Strukturen, offene und/oder latente Auseinandersetzungen zwischen Leitung und Team, innerhalb des Teams oder mit anderen Fachkolleginnen und Kollegen etc., haben allzu häufig Anteil an den Schwierigkeiten des Kindes oder Jugendlichen.«

Noch einmal im Rückgriff auf das Modell sequenzieller Traumatisierung: Langfristig traumatische Prozesse und ihre Verankerung in pädagogischen Beziehungen lassen sich theoretisch mit einem ursprünglich für den Bereich Kindeswohlgefährdungen konzipierten Rahmenmodell erfassen, das als Modifikation früherer Rahmenkonzeptionen Sequenzieller Traumatisierung für andere psychosoziale Bedingungen zu verstehen ist (vgl. Zimmermann, 2015e, S. 39):

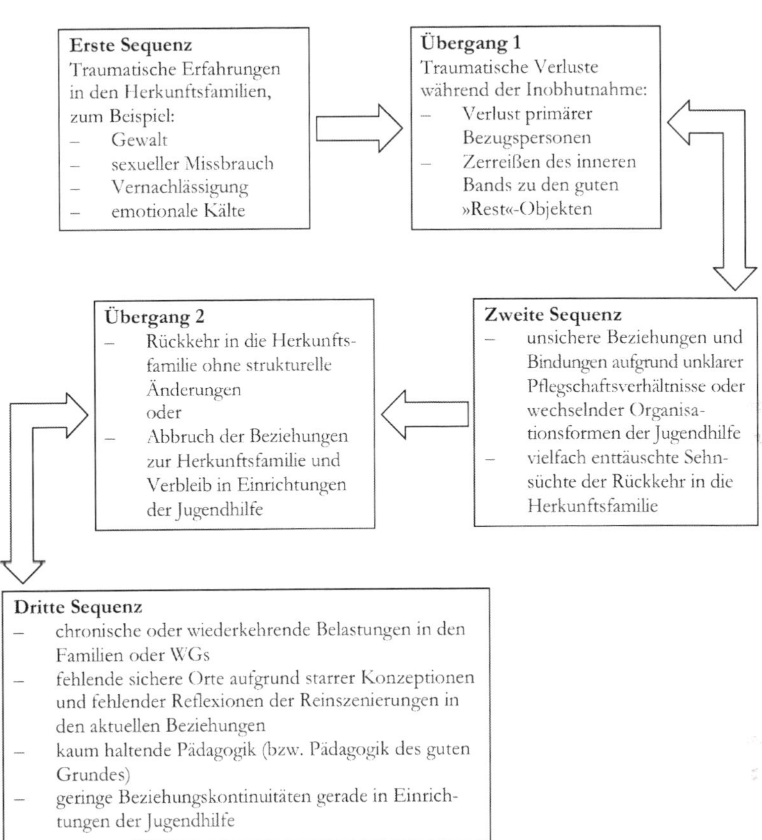

Abb. 1

Wie der Abbildung 1 zu entnehmen ist, sind pädagogische Institutionen und die diese prägenden Mitarbeitenden – mit Ausnahme der Sequenz eins – in bewältigender oder chronifizierender Art und Weise an allen Sequenzen dieses Prozesses beteiligt. Das heißt, sie beeinflussen immer den traumatischen Prozess langfristig traumatisierter Kinder und Jugendlicher in der einen oder anderen Art und Weise.

Zudem wirken sozialpolitische Rahmenbedingungen zwar indirekt, jedoch sehr wirkmächtig auf das Interaktionsgeschehen ein. So ist eine unsichere Aufenthaltssituation eine schwere Belastung für die Beziehung zu geflüchteten Jugendlichen (vgl. Müller & Schwarz, 2016). Auch De-Professionalisierung und strukturelle Verantwortungslosigkeit auf einer übergeordneten Verwaltungsebene sind hoch destruktiv für pädagogische Beziehungsarbeit mit traumatisierten jungen Menschen (vgl. Herz, 2016). Ist eine solche Überlastung sowohl durch massive Übertragungs-Gegenübertragungsprozesse als auch durch für alle Beteiligte unzureichend sichere, institutionelle Bedingungen gegeben, entfalten unausgesprochene Deutungen ihre Wirkung. Fast immer wird die Schuld für eskalierende Konflikte dann bei den Kindern und Jugendlichen gesucht, deren Verhalten als Folge fehlender Reflexionsräume als völlig unverständlich und bewusst zerstörerisch klassifiziert wird.

> »Zudem entstehen durch die [...] Strukturlogik der Handlungsabläufe latente Bedeutungen, die von den Akteuren als belastend erlebt werden und eine Reihe starker emotionaler Reaktionen oder deren Abwehr auslösen können: Angst, Wut, Freude, Neid, Ärger, Zuneigung, Liebe, Scham, Trauer, Verzweiflung, Enttäuschung und andere Affekte färben das Erleben und Reflektieren des professionellen Handelns ein. Sie werden durch die entwicklungsbedingten Krisen und Anforderungen der Schülerschaft auf den Plan gerufen sowie durch die [...] strukturellen Eigentümlichkeiten pädagogischen Handelns« (Graf-Deserno, 2011, S. 91).

So sind die Rahmenbedingungen unter der Maßgabe struktureller Verantwortungslosigkeit nicht per se traumatisch. Dennoch lösen sie bei hoch vorbelasteten Kindern und Jugendlichen recht eindeutig traumatische Krisen mit aus.

In anderen Fällen werden als unveränderlich angesehene Strukturen verantwortlich gemacht: Die pädagogischen Ohnmachtserfahrungen werden dann ausschließlich auf die strukturellen, gesellschaftlichen Bedingungen zurückgeführt, das eigentliche Beziehungsgeschehen wird in seiner komplexen Bedingtheit nur noch fragmentarisch wahrgenommen (vgl. Wevelsiep, 2014, S. 382).

Somit schließt sich auch ein Kreis unter Maßgabe des notwendigen Abwehrmechanismus der Spaltung. In der ursprünglichen traumatischen Erfahrung des Kindes begründet, spiegelt er sich auch in den pädagogischen Beziehungen, konkret in den emotionalen Beteiligungen der Professionellen wider. Professionelle können belastete Kinder dann nur noch als »gut« und »bedürftig« oder »unaushaltbar« und »böse« wahrnehmen. Spaltungen aber werden auch institutionell inszeniert, in dem »leistungsfähige« und »leistungsschwache« Mitarbeitende gegeneinander ausgespielt werden, der Kostendruck permanent erhöht wird oder verbeamtete Lehrkräfte im Team mit kaum ausgebildeten und unter prekären Anstellungsverhältnissen leidenden Schulhelfern arbeiten sollen. Die Teamdynamiken mögen dann weiter partiell auf die Psychodynamik der Kinder zurückzuführen sein, haben ihr wesentliches Bedingungsfeld aber in einer strukturellen Verantwortungslosigkeit, so wie es von Freyberg und Wolff (2005, S. 23–98) exemplarisch am Fallbespiel »Alberto« aufzeigen. Diese (re-)inszenierte Spaltung in der Institution sowie in der Beziehung zum Kind oder Jugendlichen zu überwinden, ist eine genuin pädagogische Aufgabe mit dem Ziel, dem jungen Menschen eine Veränderung dieses Erlebensmodus zu ermöglichen. Erleben von zwischenmenschlicher Nähe und Stabilität wird es demnach nur auf Grundlage der Reflexion der traumatischen inneren und äußeren Beziehungserfahrungen und der institutionellen Rahmungen geben können. Es bedarf der Analyse der aktuellen pädagogischen Situation unter der Maßgabe »Sicherer Orte« – Aspekte, auf die die Traumapädagogik sowie die psychoanalytische Pädagogik von Beginn ihrer Entwicklung an deutlich hingewiesen haben (vgl. Kühn, 2012; Dörr, 2013). Nur in diesem Rahmen können förderliche Beziehungsangebote, die korrigierenden Charakter für die Verinnerlichungen der Kinder und Jugendlichen haben, realisiert werden.

Ein pädagogisches Traumaverständnis, so kann hier zusammengefasst werden, fußt in allererster Linie auf einer Analyse der traumaassoziierten Störung von menschlichen Beziehungen. Dabei sind sowohl die hoch gestörten, weil mit zentralen Affekten der Angst und Ohnmacht assoziierten Beziehungen zu den unmittelbar traumatisierenden Erwachsenen als auch die Beeinträchtigungen der pädagogischen Beziehungen durch interpersonale und institutionalisierte Abwehrstrukturen von Bedeutung. Darüber hinaus sind jedoch auch Verleugnungs- und Spaltungsprozesse in pädagogischen Institutionen wichtig (vgl. Mentzos, 1988). Ein solcher Zugang, der somit Vergangenes und Aktuelles miteinander verbindet, ist unmittelbar anschlussfähig an pädagogisches Handeln, weil er eine Orientierung an den mit der massiven Störung der inneren und äußeren Beziehungen verbundenen Bedürfnissen der Kinder und Jugendlichen erlaubt. Im Gegensatz zu den psychologischen, bindungstheoretischen und neurowissenschaftlichen Zugriffen auf die Traumakategorie ist diese pädagogische Definition konsequent auf ein Zwei- oder Mehrpersonengeschehen hin angelegt. Das heißt, sie begreift die Störung nicht als personale Eigenschaft, sondern als massive Beeinträchtigung in verschiedenen zwischenmenschlichen Interaktionen. Genau dies erlaubt es, in Erziehungs- und Beziehungsarbeit wirkmächtig zu werden und jenseits von Konzepten und symptomatisch angelegten Manualen auf die ursächlich pädagogische Kompetenz der Beziehungsarbeit zurückzugreifen.

Im Hinblick auf die genaue Ausformulierung der emotionalen Beteiligung der Kinder und Jugendlichen und ihrer pädagogischen Beziehungspersonen verbleiben einige Desiderata. Diese werden mithilfe der im zweiten Teil des Buches vorgestellten Forschungsarbeiten zumindest teilweise beantwortet.

4. Beziehungen gestalten und Forschen[9]

Zugänge, Nutzen und Grenzen von traumapädagogischer Forschung

4.1 Die Problematik quantitativer Traumaforschung

Am Beginn des vorherigen Kapitels stand die Auseinandersetzung mit der Quantität und pädagogischen Relevanz von Publikationen, die die zahlreichen mit Traumatisierung befassten Wissenschaftsdisziplinen hervorbringen. Jener umfangreiche Output beruht zwar nicht ausschließlich, jedoch wesentlich auf einer differenzierten Forschungstätigkeit der letzten zwei Dekaden. Aus der Perspektive der Kinder- und Jugendpsychiatrie geben Rita Rosner, Maria Hagl und Ulrike Petermann (2015) einen (aufgrund der Quantität der Veröffentlichungen notwendigerweise unvollständigen) Überblick über aktuelle Entwicklungen insbesondere hinsichtlich Diagnostik und Spezifizierung der Posttraumatischen Belastungsstörung für Kinder und Adoleszente und zeigen weiterhin vorhandene Forschungsdesiderata auf. Die Überblicksdarstellungen von Werner Bohleber (2000, 2011) zur psychoanalytischen Traumatheorie und dem dortigen Forschungsstand sind bereits etwas älter, aktuelle wissenschaftsbezogene Überblicksbeiträge liegen hier meines Erachtens nach derzeit nicht vor.[10] Mit gleichem

---

9 Für die traumapädagogische Forschung kann in Anlehnung an das Freud'sche Junktim vom »Heilen und Forschen« ein unbedingter Zusammenhang von traumapädagogischer Arbeit und Forschung herausgearbeitet werden, der bereits in Kapitel 1 erwähnt wurde und hier weiter ausgeführt wird. Da traumapädagogische Arbeit, wie in Kapitel 3 ausgeführt, primär in der Gestaltung von zwischenmenschlichen Beziehungen besteht, ist der Titel dieses Abschnitts etwas »sperriger« als im Original.

10 Selbstverständlich finden sich mannigfaltige psychoanalytisch-therapeutische Beiträge, die jedoch im Hinblick auf wissenschaftliche Theoriebildung wenig oder keinen Fortschritt erbringen. Der Annahme des Fehlens aktuellerer wissenschaftlicher Überblicksdarstel-

fachwissenschaftlichem Hintergrund gibt Mathias Hirsch (2011) einen Einblick in aktuelle Fragen der psychoanalytisch-therapeutischen Arbeit mit traumatisierten Menschen.

Eine disziplinübergreifende Darstellung des Forschungsstands gestaltet sich demnach als schwierig und bedeutete eine Arbeit des Sisyphos: Wären zentrale Bestandteile der Traumaforschung erschlossen, würden neuerliche Publikationen und somit potenziell theoriebildende Forschungsresultate den soeben heraufgerollten Stein wieder den Berg herunterrollen lassen. Dies mag nun eine Problematik der Darstellung von Forschungsständen generell sein; im Traumakontext hat diese aufgrund der gegenwärtigen Popularität des Themas eine besondere Bedeutung. Als Teil einer Monografie wäre ein solcher Überblick demnach zwangsläufig bereits beim Erscheinen des Buchs veraltet.

Aus den genannten Gründen werden hier lediglich einige Überlegungen zu trauma*pädagogisch* relevanten Paradigmen in der Forschung über und mit traumatisierten Kindern und Jugendlichen vorangestellt. Silke B. Gahleitner und Marc Schmid (2014) betonen die Wertigkeit unterschiedlicher qualitativer und quantitativer Zugriffe in der traumapädagogischen Forschung. Im Anschluss daran wird ein forschungsmethodisches Konzept vorgestellt, das den Einzelfalldarstellungen sowie den Querschnittsauswertungen der im zweiten Teil des Buches dargestellten Fallgeschichten zugrunde gelegt wurde.

Quantitative Forschung zu Traumatisierung basiert in aller Regel und theoretisch logisch auf der Konzeption der posttraumatischen Belastungsstörung (PTBS) (vgl. APA, 2013). Es zeigt sich jedoch, dass entsprechende Prävalenzraten (unter Schülerinnen und Schülern, Patientinnen und Patienten der Kinder- und Jugendpsychiatrie oder unter jungen Geflüchteten) sowohl mit validen klinischen Interviews als auch mit eher unspezifischen und nur Risikobedingungen herausarbeitenden Erhebungsinstrumenten geprüft werden (vgl. Eberle-Sejari et al., 2015; Tagay et al., 2013). Die Aussagekraft von Metaanalysen, die sich auf sehr unterschiedlich fundierte Studien beziehen, ist demnach auch unter der Annahme, dass die PTBS ein valides Konstrukt zur Erfassung von Traumatisierung sei, eher begrenzt. Die quantitative Erhebung von PTBS-Prävalenzen ist jedoch auch unabhängig von diesen eher forschungsmethodischen Einwänden hoch umstritten – eine Kritik, die sich unter anderem an der damit verbundenen individuellen Pathologisierung sowie fehlender kultureller Sensibilität der psychiatrischen Diagnose festmacht (vgl. Becker, 2014; Brandmeier, 2015; Kizilhan et al., 2013).

lungen psychoanalytischer Traumatheorie liegt eine Recherche auf dem Internetportal PsychSpider des Leibniz Instituts zugrunde.

Besonders deutlich lässt sich dieses Dilemma im Hinblick auf Traumaforschung mit geflüchteten Kindern und Jugendlichen aufzeigen:

In einer deutschen, auf PTBS-Symptomatik fokussierenden Studie von Maria Gavranidou et al. (2008) berichteten 60% der zwangsmigrierten Kinder und Jugendlichen von einem oder mehreren traumatischen Ereignissen, welche signifikant mit schwerer psychischer Belastung korrelierten. Andreas Witt sowie Kolleginnen und Kollegen (2015, S. 210f.) ermittelten in einer Metastudie aus 43 relevanten, internationalen Untersuchungen eine PTBS-Prävalenz zwischen 19,5% und 30,4% bei unbegleiteten minderjährigen Flüchtlingen. Martina Ruf, Maggie Schauer und Thomas Elbert (2010) berichten von einer PTBS-Prävalenz von 19% unter Kindern von Asylsuchenden in Deutschland. Liegen im internationalen Kontext Zahlen zu traumatisierten Flüchtlingen vor, so schwanken deren Angaben erheblich. Die Forschungsmethoden werden vielfach kritisiert, da oft nicht-standardisierte Erhebungsbögen genutzt werden und oft nicht zwischen Risikobedingungen, Einzelsymptomatiken und Vollbildern der PTBS unterschieden wird (vgl. Karunkarra et al., 2004; McDonald et al., 2014; Wenk-Ansohn et al., 2013). All die hier genannten Zahlen belegen zwar eine unspezifische Vulnerabilität der Gruppe der unbegleiteten wie auch begleiteten Kinder und Jugendlichen mit Fluchthintergrund hinsichtlich der klassischen posttraumatischen Symptome. Wie jedoch die regelhaft unvermeidbare Konfrontation mit potenziell traumatischen Belastungen bei Fluchterfahrungen (Verlust, Überlebensangst, Hunger, Ausbeutung, starke Zukunftsunsicherheit) mit den individuellen Symptomatiken zusammenhängt, dafür liefern das PTBS-Konzept und die entsprechenden Studien keinerlei Anhaltspunkte. Im Gegenteil: Von seiner Anlage her bezieht sich die PTBS-Symptomatik auf ein oder mehrere vergangene Ereignisse. Der aktuelle soziale und politische Kontext wird dabei systematisch ausgeblendet. Ein weiterer Gedanke ist folgender: Mithilfe standardisierter traumadiagnostischer Screeningverfahren (die zur Prävalenzschätzung führen) sowie klinischer Diagnosen können gerade die langfristigen und sequenziellen Traumatisierungen, denen nicht nur junge Geflüchtete, sondern auch ein Großteil der Kernklientel von Jugendhilfe und dem schulischen Förderschwerpunkt emotionale und soziale Entwicklung ausgesetzt sind, nur äußerst unzureichend erfasst werden (vgl. Jaritz et al., 2008; Zimmermann, 2014). Das PTBS-Konzept ist demnach im Hinblick auf zwangsmigrierte Kinder und Jugendliche sowie für langfristig in gewalttätigen oder vernachlässigenden Beziehungen aufwachsende Kinder und Jugendliche nicht nur fachlich äußerst fragwürdig, sondern folgerichtig auch für die Traumaforschung oft nahezu ungeeignet.

Jeder andere PTBS-unabhängige sowie soziale und subjektive Aspekte von Traumatisierung integrierende Zugang zu Trauma macht die quantitative Erhebung von Trauma-Prävalenzen gleichwohl unmöglich. Denn jenes komplexe Zusammenspiel gesellschaftlicher Bedingungen, interaktionsbezogener Extremerfahrungen und massiv gestörter, innerer Welt lässt sich nur schwerlich mittels Fragebögen oder Kurzinterviews abbilden. Jede quantitativ angelegte Untersuchung bildet damit Ausschnitte eines traumatischen Prozesses ab, ohne valide Zahlen liefern zu können, mit welcher Prävalenz sich das umfassende Geschehen traumatischer Erfahrungs- und Erlebenswelt in einer bestimmten Population zeigt. Gerade die am schwersten belasteten Kinder werden von quantitativer Traumaforschung vielfach nicht erfasst (vgl. van der Kolk, 2005; Zimmermann, 2014). Denn ihre Symptomatiken passen oft nicht zu den Kriterien der PTBS; zudem spielen dissoziative Phänomene und Abspaltung auch im Forschungsprozess eine Rolle (vgl. Streek-Fischer, 2014). Sinn und Verantwortung derartiger Forschung darf deshalb durchaus infrage gestellt werden. Denn: Beruht Forschung auf einem symptom- und damit pathologieorientierten Konzept von Trauma, lassen sich auch die Schlussfolgerungen nur auf dieser Ebene treffen. Andreas Witt sowie Kolleginnen und Kollegen (2015, S. 222) schreiben folgerichtig: »In der Praxis sollte somit immer auf diese Symptome geachtet werden und ggf. eine Therapie erfolgen.«

Dementsprechend beruht auch die Psychotherapieforschung auf dem PTBS-Konzept. Sie arbeitet nunmehr eine Überlegenheit traumafokussierter, primär kognitiv orientierter Verfahren gegenüber den Zugängen, die Stabilisierung betonen, heraus (vgl. Watts et al., 2013). Dies gilt mehreren Untersuchungen zufolge sogar für die therapeutische Unterstützung bei komplexen posttraumatischen Belastungsstörungen (vgl. Bisson et al., 2007). Hier bleiben ohnehin einige Forschungsdesiderate, zumal die teils sehr unterschiedlich angelegten therapeutischen Verfahren ähnliche Effekte aufzuweisen scheinen, wobei substanzielle Unterschiede im jeweiligen Studiendesign die Aussagekraft der Metaanalyse nach Aussage der Autoren deutlich begrenzen (vgl. Watts et al., 2013). Dies wirft die Frage auf (und lässt sie unbeantwortet), ob die Wirksamkeit tatsächlich von Techniken oder eher von einer allgemeinen Entlastung der Menschen in therapeutischer Behandlung und Begegnung abhängt.

Viel wichtiger aber ist für traumapädagogische Überlegungen Folgendes: Für weiterhin in hoch unsicheren Verhältnissen lebende Kinder und Jugendliche, sei es im Rahmen von Asylverfahren und Duldung oder durch sequenziell traumatisierende Umgänge mit seelisch und körperlich misshandelnden Elternteilen (vgl. Zimmermann, 2015e), müssen traumakonfrontative Verfahren jenseits von Wirksamkeitsuntersuchungen als sehr problematisch angesehen werden. Traumakonfrontierende Therapie reaktiviert hier potenziell Traumareize, die im Kontext einer hoch unsicheren äußeren Situation jedoch auch therapeutisch nicht bearbeitet werden können. Um diese Bedrohlichkeit zu erkennen und gegenüber dem sogenannten State of the Art der Psychotherapieforschung vertreten zu können, bedarf es keiner Doppelblindstudie. Sie ergibt sich aus einem theoretischen Verständnis der Extrembelastung der Betroffenen sowie aus der Involviertheit von Professionellen in die Arbeit mit jenen Kindern, Jugendlichen und Erwachsenen.

Dass Menschen mit erheblichem Leidensdruck nunmehr eine Reduktion ihrer Symptome anstreben, ist ohne Zweifel richtig. Gleichwohl stellt sich jedoch die folgende Frage: Wie sollen subjektiv sinnvolle Symptome durch Therapie gemildert werden, wenn die auslösenden Bedingungen, die Einsamkeit, Unsicherheit, das Wissen um eine drohende Abschiebung und vieles mehr doch so unverändert bleiben? Dies ist nicht nur sozialpolitisch hoch fragwürdig (vgl. Becker, 2003), sondern verringert auch die Aussagekraft derartiger Studien. Die dennoch auf Erfolge von Therapien bei Menschen in hoch unsicherer Lebenssituation verweisenden Studien (vgl. Witt et al., 2015) dürften wohl eher auf einen Compliance-Faktor in der therapeutischen Beziehung sowie auf allgemeine Entlastung durch die Reduktion von absoluter Verlassenheit im Kontext zwischenmenschlicher Begegnung zurückzuführen sein.

Traumapädagogik und Traumatherapie haben hier neben der individuumzentrierten Behandlung sehr deutlich einen sozialpolitischen Auftrag, jenen der mindestens partiellen Veränderung der krankmachenden sozialen Bedingungen. Forschung, die sich auf individuelle Krankheitsphänomene bezieht, wird hier vielerorts eher kontraproduktiv für die Lebenssituation betroffener Kinder und Jugendlicher sein, da sie die inhaltliche Loslösung von struktureller Verantwortungslosigkeit im Traumaverstehen und in der Unterstützung der Betroffenen ermöglicht.

4.2 Qualitative Forschung zur Traumatisierung

Qualitative Traumaforschung muss zum Ziel haben, individuelle Erfahrungs- und Erlebensmuster abzubilden, somit Zusammenhänge zwischen äußerer und innerer Welt der Betroffenen herzustellen. Wie oben bereits skizziert, sind aussagekräftige Forschungserträge dabei durch die Anbindung an die Fallarbeit im jeweiligen Feld, in der pädagogischen Arbeit und folglich durch eine intensive Analyse pädagogischer *Fälle* gekennzeichnet (vgl. Hanses, 2000; Heiner, 2012). Hinzu kommt eine fachspezifische theoretische Anbindung, die die Grundlage für das Fallverstehen sowie für eine mögliche theoretische Generalisierung darstellt.

Für solcherart qualitative Forschung liegen verschiedene Zugänge hinsichtlich ihrer Gütekriterien vor. Besonders nachvollziehbar und anschlussfähig an qualitative Traumaforschung erscheinen die von Carlos Calderon Gomez (2009, Abs. 22–25) formulierten Kriterien: hohe Koheränz zum theoretischen Zugang, Transparenz des Interpretationsprozesses, Tiefe und Schärfe der Aussagekraft der Interpretationen sowie intersubjektiv angelegte Reflexionsfähigkeit und Bereitschaft zur Selbstkritik.

Sollen nunmehr nicht nur kognitiv zugängliche Sinngehalte, sondern, im Traumakontext von herausragender Bedeutung, auch latente Sinngehalte von Interaktionsbeobachtungen und Textdokumenten erschlossen werden, ist eine tiefenhermeneutische Fundierung der Forschungspraxis unabdingbar. Tiefenhermeneutische Forschung zielt auf eine Rekonstruktion subjektiver Sinngehalte, wobei die »Spannung zwischen einem *manifesten* und einem *latenten* Sinn« (König, 2000, S. 557, Herv. im Orig.) der jeweiligen Quellen von besonderem Interesse ist. Forscherinnen und Forscher sind dabei Subjekte des Analyseprozesses, da sie das Textmaterial auf sich wirken lassen und insbesondere »an irritierenden Interaktionssequenzen ansetzen« (ebd., S. 563). Tiefenhermeneutisch orientierte Forschung ist deshalb unabdingbar, soll die Analyse traumatischer Prozesse nicht ausschließlich erinnerungsfähige Erfahrung oder symbolisierbares Erleben umfassen:

> »Most of the manifest interview-texts appeared to be relatively banal – compared to the powerful latent (unconscious) emotional messages between the lines, occurring during the interviews« (Marks & Mönnich-Marks, 2003, Abs. 8).

Von besonderer Bedeutung ist nunmehr der mutuelle Zusammenhang der Konzeption »Sequenzielle Traumatisierung« einerseits und tiefenhermeneutischer Forschung andererseits. Wird die aktuelle, soziale Situation als Teil des traumatischen Prozesses verstanden, muss diese in ihrem affektiven Gehalt erfasst und analysiert werden. Deshalb bedarf es der Einfühlung in die pädagogischen Akteure (Lernende und Lehrende) sowie der Reflexion eigener Emotionen angesichts der Konfrontation mit traumatisch beeinflusster Interaktion, die sich im Hier und Jetzt (re-)inszeniert. Somit schließt sich auch ein Kreis zur pädagogischen Arbeit:

> »Die Entwicklung von Ideen und Vorstellungen davon, was junge Flüchtlinge brauchen könnten, basiert auf Erkenntnissen, die durch Einfühlung in die subjektive Erlebniswelt der Jugendlichen gewonnen werden können in Verknüpfung mit pädagogischem, psychologischem bzw. psychoanalytischem Wissen« (Kraushofer, 2004, S. 172).

Adäquate Handlungsmöglichkeiten lassen sich demnach nicht aus Manualen herleiten, sondern bedürfen eines individuum- und emotionsbezogenen Verstehens. Jene Analyse, die Tanja Kraushofer hier für die professionelle pädagogische Arbeit vornimmt, ist, ausgehend vom Junktim von Forschung und Praxis, eng mit qualitativen traumapädagogischen Untersuchungen verbunden. Es zeigt sich jedoch ein wichtiger Unterschied. Im Rahmen der Forschung kann in aller Regel kein »Containing« (im Sinne Wilfried Bions) gewährleistet werden (vgl. Loch, 2008). Eine tiefenhermeneutisch orientierte Forschungstätigkeit mit traumatisierten Kindern und Jugendlichen muss deshalb engen Restriktionen unterliegen. Bereits in der Planung von Forschungsanliegen müssen mögliche Auswirkungen von Forschungsfragen und -methodiken auf die Subjekte der Untersuchung mitbedacht werden. Erhebungen zu traumatischer Erfahrung und dem damit verbundenen Erleben mit Betroffenen selbst sind vor dem Hintergrund der engen Anbindung an theoretische Überlegungen, die auch die Folgen für die beforschten Individuen einschließen, nur unter ganz bestimmten Voraussetzungen möglich. Vielfach ist deshalb die Forschung mit beteiligten Professionellen aus den genannten Gründen besser geeignet. Auch inhaltlich erweist sich jener Zugang als gewinnbringend, denn die Professionellen sind aufgrund ihrer höheren emotionalen Reife zu Symbolisierungsleistungen der latenten Emotionen fähig. Somit können im Interaktionsgeschehen spiegelnde Affekte in die Forschung integriert werden. Zudem wird es so möglich, auch über besonders schwer belastete Kinder und Jugendliche zu forschen, demnach über eine Kernklientel von Trauma-, psychoanalytischer und Sonderpädagogik, über die, manchen Beteuerungen zum Trotz, nur wenig forschungsbasiertes Wissen vorliegt.

4.3 Zum Verständnis traumatisierter pädagogischer Beziehungen – Zugänge des aktuellen Forschungsprojekts

Unter Maßgabe des in Kapitel 3 dargestellten Forschungsdesiderats haben wir im Rahmen eines größer angelegten Projekts an der Leibniz Universität Hannover zur Situation von traumatisierten Kindern und Jugendlichen in der Schule folgende Forschungsfrage formuliert:[11]

---

11 Im Folgenden wird ausschließlich auf den qualitativ-tiefenhermeneutischen Forschungsteil Bezug genommen. Die Ergebnisse einer quantitativen Voruntersuchung sind nachzulesen bei Ullrich und Zimmermann (2014).

Wie reinszenieren sich traumatische Erfahrungs- und Erlebensmuster in der pädagogischen Interaktion sowie in institutionalisierten Handlungsabläufen?

Um sich dieser theoretisch fundierten, aber im Hinblick auf die pädagogische Praxis eher explorativen Fragestellung in der gebotenen Breite anzunähern, wurden Lehr- und sozialpädagogische Fachkräfte aus sehr unterschiedlichen schulischen Arbeitsfeldern in die Untersuchung einbezogen. Dies waren Fachkräfte aus Grundschulen, Integrierten Gesamtschulen, Schulen mit dem Förderschwerpunkt emotionale und soziale Entwicklung sowie aus Sprachlernklassen[12]. Zur Sicherstellung eines weitgehend gemeinsamen Verständnisses des Themas haben wir den beteiligten Fachkräften eine grafische Übersicht vorgelegt, in dem das traumatische Geschehen in einem Drei-Ebenen-Modell illustriert wird: traumatische Erfahrungen (z. B. Gewalt), typische innere Erlebensmuster (z. B. starke Angst, dissoziative Anteile) sowie mögliche Verhaltensweisen.

Zur Gewährleistung inhaltlicher Tiefe bei gleichzeitiger Generalisierbarkeit der Ergebnisse im Sinne »kontextspezifischer Aussagen« (Mayring, 2007, Abs. 14) wurden Forschungsmethoden benötigt, die zweierlei Charakteristika aufweisen. Einerseits die Öffnung des Zugangs zu nicht verbalisierbaren Erlebensanteilen der Interaktionspartner und -partnerinnen sowie andererseits die Darstellbarkeit möglichst umfassender und vergleichbarer Aspekte des Beziehungsgeschehens in der traumapädagogischen Arbeit.

Themenzentrierte Interviews (vgl. Schorn, 2000) mit den pädagogischen Professionellen wurden deshalb als erstes Untersuchungsinstrument gewählt. Im Fokus dieser teilstrukturierten Interviewform stehen die einzelnen Befragten mit ihren subjektiven Sichtweisen. Dennoch ermöglicht die Leitfadenstrukturierung eine hier notwendige thematische Einengung. Werden Professionelle als Interaktionpartnerinnen und -partner der zwangsmigrierten Kinder und Jugendlichen interviewt, sind sie analog zur hier genutzten Trauma-Rahmenkonzeption auch Beteiligte am traumatischen Prozess. Somit ermöglicht der Dialog über Emotionen Einblicke in zentrale Erlebensaspekte dieses Prozesses. Dies bedeutet aber auch, dass die kindliche bzw. jugendliche Seite des Erlebens nur über einen Umweg, mittels Rekonstruktion seitens der Professionellen, erschlossen wird. Gleichwohl erlaubt es die Integration von Reflexionsebenen in allen Forschungsphasen, dem Erleben der am traumatischen Prozess Beteiligten nahe

12 Bei den Sprachlernklassen handelt es sich um Förderklassen für neu in Deutschland angekommene Migrantinnen und Migranten, in denen Letztere etwa ein Jahr verbleiben. Die Schülerschaft dieser Klassen ist äußerst heterogen, zwangsmigrierte Kinder und Jugendliche bilden eine große Teilgruppe (vgl. Jütte, 2016).

zu kommen, stets ohne den Anspruch, dieses tatsächlich »wahr« abbilden zu können.

Die inhaltliche Tiefendimension wird gestärkt, indem die Fachkräfte um die Übernahme der Ich-Perspektive der Kinder und Jugendlichen gebeten wurden und aus dieser Perspektive heraus inneres Erleben ihrer Schülerinnen und Schüler rekonstruieren. Mehrfach wurden sie zudem um die Benennung eigener Emotionen in der Arbeit mit den Betroffenen ersucht. Bereits die Interviewdurchführung sowie die Transkription erforderten demnach eine »intensive Interaktion mit den Daten« (Jaeggi et al., 1998, S. 5). Denn zwischen Interviewenden und Interviewten entwickelte sich ein intensiver Dialog, der Emotionen, Haltungen und Handlungen thematisiert. Die Kontextbedingungen des Interviews sowie eigene Emotionen der Interviewenden wurden in Prä- und Postskripta festgehalten.

Beobachtungen in Anlehnung an das Tavistock-Modell bildeten die zweite Forschungsmethode (vgl. Datler et al., 2014; Lazar, 2000). Das ursprünglich aus der Ausbildung von Kinder- und Jugendlichentherapeuten und -therapeutinnen stammende Instrument ermöglicht die Rekonstruktion subjektiver wie intersubjektiver Sinnzusammenhänge aus einer im Hinblick auf die Interaktionen abstinenten, gleichwohl reflexiven Beobachtungsposition heraus. Hierbei bemühen sich die Forscherinnen und Forscher um eine möglichst umfassende Aufmerksamkeit, um die vielfältigen Interaktionssequenzen aufnehmen zu können. Die Beobachtungen fanden jeweils vor oder nach den Interviews in den Schulklassen oder Wohngruppen der Fachkräfte statt und wurden von einer nicht an den Interviews beteiligten Person durchgeführt. Aus forschungsökonomischen Gründen konnten nur zwei Beobachtungen im jeweiligen Setting realisiert werden. Die Beobachterinnen verfassten im Anschluss an ihre Hospitationen ein Protokoll, in dem sie möglichst detailliert die Interaktionen, jedoch auch die vermuteten Wünsche und Ängste der beobachteten Personen niederschrieben. Wiederum dienten ausführliche Prä- und Postkripta der Reflexion eigener Emotionen sowie latenter Interaktionsanteile, die in den Protokollen so nicht ersichtlich sind.

Für beide Forschungsmethoden sind im Anschluss an die Durchführung und Verschriftlichung Auswertungen in der Interpretationsgruppe vorgesehen. Eine voreilige Theoretisierung des Materials ist hier nicht angezeigt:

> »It is therefore important that the experience and evidence is made directly available to the supervisory seminar in which the observations are discussed and not prematurely ›coded‹ into theoretical interpretations and categories« (Miller et al., 1989, S. 52).

Die sehr strukturierte Vorgehensweise des Zirkulären Dekonstruierens bildete den formalen Rahmen für die Auswertungsschritte (vgl. Jaeggi et al., 1998). Somit konnte ein sicherer Ort, der intensive Reflexion gewährleistet, auch in der Forschungsgruppe bereitgestellt werden. Die Auswertungen wurden zunächst einzelfallbezogen vorgenommen. Interviewtranskriptionen und Beobachtungsprotokolle wurden jeweils zu einem Fall zusammengefasst. Analog zum oben Beschriebenen ist ein »Fall« jedoch nicht personal, sondern interaktional sowie institutionell zu verstehen. Folglich sind es weder die Kinder und Jugendlichen, die ihre traumatischen Erfahrungen einseitig reinszenieren, noch sind es Professionelle, die – so ließe sich ein vorschnelles Urteil fällen – in unangemessener Weise auf die Anforderungen reagieren. Vielmehr bildet die aktuelle pädagogische Situation den (institutionellen) Rahmen dafür, wie sich traumatisch beeinflusste Interaktion im gegebenen Setting verstehen lässt (vgl. Zimmermann, 2015b).

Ein wesentlicher Aspekt zur Entschlüsselung der Daten bestand nunmehr im Verständnis der Interaktion manifester und latenter Sinngehalte. Unter den manifesten Daten wurden Beschreibungen bzw. Beobachtungen der Interaktion sowie von den Fachkräften symbolisierbare Erwartungen oder Sorgen verstanden. Latente Daten fanden sich in Wünschen und Ängsten der Interviewten, die jedoch vielfach nur durch die Perspektivübernahme in der Interpretationsgruppe sowie durch die Analyse eigener Gegenübertragungsgefühle verstanden werden konnten (vgl. König, 2000, S. 558). Das heißt, die Auswertung greift im Wesentlichen auf die gleichen Methoden zurück, die in den Interviews und in den Prä- und Postskripta der Beobachtungen genutzt wurden.

Das Zusammenspiel von pädagogischer Forschung und Praxis spiegelt sich auch in der Forschungsmethode wieder. So entspricht die Analyse weitgehend einem sinnvollen Vorgehen im pädagogischen Fallverstehen. Hier bietet sich, ergänzend zur Unterscheidung von manifestem und latentem Sinngehalt, eine Einteilung in objektive, subjektive und szenische Informationen an.[13] Während unter objektiven Daten alle benennbaren lebensgeschichtlichen und verhaltensbezogenen Informationen zu verstehen sind, beschreiben subjektive Daten das Erleben der Kinder und Jugendlichen sowie auch das der Fachkräfte. Dort, wo sie keine eigenen Symbolisierungmöglichkeiten für innere Erlebensmodi ha-

13 Bei der Nutzung subjektiver und szenischer Informationen in der Auswertung handelt es sich nie um die Abbildung innerer Welt oder gar des Unbewussten der befragten und beobachteten Personen (Datler, 2005). Die »segensreich[e]« (Jaeggi et al., 1998, S. 5) Interpretationsgemeinschaft, in der auch Widersprüche und Schattierungen deutlich werden, ermöglicht es jedoch, jene Daten zur ganzheitlichen Erfassung einer Fallgeschichte sinnhaft einzusetzen.

ben, übernimmt die Forschungsgruppe die Aufgabe der Perspektivübernahme. Abschließend sind Szenische Daten als Gegenübertragungsgefühle der Untersucherinnen und Untersucher sowie der Auswertungsgruppe im Analyseprozess definiert.

Im Anschluss an die Arbeit in der Gruppe wurde ein Ergebnisprotokoll verfasst, indem die erarbeiteten Themenfelder strukturiert im Sinne von Falldarstellungen aufgearbeitet wurden. Dies geschah zunächst einzelfallbezogen und wurde durch die jeweiligen Interviewerinnen und Beobachterinnen geleistet. Für die Darstellung in dieser Monografie wurden die Falldarstellungen aus den jeweiligen Institutionen zu einer größeren Interaktionsgeschichte zusammengefasst, womit die Wirkmächtigkeit des institutionellen Rahmens für die Ausgestaltung der Fälle betont wird. Allerdings werden auch Unterschiede und individuelle Spezifika benannt, die sich einer auf die Institution bezogenen Generalisierung entziehen.

5. Interaktionsgeschichten traumatisch beeinflusster Beziehungen in der Schule

5.1 Interaktionsgeschichte I

5.1.1 Rahmenbedingungen

Die folgende Interaktionsgeschichte ist in einer Grundschule im städtischen Randbereich mit einem eher bürgerlichen Einzugsgebiet angesiedelt. Das Schulgebäude wirkt freundlich. Eine Schülerin, die ich etwa in der vierten Klasse verorte, bringt mich vom Schuleingang zum Lehrerzimmer, in dem einige Lehrerinnen[14] sowie die Schulleiterin sitzen. Dort treffe ich auf meine beiden Interviewpartnerinnen und werde freundlich begrüßt. Es handelt sich um Frau Vogel und Frau Hermann, Klassenlehrerinnen einer dritten bzw. einer vierten Klasse.

Vor Beginn der Interviews werde ich von Frau Vogel durch das Gebäude geführt. Der erste Eindruck bestätigt sich: Die Schule ist ansprechend gestaltet und hat einen lichtdurchfluteten Flur. Viele der Klassenräume haben zudem eine eigene kleine Terrasse und einen Gartenanteil, in dem sich die Kinder aufhalten und gleichzeitig auch kleinere Anpflanzungen vornehmen können. Da gerade Pause ist (und es an diesem Tag regnet), laufen die Kinder im Schulgebäude umher, ohne dass eine aufgeregte oder gar aggressive Atmosphäre auszumachen wäre. Bereits beim Rundgang verweist Frau Vogel auf einen Schüler, »auf den wir später noch zu sprechen kommen werden«.

Frau Vogel wirkt während des Interviews sehr aufgeschlossen. Sie zeigt sich offen für eine Perspektivübernahme für einzelne Schülerinnen und Schüler; es scheint,

14 In dieser Interaktionsgeschichte wird im Hinblick auf die Fachkräfte stets die weibliche Form verwendet. Männliche Lehrkräfte wurden weder beobachtet noch interviewt.

so der erste Eindruck, dass sie (soweit sich das aus den szenischen Daten während des Interviews sowie aus der Rekonstruktion der Interaktion in der Auswertung herleiten lässt) die belasteten Kinder »halten« kann, ohne sie für narzisstische Bedürfnisse zu verwenden. Dagegen wirkt Frau Hermann eher gehetzt und unterbricht bereits das Interview mit Frau Vogel mit dem Hinweis, sie hätte nicht so viel Zeit. Während des Interviews aber kommt auch sie »ins Erzählen«, weder beim Interviewer noch in der Forschungsgruppe entsteht die Vorstellung des Abarbeitens der Fragen. Nach der Hälfte des Interviews kommt es ganz offensichtlich zu einem Bruch. Während der erste Teil durch ein intensives Miteinander, mithin auch durch ein Reden über interpersonelle bzw. interaktionsbezogene Belastungen geprägt ist, stellt Frau Hermann danach in unserer Wahrnehmung nur noch ihre Leistungen als Lehrkraft dar, ein emotionaler Zugriff auf die Erlebenswelt der Schülerinnen und Schüler gelingt nur noch sehr fragmentarisch. Als Interviewer bin ich irritiert und nehme eine zunehmende Unruhe in mir wahr. Ich agiere in dieser Phase unkonzentriert und gerate bezüglich meiner folgenden Fragen mehrmals durcheinander.

Da es sich zwar um sehr unterschiedlich analysierte Interviews und Beobachtungen handelt, sie jedoch einem gemeinsamen institutionellen Kontext entstammen, werden sie hier als eine Interaktionsgeschichte dargestellt, jedoch weniger ineinander verflochten, als dies bei den folgenden Interaktionsgeschichten dieses Buchs der Fall ist.

Eine interessante Veränderung zu meiner Erstwahrnehmung der Schule bildet die Reaktion auf meine Einladung zu Lehrerfortbildungen zum Thema Trauma (vgl. Kap. 7). Während Frau Vogel gern teilnehmen möchte (und dann aus Schwangerschaftsgründen doch fernbleibt), findet sich keine andere Lehrerin der Grundschule, die sich an vier Nachmittagen für diese Fortbildung Zeit nehmen möchte.

5.1.2 Themenfeld I: Früher Verlust, emotionale Vernachlässigung und simplifizierende Erklärungen

> »Die kommen ja mit sechs Jahrn her, man guckt da gar nich hin, aber was is eigentlich in den sechs Jahrn davor passiert? Wie is das Kleinkindalter eigentlich, was is genau da an traumatischen Erlebnissen eben auch in dieser ganz, ganz frühkindlichen Phase passiert?« (Interv. Vogel, Z. 30f.)

Wie eine Mehrheit der Fachkräfte aus Grundschulen, so hat auch Frau Vogel zunächst primär Verluste oder langfristig emotional »kühle« Eltern-Kind-Interaktionen im Blick, wenn sie über schwer belastete Kinder und Jugendliche nachdenkt. Es handelt sich demnach tendenziell um monotraumatische oder kumulativ-traumatische Erfahrungen.[15] Die Trennungserfahrungen, die Frau Vogel dabei als prägend für zwei ihrer Schülerinnen und Schüler thematisiert, beziehen sich auf den Tod eines Elternteils nach schwerer Erkrankung. Wie im Zitat ersichtlich, hat Frau Vogel über jene zwei Kinder hinaus besonders die ganz frühe Entwicklung von Babys und Kleinkindern im Blick – ein Thema, das sie offensichtlich persönlich beschäftigt, jedoch auch professionell im Hinblick auf die Auswirkungen auf die schulische Interaktion.

Werden jene zwei Aspekte gemeinsam gedacht, die potenziell nachhaltigen Störungen der frühen Interaktion (eher kumulativ) sowie die Verlusterfahrungen im Kindergartenalter (eher monotraumatisch), so lässt sich interpretieren, dass sich in der schulpädagogischen Interaktion sowohl die nie gemachten, gleichwohl ersehnten Beziehungswünsche der Kinder, als auch das unmittelbar Erlittene spiegeln. Kinder, die im Kindergartenalter jene traumatischen Erfahrungen machten, würden hinsichtlich ihrer Gesamtentwicklung deutlich zurückgeworfen, so Frau Vogel. Mehrfach fällt der Begriff des fehlenden Urvertrauens als Folge jener Verlusterfahrungen (fachlich gesehen mischen sich hier in Frau Vogels Reflexionen ihre zwei Grundthematiken, nämlich nicht ausreichend gute Eltern und Verlust, dies aber muss hier nicht weiter diskutiert werden). Die betroffenen Kinder brächten ihre Verlusterfahrungen mit in die Schule, fehlendes Vertrauen zeige sich nunmehr in den Beziehungen zu den Lehrkräften. Als grundlegende Emotionen dieser Kinder benennt Frau Vogel »Scham« und »Angst«, die sich symptomatisch als deutliche Hemmung zeigten, etwas Falsches zu sagen. Diesen spezifischen Blick auf die Vergangenheit der Kinder jedoch erlebt Frau Vogel als wenig integrierbar in den schulischen Alltag: »Man guckt da gar nicht hin« – eine Selbstwahrnehmung Frau Vogels, die in ihrer sprachlichen Form eine gemeinsame Haltung in der Schule ausdrückt und in der Interpretationsgruppe Unwohlsein hervorruft. Es bleibt angesichts des doch durchaus vielfältigen Wissens der Lehrkraft um die

15 Es zeigt sich, dass die schweren interpersonellen Traumata (massive Gewalt, sexualisierte Gewalt, extreme Vernachlässigung) zwar kein exklusives Merkmal des Förderschwerpunkts emotionale und soziale Entwicklung sind, jedoch dort von den Fachkräften sehr viel deutlicher formuliert werden. Alle fünf in Grundschulen geführten Interviews enthalten gleichwohl Hinweise auf die Konfrontation mit diesen Erfahrungswelten. Sie werden aber teils eher beiläufig erwähnt, bagatellisiert oder scheinen erst im Verlauf des Interviews, mithin nach Herstellung einer Vertrauensatmosphäre, thematisierbar zu werden. Auch sequenziell traumatische Erfahrungen, die Schule als Institution mitinszeniert, z. B. in Form neuerlicher Beziehungsabbrüche, erscheinen in diesem Kontext eher selten verbalisierbar zu sein.

lebensgeschichtlichen Erfahrungen ihrer Schülerinnen und Schüler etwas unklar, wofür dieser Satz steht.[16] Der Einbezug der latenten Datenebene (bezogen auf das gesamte Interview) könnte folgende Interpretation zulassen: Es gibt bestimmte Verstehensmuster in dieser Schule, die sich als recht lineare, emotional wenig bedrohliche Zugänge zum Erleben der Kinder etabliert haben. Das individuelle, dabei teils auch für die Fachkräfte deutlich belastendere Verstehen unter Einbezug von Perspektivübernahmen für die Kinder wird allergrößtenteils ausgespart.

Beispielhaft für die sehr kategoriengeleitete Wahrnehmung der Fachkräfte stehen Frau Vogels Beschreibungen eines Mädchens, das als ältestes Kind nunmehr die Rivalität mit einem jüngeren Geschwisterkind aushalten muss.

> »Die zeigt eine wahnsinnige Verhaltensauffälligkeit. Die verschließt sich total, ne son bisschen selektiver Mutismus, ne also, is äh ja redet gar nich dann auch im Unterricht. … Hat sich neulich die Haare komplett verstümmelt, also wirklich äh haarsträubend sich da die Haare, den Kopf äh (-) bearbeitet, mit ner Schere. Also nich experimentell, ich schneid mal n bisschen was ab, sondern es war schon (-) der Schock, als ich sie sah, war echt groß, dass ich dachte: Oh mein Gott, ne. Was is da passiert? Und die Eltern saßen dann auch drei Tage später weinend vor mir und die Eltern warn auch (-) in ihren Handlungen hilflos komplett und wussten auch nich wohin und wissen eben auch nich, was sie mit dem Kind und …« (Interv. Vogel, Z. 38–48).

An diesem Zitat lassen sich nunmehr einige zentrale Aspekte der Wirkung schwer belastender Erfahrungen im vorliegenden Interaktionsgeschehen aufzeigen:

Erstens: Während das reine Verhalten des Mädchens einerseits eher im Sinne von Entwicklungskrisen, als Folge der »Entthronung« (Frau Vogel) durch das neu geborene Geschwisterkind, interpretiert wird, zeigen die von Frau Vogel wahrgenommene emotionale Beteiligung der Eltern (»komplett hilflos«) sowie die Gegenübertragungsgefühle der Fachkraft (»Schock«, »oh mein Gott«) und der Forschungsgruppe (Mitleid und Wut) andererseits, dass diese Szene höchstwahrscheinlich für eine tiefere seelische Problematik steht. Insbesondere der (diagnostizierte oder nicht diagnostizierte) selektive Mutismus mag ein wesentlicher Hinweis auf hoch ambivalente, gleichzeitig wenig autonome Beziehungserfahrungen und Identifikationsmuster des Mädchens sein. Dass es sich angesichts der beschriebe-

16 Erst im weiteren Kontakt zur Schule wurde klar, dass der Teilsatz auch als Form der Kritik an der Haltung vieler Kolleginnen verstanden werden könnte. Dies jedoch bleibt auf einer spekulativen Ebene.

nen Hilflosigkeit der Eltern nur um ein vorübergehendes Anpassungsproblem handelt, erscheint als sehr unwahrscheinlich. Die Deutungen der Lehrerin verweisen hingegen auf ein verhältnismäßig einfaches und jenseits der Traumakategorie liegendes Erklärungsmodell für auffälliges Erleben und Verhalten. Solcherart Interpretation dient, so wird zu zeigen sein, primär der Aufrechterhaltung einer nicht bedrohten pädagogischen Gemeinschaft, zu der auch die Eltern gehören (vgl. Themenfeld III). Potenziell schwerwiegende Belastungen und ihre Reinszenierungen in der Schule sind als Teil dieser Gemeinschaft nur sehr schwer zu integrieren, ein Thema, das in dieser Interaktionsgeschichte noch mehrfach aufscheint.

Zweitens: Verbale Erklärungsmuster und die hohe emotionale Beteiligung der Lehrkraft, die sich nicht zuletzt in der fragmentarischen Satzstruktur widerspiegelt, stehen in einem Widerspruch. Im buchstäblich Unausgesprochenen, Unvollendeten wird die Kraft der emotionalen Teilhabe (und, so ließe sich zumindest begründet argumentieren, des subjektiven Leids des Mädchens) demnach deutlicher als in den objektiven Informationen, die auf der Ebene einer mehr oder weniger normalen familiären Beziehungserfahrung stehen bleiben. Der Affekt der Hilflosigkeit, der den Eltern zugeschrieben wird, dürfte mindestens partiell auch die schulische Interaktion mit dem Mädchen prägen. Möglicherweise lässt sich dieser vielfach als unpädagogisch disqualifizierte Affekt der Hilflosigkeit leichter als Erlebensmuster der Eltern symbolisieren, denn als eines, das die Lehrerin-Schülerin-Interaktion kennzeichnet. Diese nur indirekt vorhandene Symbolisierbarkeit eines zentralen Affekts könnte zugleich Scharnierfunktion für das Mitleid und die Wut in der Forschungsgruppe besitzen: Was hier bei uns »Unbeteiligten« existenzielle Affekte auslöst, bleibt vor dem Hintergrund von Hilflosigkeit und mangelnder schulischer Integrierbarkeit sprachlich verborgen und wird umgedeutet in entwicklungsspezifische Problematiken. Der sinnverstehende Zugang zu dieser Simplifizierung scheinbar erheblichen Leids sollte jedoch nicht auf individueller Ebene verbleiben. »Man guckt da nicht hin« kann vielmehr Ausdruck einer in der Institution verankerten Haltung sein, die sehr ernsthafte Leidensgeschichten auf recht leicht zu erklärende Entwicklungsschwierigkeiten reduziert.

5.1.3 Themenfeld II: Das (Un-)Haltbare der ambivalenten Beziehungsanfragen

Im Interview wird Frau Vogel gebeten, die Perspektive eines schwer belasteten Jungen zu übernehmen, der nach Vernachlässigungserfahrungen in der Herkunftsfamilie nunmehr in einem Wohnheim lebt. Für diesen Jungen kann Frau

Vogel beschreiben, dass er nur zu einer dortigen Betreuerin Vertrauen habe. Sie selbst sei eben nicht nur gut, sondern fordere auch. Dies erschwere den Beziehungsaufbau zu dem schwer belasteten Kind.

Frau Vogel fällt es zunächst schwer, sich in den Jungen hineinzuversetzen, obwohl ihr das für andere Kinder sehr gut gelingt. Die Schwierigkeit der Perspektivübernahme begründet Frau Vogel mit dem zurückgezogenen Verhalten des Jungen:

> »Also ich weiß es ehrlich gesagt nich. Also es is wirklich ne reine Vermutung. Weil er ähm, eben doch ja sich zurückzieht von mir ne. Und ich jedes Mal überrascht bin, wenn dann doch n Moment kommt, wo er vor mir steht. Das sind so einzelne Momente, die, weiß ich nich, kann ich an ein paar Fingern abzählen« (Interv. Vogel, Z. 265–268).

Das Verhalten des Jungen rekonstruieren wir als Anfrage an die Beziehung, ob diese trotz seines offensichtlichen Rückzugs Bestand haben könne. Die subjektive Wahrnehmung der Fachkraft, dass die schulische Rahmung der Interaktion, in der unmittelbare Beziehungsarbeit stets durch fachliche Anforderungen und Verhaltensnormen erschwert ist und den Vertrauensaufbau hemme, gilt es ernst zu nehmen. Das heißt, im Wechselspiel aus professionellen Möglichkeiten, den traumaassoziierten Beziehungsanfragen des Jungen sowie den institutionellen Bedingungen zeigt sich eine Beziehungsüberforderung für beide Seiten. Schließlich formuliert Frau Vogel in der Perspektivübernahme doch:

> »Ähm, (-) also ich denke, er erwartet, dass ich nett zu ihm bin. Also ich, ich möchte, dass Frau Vogel nett zu mir is und äh ich möchte, dass Frau Vogel mir hilft. (--) Und ähm, ich möchte was lernen bei Frau Vogel. Das merk ich auch schon. (-) Ähm (--), ich möchte aber auch, dass sie nich so viele Fragen stellt. … Weil ja die, umso mehr sie da is, umso mehr Fragen stellt sie ja wieder« (Interv. Vogel, Z. 295–306).

In der von der Lehrerin mehrfach formulierten Befürchtung, sie könne im Interview »etwas Falsches« über den Jungen sagen, steckt vermutlich ein hohes Maß an Identifikation mit ihm. Denn auch er scheint Angst zu haben, sich zu öffnen, wobei die konkret empfundene Bedrohung nicht unmittelbar spezifischen lebensgeschichtlichen Erfahrungen oder Erlebensmustern zuzuordnen ist. Reinszenierung und emotionale Teilhabe verweisen aber auf die Widersprüchlichkeit und Brüchigkeit der Beziehungsanfragen des Jungen, die Frau Vogel deutlich verunsichern.

Unter Einbezug der subjektiven und szenischen Informationen der Auswertungsgruppe zeigt sich demnach ein differenziertes Bild. In den Perspektivübernahmen durch die Forschungsgruppe für den Jungen und die Lehrerin sowie in unseren Selbstreflexionen zeigen sich viele haltende Beziehungsanteile, die letztlich für eine intensive affektive Teilhabe der Fachkraft am Erleben des schwer belasteten Jungen sprechen. So gelingt es der Lehrerin, die in die Beziehung eingebrachten, nicht-symbolisierten Affekte der Einsamkeit und der Nicht-Bezogenheit auszuhalten, zu »containen« und damit auf einem für den Jungen und die pädagogische Beziehung aushaltbaren Niveau zu stabilisieren. Gerade weil sie keine »bessere Mutter« sein will, kann der Junge langsam Vertrauen zu ihr entwickeln – ein Hinweis darauf, dass von schwer belasteten Kindern durchaus vielfältige und wichtige Beziehungserfahrungen gemacht werden, auch wenn die professionellen Bezugspersonen diese kaum als solche wahrnehmen.

Mit jener Ambivalenz zwischen letztlich positiven, sich aber primär in der Rekonstruktion zeigenden Beziehungserfahrungen sowie den großen Unsicherheiten aufseiten der Fachkraft ist auch ein deutlich traumaassoziiertes Thema benannt: Einerseits ist ein behutsamer, »nicht-verwendender« (Trescher, 1990) Beziehungsaufbau notwendig. Gleichzeitig entsteht dabei permanent das Gefühl, dies reiche nicht aus, man müsse für diese Kinder noch mehr leisten. Genau letzteres aber kann bei vielen Fachkräften und, in der Folge, bei den betroffenen Kindern Überforderung und Angst auslösen.

Auch Frau Vogels Kollegin Frau Hermann benennt die Notwendigkeit eines Rückzugs »in sich selbst«, mithin ein »Abschirmen gegen ein Zuviel an Beziehung« als zentralen Erlebensmodus schwer belasteter Kinder. Als Bedingungsfeld dieser Verhaltensweisen nennt sie wenig verlässliche Eltern und, damit verbunden, eine hochgradig gestörte Ich-Entwicklung dieser Kinder. Die Gründe dafür liegen nach Frau Hermann in der unauflöslichen Ambivalenz langfristig traumatischer Erfahrungen. Dies zeigt sich unter anderem in ihren Beschreibungen eines emotional vernachlässigten Kindes aus einer streng religiösen Familie:

> »Mh, na ja, ich denk, die erleben die Kinder ja, äh die Kinder erleben die Erwachsenen negativ. Also, die tun den ja was Böses; und auf der anderen Seite, das ham wir ja auch bei der vernachlässigsten Familie da erlebt, wolln die trotzdem bei den Eltern sein. Egal, wie schrecklich es is. Egal, was passiert, sagn sie: Ja, wir wolln aber bei Mama und Papa sein« (Interv. Hermann, Z. 33–37).

Die Diskrepanz, die das Erleben der emotional vernachlässigten, vermutlich auch geschlagenen Kinder kennzeichnet, zeige sich im Versuch, sich in der Schule »in

Luft aufzulösen« (Fr. Hermann). Hiermit findet die Lehrerin also ein starkes Bild für die inneren Erlebensmuster dieser Kinder.

Das heißt, in der Rekonstruktion beider Fachkräfte führen intransparente, teilweise vernachlässigende Beziehungserfahrungen nicht zum *offensichtlichen* Versuch, die pädagogischen Beziehungen (wenn auch in inadäquater Weise) zur Korrektur zu nutzen – etwa in Form klammernden oder übergriffigen Verhaltens. Im Vordergrund steht vielmehr die Angst, so lässt sich begründet rekonstruieren, durch intensivere Beziehungen zu den Lehrerinnen die ohnehin brüchigen Objektrepräsentanzen der Eltern zu gefährden. Während Frau Vogel jedoch gleichermaßen den Nähewunsch des Jungen herausarbeitet, scheint dieser in der Rekonstruktion Frau Hermanns zu verschwinden.

Auch Frau Hermann zeigt sich nunmehr als stark emotional beteiligt in der Interaktion mit diesem Jungen; dies gilt auch für die Arbeit mit weiteren, von ihr in den Dialog eingebrachten belasteten Schülerinnen und Schülern. Insbesondere drückt die Lehrerin eine deutliche Angst aus, jene innere Zerrissenheit durch positive pädagogische Angebote sogar noch zu verstärken. Das heißt, die Schule und konkret die pädagogischen Professionellen sind hier vor die Aufgabe gestellt, einerseits haltende Beziehungsangebote zu ermöglichen, gleichwohl aber kein kontinuierliches Einlassen der Kinder auf diese Angebote zu erwarten. Dass dies (ein Unterschied zur Rekonstruktion der Erlebensmuster von Frau Vogel) nicht nur zu Verunsicherung führen kann, sondern ebenso zu narzisstischer Kränkung, lässt sich mit einem Auszug aus dem Interview mit Frau Hermann rekonstruieren:

> »Mensch ich streng mich doch jetzt hier so dolle an und ich mache alles, ich kümmer mich ums Kind und ich vermittel ihm auch dass es, ›du du bist toll und das hast du gut gemacht und komm, mach hier mit‹ und was weiß ich. ›Schon wieder die Materialien nich dabei, ok ich helfe dir. Wir helfen dir alle, wir machen das und dass man dann eben ganz viel gemerkt hat, dass da (-) ja, also dass das Kind dieses, das nich annehmen konnte, also und dass ich aber schon glaube, dass es das sicherlich gewünscht hat. Ich möcht, oder ob, weiß ich nich. Kann ein Kind wirklich wünschen, ›lasst mich doch bloß alle hier in Ruhe?‹ Weil der Eindruck entstand schon auch eben, das man gedacht hat: ›Ey Alte, jetzt geh weg hier ne. Ich will das nicht‹« (Interv. Hermann, Z. 151–159).

Insbesondere die zurückweisenden, teils leicht aggressiv auf den Schutz des eigenen Raums drängenden Reaktionen der Kinder lassen sich demnach schwer aushalten. In der Forschungsgruppe versuchen wir, zwei zentrale Sätze in der Perspektivübernahme für die Lehrkraft zu rekonstruieren:

> »Ich muss immer nett sein, damit ich Chancen habe. Ich fühl mich so hilflos, weiß nicht, wie ich dem Jungen vermitteln soll, dass ich authentisch bin« (Protokoll der Forschungsgruppe).

Ob hoch brüchige, ambivalente Beziehungsanfragen, die sich in zurückhaltendem bis hin zu offen ablehnendem Verhalten ausdrücken, in der hier vorgestellten Institution gehalten werden können, lässt sich demnach nicht einheitlich aus den vorliegenden Daten rekonstruieren. Die Gelingensbedingung liegt jedoch eher in der individuellen Professionalität als in einer institutionalisierten Ressource.

5.1.4 Themenfeld III: Handlungsdruck und Triangulierung

Handlungsdruck entsteht, wie oben gezeigt, erstens durch eigene Bedürfnisse, insbesondere von Frau Hermann, da sie subjektiv zu wenig Stärkung und Anerkennung erfährt. Zweitens hat er sein Bedingungsfeld gerade in der inneren Zerrissenheit der Kinder. Beide Lehrkräfte weisen jedoch auch darauf hin, dass Schule einen Eigenanteil an der schwierigen Entwicklung von Vertrauen hat (eine vertrauensvolle Beziehung steht dabei dem Handlungsdruck, alles lösen zu müssen, diametral gegenüber). Kinder in langfristigen Krisensituationen seien aufgrund ihrer hoch belastenden Erfahrungen vielfach zunächst auf die Beziehung zu *einer* pädagogischen Fachkraft angewiesen. Dies zeige sich in der oft näheren Beziehung dieser Kinder zu einer Betreuerin oder Hortnerin. In der Schule aber herrschten trianguläre Beziehungsmuster vor. Einerseits, weil es stets mehrere Lehrkräfte seien, zu denen die Kinder Beziehungen aufbauen müssten (auch bereits in der Grundschule). Andererseits, weil eine Lehrerin aufgrund curricularer Vorgaben nicht nur gut sein könne. Jenes Setting bietet beiden Lehrerinnen im Moment nach eigener Einschätzung wenig Raum für Beziehungsaufbau.

> »Und dann über die Unterrichtsebene, dann äh ne Beziehungsebene zu bekomm is dann natürlich deutlich schwieriger, auch für die Kinder« (Interv. Vogel, Z. 400ff.).

> »Und wenn ich versucht hab, ihm irgendwie ihm zu helfen, dann hat er das wirklich erst versucht, ganz viel abzuwehren. Und man hat dann aber gemerkt, wenn er wirklich so Stunden hatte, wo man jetzt auch nicht unbedingt Leistung von ihm wollte, sondern einfach mal so diese Nähe so zulassen wollte, dass er dann so ganz langsam und ganz zaghaft eben versucht hat, das zuzulassen« (Interv. Hermann, Z. 89–94).

Die nachholende, korrigierende Beziehungserfahrung wird also, so betonen beide Fachkräfte, über die Anforderungen durch Unterricht deutlich erschwert. Dabei erscheint spezifisch, dass sich beide Fachkräfte hier auf Kinder *einer* Familie beziehen, in der diese einerseits emotional vernachlässigt aufwachsen, andererseits mit hoch rigiden Moral- und religiösen Vorstellungen indoktriniert werden. Während in anderen Fallgeschichten rekonstruiert werden konnte, dass eine Beziehung zunächst über schulische Inhalte aufgebaut wurde, wird das Lernen, das schnell als Überforderung erlebt wird, hier als sehr hinderlich für eine haltende, sichere Beziehung beschrieben. Es kann aber auch gefragt werden: Geht es dabei um den Lerninhalt an sich oder geht es um den Handlungsdruck, Dinge schnell zu vermitteln und zu lösen und so Beziehungsarbeit zu verkomplizieren? In jener Problematik spiegelt sich ein institutionell verankerter Habitus, der berufliche Kompetenz über Handeln und nicht primär über Aushalten oder Nicht-Tun definiert (vgl. Zimmermann, 2013). Zusätzlich »leiden« die zwei Lehrkräfte im Versuch der Beziehungsarbeit jedoch nicht nur unter einer Reinszenierung familiärer Erfahrung, die durch Ausschluss und Entwertung geprägt ist sowie den aktuellen schulischen Rahmenbedingungen. Sie erleben zudem vielfach Kinder, die mit traumatischen Erfahrungen des Scheiterns aus anderen Schulen kommen:

> »Dass es eben nich so is, also das, das war auch an meiner Arbeit in der Hauptschule häufig so, dass ich da auch häufig traumatisierte Kinder hatte, grade in den fünften, sechsten Jahrgängen, die kamen aus der Grundschule. Vier Jahre lang ham sie gehört, wie schlecht sie sind und wie dumm sie sind und was sie alles nich können und ihnen dann zu zeigen, Schule is gar nich so. Und Schule leistet auch mehr und du bist auch was wert und du kannst auch was und ... in meiner damaligen Schule hatte ich äh häufig Heimkinder, interessanterweise, mit ganz ganz schlimmen Vorerfahrungen« (Interv. Vogel, Z. 459–466).

Die Gesamtheit dieser Erfahrungen aus Familie, vorherigen Schulen und der aktuellen Interaktion zeigt sich, insbesondere in der Analyse des Interviews mit Frau Hermann, in deutlicher szenischer Teilhabe in der Forschungsgruppe. Hier scheinen einerseits intensive Beschützerimpulse und der Wunsch, die Kinder keinesfalls zu überfordern, auf. Die Angst, in der Interpretation etwas falsch zu machen oder eine zu wertende Deutung der schulischen Interaktionen vorzunehmen, ist durchaus als Teilhabe am Erleben der Lehrkräfte zu verstehen. Dass dennoch vielschichtige Perspektivübernahmen gelingen, mag andererseits als Hinweis darauf verstanden werden, dass es sich um empathische Fachkräfte handelt, die den betroffenen Kindern im Rahmen einer nur partiell sicheren aktuellen Situation *möglichst* stabile Beziehungen anbieten, meist ohne sie dabei zu überfordern.

5.1.5 Themenfeld IV: Die Inszenierung einer reinen, schützenden Gemeinschaft

Die beiden in dieser Schule interviewten Lehrkräfte arbeiten, unseren Informationen nach, mit einer sehr ähnlich strukturierten Schülerschaft. Als hoch belastet werden vor allem zurückgezogene, sich eher aus der Gruppe ausschließende Kinder beschrieben, die zudem hoch beeinträchtigten, vernachlässigenden, jedoch nicht zwingend sozial randständigen Familien entstammen. Auch das institutionelle Setting, in dem die Lehrerinnen arbeiten, ist sehr ähnlich. Als Reaktion auf die Ausschlusserfahrungen der Kinder einerseits und das vielfache Fehlen selbst erlebter Wertschätzung andererseits versuchen beide Lehrkräfte, in ihren jeweiligen Klassen eine solidarische Gemeinschaft zu schaffen, der im Hinblick auf die seelischen Verletzungen einzelner Gruppenmitglieder eine schützende, teils sogar heilende Wirkung zugeschrieben wird. Eine solche Gruppe hat jedoch an die bislang ausgeschlossenen Mitglieder zahlreiche Anforderungen, wodurch neue Ausgrenzungs- und, in einem Fall, auch Ausschlusserfahrungen produziert werden.

Gleichwohl zeigen sich in der Ausprägung des hier zu beschreibenden Themenfelds gewichtige Unterschiede, die im Einzelnen zu diskutieren sein werden. Große Schwierigkeiten haben in dieser Gemeinschaft Kinder (und mit ihnen die Lehrerinnen, die diese Gemeinschaft gestalten wollen), die die Angebote zur Teilhabe in der Gruppe nicht annehmen können:

> »Wenn ich an dieses Kind denke, dann (--) glaube ich, dass es vielleicht manchmal den Wunsch einfach hatte, sich im Nichts aufzulösen und einfach gar nicht da zu sein ... Ich möchte jetzt hier alles nicht mehr. Wo kann ich, auf welche einsame Insel kann ich gehen? ... Oder ich lass es zu und dann werde ich wieder vor den Kopf gestoßen. Oder dann will mich eben, dann will mich mein Gegenüber nicht« (Interv. Hermann, Z. 164ff.).

Frau Hermann beschreibt hier bildlich (»Insel«, »vor den Kopf stoßen«) in der Perspektivübernahme ein Kind, das keinen Platz in der Schule findet. Beziehungswünsche sind hochgradig angstbesetzt. Einerseits, weil die potenzielle Einbindung in die Klassengruppe keine Anschlussfähigkeit zur familiären Realität aufweist. Insbesondere überlagern große Ängste um das Wohlergehen der jüngeren Geschwister die Wahrnehmung der aktuellen Realität. So könnte eine positivere soziale Situation demnach sogar mit Schuldgefühlen verbunden sein. Andererseits sind es die lebensgeschichtlichen und aktuellen Erfahrungen, die (zumindest in der Rekonstruktion der Fachkraft) Angst vor dem Zurückgewiesenwerden – vermutlich traumatischen Ausmaßes – freisetzen. Jene subjektiven Informationen werden ergänzt durch Aspekte der Selbstreflexion der Lehrerin:

> »Na ja, das is schon son Maß an Verzweiflung, was ich bei solchem Kind empfinde. Wenn ich spüre, dass ich, ähm, nich da so rankomme in dem Maße, wie ich möchte, obwohl ich ihm emotional eben zugewandt bin und ihm das auch verbal sage und auch zeige ... Sobald man das anfasste, dann zuckten die ja zusamm, wahrscheinlich, weil anfassen schlagen hieß. Und ich als Lehrerin dann eben, bin dann ganz verzweifelt« (Interv. Hermann, Z. 198–208).

Jene Emotionen bei der Fachkraft, die traumatheoretisch eine gut begründbare Reaktion auf die Konfrontation mit massivem Leid darstellen, lösen nunmehr umso höheren Handlungsdruck mit dem Ziel der Schaffung einer heilen Klassengemeinschaft aus. Gerade die erheblichen Schwierigkeiten der Fachkräfte, spürbare Beziehungsveränderungen zu erzielen, verstärken den Wunsch nach einer »großen Lösung«.

> »Mhh, (--) schon so ne Art ähm (-) ja, also, vor nem Jahr hab ich noch gesagt ich pack ihn ein und nehm ihn mit und kümmer mich um ihn und peppel ihn auf und steck ihn in die Badewanne. Jetzt ist er ja wirklich sehr gut versorgt und ähm ist da gut untergebracht« (Interv. Vogel, Z. 317ff.).

Yecheskiel Cohen (2004, S. 51f.) spricht hier von einer »Goldenen Fantasie«, die die Begegnung mit massivem Leid bei den Fachkräften auslöse. Mit jenem Terminus beschreibt der Autor, dass kleine Fortschritte in der Beziehungsarbeit als nichtig erscheinen und die Lehrerinnen vielmehr versuchten, das gesamte Umfeld und die gesamte Erfahrungswelt der Kinder zu verändern. Frau Hermann ergänzt:

> »Ich muss doch irgendwas machen können, damit dem's besser geht oder damit der wieder Zutraun fasst hier zu dieser Welt, damit er irgendwo sich'n Weg aufmacht, für später, wenn er groß ist ... und nicht ... mit Furcht durch die Welt geht« (Interv. Hermann, Z. 208–212).

Nur Augenblicke nach dieser Interviewsequenz spricht Frau Hermann von Resignation. Es zeigt sich also auch auf ihrer Seite ein schmaler Grad zwischen dem Versuch, etwas Großartiges zu erreichen und dem möglichen, zumindest subjektiv so erlebten Scheitern. Auch Frau Vogel scheint ihre eigene emotionale Beteiligung abzumildern, indem sie die aktuelle Realität des Jungen (Umzug in eine Einrichtung der Jugendhilfe) ausschließlich positiv deutet. Demnach zeigt sich bei beiden Fachkräften ein deutlicher innerer Widerspruch, der sich in Perspektivübernahme so deuten lässt:

> »Kann ich das an mich heranlassen? Wie gewinne ich wieder pädagogische Handlungsfähigkeit? Ich will mich nicht hilflos fühlen!« (Protokoll der Auswertungsgruppe).

Was aber bedeutet diese Ambivalenz von »Goldener Fantasie« und dem Blick auf subjektiv so empfundenes, professionelles Scheitern? Die latenten Daten des Interviews mit Frau Hermann ermöglichen hierzu zumindest Interpretationsansätze. Wenige Momente, nachdem die Lehrerin in deutlicher emotionaler Beteiligung die Möglichkeit des Scheiterns formuliert hat, kommt es im Interview zu einem Bruch, so die Wahrnehmung der Forschungsgruppe. Fast der vollständige, sich anschließende Text befasst sich nunmehr mit einer idealisierten Klassensituation sowie insbesondere mit den eigenen Leistungen der Lehrerin in der Integration von belasteten Kindern.

> »Und ähm, wenn dann so Kinder da dazukomm, dann ähm (-) kriegen die eben auch gesagt: Wir sind hier ein Team und wir machen hier alles zusamm und hier, wir gehörn, wir gehörn zusamm. Und (-) das ist eben, wir sind hier ne große Familie, ne große Schulfamilie, ich bin der Chef und dann läuft das. Und das kriegen die Kinder gut hin« (Interv. Hermann, Z. 271–275).

Der Bruch mit der emotional konnotierten Reflexion zugunsten einer Präsentation eigener Erfolge kann sinnhaft als Versuch verstanden werden, eine narzisstische Verletzung, die durch die so empfundene Zurückweisung der pädagogischen Beziehungsangebote entsteht, zu heilen. Anders gelesen: Auch bei der Fachkraft finden sich hoch differente, sich gegenüberstehende Selbstreflexionsanteile, die inhaltlich kaum integrierbar erscheinen: Resignation und der Wunsch, die Beziehung zum Jungen abzubrechen einerseits und die Darstellung einer pädagogischen Omnipotenz, mit der sich bislang alle Probleme haben lösen lassen, andererseits. Die szenischen Informationen der Forschungsgruppe, die durch ein deutliches

Unbehagen und eine innere Distanzierung von der Fachkraft geprägt sind, erweisen sich zum Verständnis der interaktional gestalteten Szenen als hoch bedeutsam. Die Fokussierung auf didaktisches Handeln, das beide Fachkräfte allen Informationen nach sehr gut beherrschen, führt zur Verdrängung von Emotionen der Hilflosigkeit. Gleichwohl sind die negativen Emotionen damit nicht verschwunden, können aber für die betroffenen Kinder nicht mehr »contained« werden. Ein hoch spannender Nebengedanke mag sein, dass sich in der Vorstellung einer Klassenfamilie mit sehr rigiden Gruppenvorstellungen, einer eindeutigen Bezugsperson (»ich bin der Chef«) und dem Wunsch, dass diese Arbeit wertgeschätzt wird, eine Gruppenkonstruktion wiederholt, die der als nicht-integrierbar erlebte Junge – in objektiv zweifellos differenter Form – in seiner Herkunftsfamilie erlebt.

Es zeigt sich also, dass Kinder, die als schwierig, aber integrierbar erlebt werden, von den vielfältigen Angeboten der Lehrerinnen durchaus profitieren können. Jenseits des Unbehagens über die Darstellung der Klassenaktivitäten kann angenommen werden, dass sich eine Reihe von belasteten Kindern in einer möglichst solidarisch gestalteten Klassengemeinschaft gut aufgehoben fühlt. Im Falle des schwerer belasteten Jungen jedoch zeigt sich eine deutliche Grenze: Werden die Angebote nicht in der erwarteten Art und Weise angenommen, kommt es zum Bruch. In einer Mischung aus Perspektivübernahme und eigenen Reflexionen formuliert Frau Hermann:

> »Die nimmt mich ja gar nich an, oder so ne. Und äh, also weil ich weiß jetzt auch, der is ja jetzt an ner andern Schule und er hat ja hier schon Rüstzeug mit auf den Weg bekommen, er hat ja hier positive Erfahrungen gemacht, da is er jetzt bei ner Lehrerin gelandet, äh es is wohl so, muss wohl so ähnlich sein glaub ich wie ich, was die Kollegin sagt, und da gehts ihm jetzt richtig gut. Also er is jetzt auch richtig aufgeblüht. In der kleineren Gruppe. Also, dass denke ich auch, dass er das vielleicht gedacht hat. Wenn hier weniger wären, dann könnte ich dann könnte ich mich noch mehr öffnen, oder dann würde ich mich trauen, also (-) glaube ich schon, ne. So, ich denke, das is ganz wichtig, dass solche Kinder mit so schwierigen Bedingungen jemanden haben, der auf sie zugeht. Und sie annimmt« (Interv. Hermann, Z. 315–325).

Das weitgehende Scheitern der schulpädagogischen Arbeit mit jenem traumatisierten Kind, das anschließend an eine Förderschule wechselte, wird demnach primär mit institutionellen Rahmenbedingungen begründet. Daran wird viel richtig sein. Dass in der Reduktion eines hoch komplexen Beziehungsgeschehens auf die institutionellen Anteile auch ein Versuch liegt, eine innere Homöostase zwischen Selbstbild und erlebter Realität wieder herzustellen, muss wohl zwangsläufig unausgesprochen bleiben. Die hohe Ambivalenz innerhalb des Zitats (»nimmt mich gar nicht an – muss wohl so ähnlich sein wie ich – da geht's ihm richtig gut«) verweist auf das Brüchige in der Reflexion jenes Beziehungsgeschehens. In der Forschungsgruppe wurde dabei in der Perspektivübernahme für die Lehrkraft folgender Satz formuliert und länger diskutiert:

> »Ich werde wütend, weil du mir zeigst, dass ich nicht mit allem fertig werde. Aber Wut gehört nicht zu meinem pädagogischen Repertoire« (Protokoll der Forschungsgruppe).

Dabei schließt sich auch ein Kreis zu den Eingangsüberlegungen: Alle Fachkräfte an Grundschulen sprachen zunächst von tendenziell leichteren Formen von Traumatisierungen, erst im Laufe der Interviews konnte es einen Zugang zu den langfristigen Beziehungstraumatisierungen geben. Könnte ein Grund dafür darin liegen, dass sich Letztere nicht bruchlos in eine angenehme Klassensituation integrieren lassen und zudem auch bei den Lehrkräften mit existenziellen, sehr unangenehmen Gegenübertragungen verbunden sind?

Ein letzter Aspekt: Frau Vogel setzt, auch dies ist per se nicht im Geringsten zu kritisieren, auf eine enge Zusammenarbeit mit den Eltern der Klasse. Da der oben beschriebene Junge aufgrund seiner religiösen Bezüge an einem Samstag nicht an der Klassenfeier teilnehmen kann, überzeugt sie die gesamte Elternschaft sogar, das Fest zu verlegen. Dies zeugt von einem hohen Maß an Einfühlungsvermögen und der Bereitschaft aller, den Jungen zu integrieren (zur Erinnerung: es handelt sich dabei um einen zurückgezogenen, keinen aggressiv-ausagierenden Schüler). Es sollen an dieser Stelle dennoch auch weitere, eher belastende Wirkungen auf das Erleben eines so ambivalent gebundenen Kinds ausgedrückt werden. Hierzu noch einige Sätze aus der Perspektivübernahme in der Forschungsgruppe:

> »Ich find das schön, dass die für mich da sind, aber es ist halt nur »wie eine Familie«. Ein bisschen schäm ich mich dafür, dass sich alle so bemühen. Das ist mir zuviel. Ich seh dann, was Eltern so machen. Fällt mir schwer, das anzunehmen.«

Hiermit sei keinesfalls ausgedrückt, dass eine Gruppenorientierung gerade für traumatisierte Kinder nicht wichtig wäre. Aufgrund der regelhaft hoch ambivalenten familiären Beziehungsmuster erscheinen viele positive Angebote aber auch als potenziell beängstigend oder beschämend. Eine gemeinsame Reflexion mit den betroffenen Kindern ist deshalb dringend geboten.

5.1.6 Schlussgedanken

Die hier vorgelegte Interaktionsgeschichte analysiert die Beziehungsmodi zwischen zwei hoch engagierten Fachkräften und schwer belasteten Kindern in einem durchschnittlichen, eher besser situierten Grundschulumfeld. Keinesfalls geht es um Beurteilung der professionellen Tätigkeit; alle Deutungen ordnen sich dem Ziel des sinnverstehenden Zugangs zu erschwerten Interaktionsmustern unter.

So zeigt sich, dass die pädagogischen, primär gruppenorientierten Angebote für viele Kinder, unter ihnen auch die potenziell traumatisierten, einen sehr wertvollen Charakter aufweisen. Dabei wird auch deutlich, dass die Fachkräfte in der Interaktion mit stark zurückgezogenen Kindern außerordentlich emotional beteiligt und vielfach auch belastet sind. Denn wenn die Angebote auf eine sichere, schützende Gruppenatmosphäre zielen und jene Kinder diese kaum annehmen können, löst dies massive Unsicherheiten auf allen Seiten aus. Letztere führen zu einem noch stärkeren Handlungsdruck, der auch der Stabilisierung eines pädagogischen Selbstbilds dient. Werden die Angebote gar nicht angenommen, kommt es, so konnte es zumindest für einen Einzelfall gezeigt werden, zum Bruch. Hierbei ist auch zu bedenken, dass die schwer traumatischen Beziehungserfahrungen jeweils erst verspätet im Interview thematisiert werden konnten. Dies mag, auch unter Beachtung weiterer Interviews mit Grundschullehrkräften, ein Hinweis darauf sein, dass Beziehungstraumatisierungen, die ja in aller Regel unmittelbar durch Eltern verursacht werden, schwer in die institutionellen und berufsbiografischen Vorstellungen jener Fachkräfte integrierbar sind.

In der Rekonstruktion der Erlebensweisen der Kinder zeigen sich darüber hinaus vielfältige Ambivalenzen. Dies gilt einerseits für die Interaktionsmodi mit den Lehrkräften. Diese sollen gut und sicher sein, dürfen andererseits aber die brüchigen Beziehungen zu den Eltern (oder zu deren inneren Repräsentanzen) nicht gefährden. Einige der Schülerinnen und Schüler stellen ihre Beziehungsanfragen deshalb sehr offensiv, teils aggressiv. Das fast gänzliche Fehlen dieser Gruppe von traumatisierten Kindern in den Interviews bleibt ein nicht gänzlich zu klärendes, aber doch sehr spannendes Feld. Möglicherweise werden sie relativ schnell aus der Grundschule ausgeschlossen und weitestmöglich »vergessen«. Andere Kinder, die in dieser Interaktionsgeschichte im Vordergrund standen, versuchen unbewusst, den unauflöslichen inneren Konflikt durch Rückzug und/oder Desinteresse an den Angeboten zu lösen.

Unabhängig von den jeweils subjektlogischen Verhaltensmustern lösen die oft recht linearen Erklärungsmuster der Lehrkräfte für erhebliches Leid in der Forschungsgruppe negative Emotionen aus. Dies ist wenig verwunderlich, sind doch die Leidensgeschichten aus der Distanz der Forschenden besser aushaltbar und die im Rahmen institutioneller Abwehrprozesse geschehenden Simplifizierungen der Fachkräfte demnach hier nicht notwendig. Es bleibt deshalb die Aufgabe der Grundschulen, einen Rahmen bereitzustellen, bei dem auch mit intensiver, emotionaler Beteiligung verbundene Reinszenierungen als Teil pädagogischer Beziehungsarbeit verstanden werden können.

5.2 Interaktionsgeschichte II

5.2.1 Rahmenbedingungen

Die zweite Interaktionsgeschichte handelt von dem Miteinander dreier Lehrerinnen und den Kindern ihrer Klassen in einer kleinen Grundschule im städtischen Umfeld. Die interviewten Fachkräfte, in deren Klassenräumen auch beobachtet wurde, weisen mehrfach darauf hin, dass sie in ihrer Tätigkeit eher wenig mit traumatisierten Kindern und Jugendlichen konfrontiert sind. Gleichwohl ist allen drei Fallgeschichten »gemein, dass sich darin eine erhebliche Auswirkung der Traumatisierungen der Kinder auf die schulischen Beziehungen ausmachen lässt« (Schwarz, 2014, S. 95).[17]

Interessanterweise zeigen sich bei den drei befragten Lehrkräften ganz unterschiedliche Muster der Kontaktgestaltung mit der Interviewerin. Frau Kinzig ermöglicht eine ganz unkomplizierte Kontaktaufnahme und die Interviewerin reflektiert, sie habe während des Interviews den Eindruck einer »heimeligen« Atmosphäre im Klassenraum wahrgenommen. Nach einer von der Forscherin interpretierten anfänglichen Skepsis und einer so empfundenen Prüfung der Kompetenz der Interviewerin, nimmt diese (wie auch zu einem späteren Zeitpunkt die Beobachterin) ein Einlassen auf die Erfahrungs- und Erlebensmuster der Kinder seitens der Fachkraft wahr.

Frau Reichert sagt zunächst zu, meldet dann aber Folgendes zurück:

> »In meiner Klasse habe ich derzeit keine traumatisierten Kinder. Lediglich der L. aus der Welpenklasse, den Sie aber bereits erlebt haben, habe ich für ein Jahr

17 Wie alle Interaktionsgeschichten dieses Band wurden die der komparativen Analyse zugrunde liegenden Fallgeschichten in einer Forschungsgruppe diskutiert und analysiert. Die drei hier als Basis dienenden Interviews und Beobachtungen wurden von Ulla Johanna Schwarz in ihrer Masterarbeit aufgearbeitet und an anderer Stelle in kürzerer Form veröffentlicht (Schwarz, 2016).

> unterrichtet. In meiner Klasse mag es sicherlich auch ein oder zwei traumatisierte Kinder geben, von dessen Hintergründen ich aber nicht näheres weiß. Wenn ich Ihnen dennoch helfen kann sagen Sie gerne Bescheid« (Schwarz, 2014, S. 60).

Da in dieser Rückmeldung keine direkte Absage zu lesen ist und uns als Forschungsgruppe die Haltung der Fachkraft umso mehr interessiert, wurde gemeinsam entschieden, Frau Reichert dennoch um ein Interview zu bitten. Dieses fand auch statt, fiel jedoch ausgesprochen kurz aus, zumal die Lehrerin den Termin mit der Interviewerin bereits wieder vergessen hatte.

Frau Christiansen lässt über Frau Kinzig zunächst ausrichten, sie wolle nicht mehr am Forschungsprojekt teilnehmen. Als die Interviewerin sie jedoch nach dem Interview mit Frau Reichert auf dem Schulflur trifft, ist sie sofort bereit, einen Termin zu vereinbaren. Während des Treffens kommt es nach Wahrnehmung der Interviewerin eher zu einem intensiven Gespräch als zu einer Befragung.

So unterschiedlich die hiermit skizzierten Ausgangslagen für eine tiefenhermeneutisch orientierte Forschung sein mögen, so sehr führen die drei Formen der Kontaktaufnahme zu zentralen Themenfeldern, die sich aus dem Interview- und Beobachtungsmaterial als solches sowie aus der Ausarbeitung der einzelnen Fallgeschichten ergeben haben.

5.2.2 Themenfeld I: Verbotene Irritationen, Unsicherheiten und die Folgen für die Beziehungsgestaltungen

Alle drei Lehrerinnen legen großen Wert auf ihre »besonderen« Beziehungen zu den Kindern ihrer Klassen. Im Interview- sowie im Beobachtungsmaterial finden sich analog dazu vielerlei Hinweise darauf, dass es sich um durchweg engagierte Fachkräfte mit hoher didaktischer Kompetenz handelt. Zudem betonen alle Lehrkräfte, wie wichtig Beziehungsarbeit gerade für als schwierig empfundene Kinder sei. Mehrfach taucht dabei implizit die Fantasie einer exklusiven Beziehung zur Klassenlehrkraft auf. Frau Reichert antwortet auf die Frage, ob sich die traumatisierten Kinder auf eine Beziehung einlassen würden:

> »Bei MIR schon. Aber nich mit jedem. Also sie suchen sich sehr aus, wo sie's zulassen und wo nich« (Interv. Reichert, Z. 190–194).

Die Beobachtungsprotokolle sprechen vielfach für ein ambivalentes Geschehen. Szenen, die sich mit Zugewandtheit und dem Kümmern um einzelne Kinder sinnhaft in Verbindung bringen lassen, werden ergänzt durch Szenen und emotionale Beteiligungen der Beobachterin. Diese drücken ein Nicht-Verstehen und eine Distanz insbesondere zu Kindern aus, die offenbar Außenseiterpositionen in der Klasse einnehmen. Ein wesentliches Bedingungsfeld jenes scheinbaren Widerspruchs findet sich in einem unausgesprochenen, gleichwohl wirkmächtigen Gebot, sich von den hoch schwierigen emotionalen Prozessen im Kontext potenziell traumatischer Erfahrungen nicht verunsichern zu lassen. Stattdessen werden in allen Klassenräumen Antworten auf emotional belastende Prozesse in Form didaktischer Raffinesse sowie über Verhaltensmodifikation gesucht. Dies gelingt real in unterschiedlich erfolgreicher Art und Weise. Gleichwohl scheint das emotional-soziale Bedingungsfeld für diese pädagogische Reduktion durchaus ähnlich zu sein.

Die in den Rahmenbedingungen wiedergegebene E-Mail von Frau Reichert mag diesbezüglich besondere Aussagekraft haben. Abgesehen von einem Jungen aus einer anderen Klasse, den sie in der Vergangenheit kurzzeitig unterrichtet habe, habe sie keinen Kontakt mit traumatisierten Kindern. Als es dann doch zum Interview kommt, spricht die Fachkraft aber durchaus dezidiert über ihre Beziehung mit schwer belasteten Schülerinnen und Schülern; gleichwohl verstärkt sich bei der Forscherin sowie während der Auswertung in der Forschungsgruppe der Eindruck geringer emotionaler Beteiligung – und zwar sowohl subjektiv als auch szenisch –, denn es gelingt auch uns nur sehr fragmentarisch, Teilhabe am Erleben von Frau Reichert aufzubauen. Nur in einem Fall wird bei der Interviewerin eine hohe, durch Wut dominierte emotionale Beteiligung ausgelöst:

> »Lediglich, als Frau R. von dem Kind spricht, welches ›nur‹ einen Sommer lang sexualisiere Gewalt erfahren hat, werde ich innerlich wütend und spüre eine deutliche innere Distanzierung. Mit einer solchen Äußerung hätte ich nicht gerechnet« (Schwarz, 2014, S. 61).

Was die Forscherin hier erlebt, kann, muss jedoch nicht als Teilhabe am Erlebensmodus der Fachkraft verstanden werden.

> »Es ist anstrengend, ähm weil sie einen sehr herausfordern. Ähm, ich kann auch verrückter Weise nich ver- wütend werden richtig auf diese Kinder. … Weil ich einfach weiß, sie machen das ja nich, weil se, weil's se böse sind, sondern weil sie einen Hintergrund haben. … Und, ähm. Deswegen merk ich, werd ich nich WIRKLICH wütend innerlich« (Interv. Reichert, Z. 280–295).

Ganz offenbar, und dies konnte in der Fallaufbereitung sehr viel differenzierter gezeigt werden, zeigt sich hier ein heftiger Konflikt zwischen innerer Beteiligung und hohem Widerstand, diese Emotionen zuzulassen und professionell darüber nachzudenken. Einem ausgeprägten Wissen um die Bedeutung von Beziehungsarbeit steht demnach folgerichtig keine innere Bereitschaft zur Selbst- und Fremdreflexion zur Seite. So entwickelt sich eine Fremdheit zwischen Kindern und Lehrkraft, die in den Beobachtungsprotokollen ausgesprochen klar von der Forscherin gespiegelt wird. Sie steht in eklatantem Widerspruch zur Fantasie einer nahezu einzigartigen Beziehung zu schwer belasteten Kindern, die Frau Reichert im Interview nahelegt.

Jener innere Konflikt lässt sich nunmehr aber sehr deutlich auch bei den Kolleginnen von Frau Reichert aufzeigen. Frau Kinzig spricht nahezu gar nicht über die schwierigen Seiten einer pädagogischen Beziehung. Wenn die Interviewerin belastende Themen in den Dialog einbringt, fängt die Fachkraft regelhaft an zu lachen. Eine Reaktion, die in der Forschungsgruppe als verunsichert und verunsichernd wahrgenommen wird und so eine deutliche Irritation auslöst – umso mehr, als die Beobachtungen hier nahelegen, es handele sich um eine im schulischen Alltag durchaus sehr zugewandte und umsichtige Lehrkraft.

> »... fällt auf, dass ein Mädchen sich zweimal meldet und auch drangenommen wird, dann aber nichts antwortet. Die Lehrerin lässt das unkommentiert und nimmt stattdessen ein anderes Kind dran. Es scheint so, als würde ein stilles Übereinkommen zwischen beiden diesbezüglich bestehen« (Beobachtung zum Interv. Kinzig).

Leidvolle Erfahrungen widerspiegelnde Beziehungsmuster dürfen nicht nur im Interview keinen Raum haben, sondern werden auch im Unterricht vermieden. Frau Kinzigs Strategie, schwere Belastungen der Kinder im Unterricht und darüber hinaus zu umgehen, wird von ihr damit begründet, dass sie die biografischen und aktualgenetischen Bedingungsfelder nur schwer erschließen könne. Deshalb lasse sie äußerste Vorsicht walten, um in kein »Fettnäpfchen« (Frau Kinzig) zu treten. In der Zusammenstellung aller Daten und unter Beachtung des durch beide Forscherinnen als ausgesprochen »rein« erlebten schulischen Orts kann jedoch begründet davon ausgegangen werden, es handele sich um ein mutuell inszeniertes Geschehen, das zum scheinbaren Schutz der belasteten Kinder, gleichsam aber zum Schutz der Lehrerin vor subjektiv nicht aushaltbaren Gefühlen gestaltet wird. Besondere Bedeutung haben wiederum die szenischen Daten. So reflektiert die Interviewerin:

> »Meine Befürchtung, durch meine Fragen mehr bei Frau K. veranlasst bzw. losgetreten zu haben als beabsichtigt, lässt sich entsprechend als Reaktion deuten, den als gut bzw. rein wahrgenommenen Raum nicht von außen stören bzw. kaputt machen zu dürfen. Dies vermittelt mir ein deutliches Gefühl des Außenstehendeseins, welches auch als Fremdheitsgefühl gedeutet werden kann« (Schwarz, 2014, S. 46).

Die Befürchtung, durch eigene Irritation und individuelle Beziehungsarbeit könnte der »reine« schulische Raum gestört werden, scheint Frau Kinzig zu teilen. Durchgängig – und dies war Kernthema der Fallanalyse – lobt die Lehrerin die Kinder für nahezu sämtliche Handlungen. Eine Fixierung auf positive Verstärkung, deren grundsätzliche Problematik für traumatisierte Kinder hier nicht weiter zu diskutieren ist, wird von ihr ohne Zögern mit der Gestaltung von Beziehungen gleichgesetzt. Auch die Beobachterin vermerkt, sie könne die vielen Belobigungen, die sie während einer Unterrichtsstunde wahrgenommen hat, kaum im Protokoll unterbringen. In der Perspektivübernahme für ein schwer belastetes Kind formuliert Frau Kinzig folgerichtig:

> »Ich mag das, wenn sie vorbeikommt und nett mit mir redet. (-) Ich mag das, wenn sie mich lobt. ... Ja, ich hab Angst, dranzukommen, aber ich freu mich ganz, ganz doll, WENN ich dann gelobt werde, wenn es geklappt hat« (Interv. Kinzig, Z. 501–507).

Daran ist nun ganz sicher nicht alles falsch. Dennoch erhärtet die Fixierung auf positive Verstärkung den Eindruck, es gebe eine unausgesprochene Absprache zwischen der Lehrkraft und den Kindern zur Vermeidung alles Negativen, insbesondere jedweder Traurigkeit.

Frau Christiansen wiederum führt das Verhalten eines Kindes, das den Heißwasserboiler extra heiß drehe, damit das folgende Kind sich verbrühe, auf eine Aufmerksamkeitssuche des Jungen zurück. Innere Muster oder Zusammenhänge zu biografischer Erfahrungswelt kann sie sich nahezu nicht erschließen. Auch hier verweisen die manifesten Daten auf ein Informationsdefizit:

> »Also ich kann es praktisch nur, von dem, was ich seh, sind alles Annahmen. Und es ist nichts Fundiertes, nä« (Interv. Christiansen, Z. 101f.).

Das, was sie sieht, demnach nur die Verhaltensebene, stimuliert ganz offenbar übergriffige Reaktionen seitens der Fachkraft, wie exemplarisch Beobachtungsszenen und Interviewauszüge nahelegen:

> »Als die drei Kinder ... nicht sofort reagieren, dreht sie einen Jungen ziemlich grob am Kopf herum« (Beobachtung zum Interv. Christiansen).

> »... obwohl ich eigentlich weiß, er kanns nicht anders. Aber in dem Moment, wo eben einfach 24 andere da noch sitzen, ... (-) ähm, konnt- kann ich mich auch nicht immer ka- kontrollieren« (Interv. Christiansen, Z. 389–395).

Frau Christiansen kann ihre eigene Ambivalenz dem schwer belasteten Jungen gegenüber im Interview verbalisieren. Darüber hinaus gibt sie an, dass vor allem die »schwierigen« Kinder von ihr viel negatives Feedback erhalten. Auch die Beobachtungsprotokolle sprechen die Sprache großer Anstrengung, die insbesondere den Außenseitern der Gruppe kaum das Gefühl gibt, am richtigen Ort zu sein:

> »Also wer Gedöns macht, fliegt raus, setzt sich an seinen Platz und macht seine Aufgaben. Ich erklär es euch. Ja, mit dir. Also ihr kommt zu dem anderen und sagt ›Hallo S., ich hab 4x4=16 und du?‹, dann wechselt ihr (gemeint ist das Blatt) und geht weiter. Es darf nicht laut sein! Also flüstern. Und keinen Blödsinn machen. Wer denkt, er kriegt das hin?«

Keinesfalls soll die reale Basis hoher Anstrengung in der schulischen Tätigkeit damit verleugnet werden. Und ohne jeden Zweifel spricht viel dafür, dass auch mit Interview- und Beobachtungsmaterial nur ein kleiner Ausschnitt aus der schulischen Interaktion erschlossen wird. Aber die übergriffigen Verhaltensweisen der Lehrkraft sowie die teils entwertenden Beurteilungen, insbesondere eines Jungen, lassen sich als Folge des Gebots verstehen, negative Gefühle, insbesondere Ohnmachtserleben, nicht als Teil der schulischen Interaktion zuzulassen. Hierfür ist das vorliegende Material sehr aussagekräftig.

Auf der Verhaltensebene zeigen die Lehrkräfte also sehr unterschiedliche Reaktionsmuster: Kontaktvermeidung, dominantes Loben, Bewerten und Strafen. Dennoch – und dies zeigt sich mehr in Perspektivübernahmen durch die Forschungsgruppe und in szenischen Daten als in den objektiven – schwingt stets ein Verbot mit, den Raum Schule und die pädagogischen Beziehungen für die hoch belastenden Informationen zu öffnen. Hierbei sind äußere Bedingungen zu beachten: Es wird auf eine zu hohe Anzahl an Kindern pro Klasse verwiesen, auf nur teilweise gelingende Zusammenarbeit mit Schulsozialarbeit und – nahezu durchgängig – auf schwierige Elternarbeit (hierzu mehr im zweiten Themenfeld). Gleichwohl ist das kein Widerspruch zu einer psychodynamischen Sichtweise auf verbotene negative Emotionen: Institutionelle Verantwortungslosigkeiten – keine kollegiale Fallberatung, keine Supervision, keine Beratung etc. – spiegeln nämlich nicht nur schulorganisatorische Unzulänglichkeiten. Innere Abwehrstrukturen der beteiligten Fachkräfte, institutionell verankerte Ge- und Verbote sowie strukturelle Defizite stehen in diesem Fall in einem sehr deutlichen und wechselseitigen Zusammenhang. Dies gilt in einer kleinen Grundschule sicher noch stärker als in großen Schulkomplexen. Alle Lehrkräfte verweisen folgerichtig darauf, sie könnten nur schwerlich etwas erreichen, wenn ernsthafte psychische Beeinträchtigungen vorlägen. Hier seien Elternhaus und Therapie gefragt, eigene Beziehungsmuster werden allerhöchstens als »Beiwerk« im Sinne der Traumaintegration verstanden.

5.2.3 Themenfeld II: Leistung und Rückzug

Das zweite intersubjektiv bedeutsame Themenfeld schließt inhaltlich an oben beschriebener Thematik an. Es ist dominiert durch einen Rückzug aus zentralen Fragen der Beziehung sowie der Kooperation und folgt einer Idee von Pädagogik, die zentral durch Handeln und Leistung geprägt ist. Frau Kinzig löst in der Interviewerin ein deutliches Gefühl von Unsicherheit aus, das dadurch bedingt ist, dass sich Letztere einer Kompetenzprüfung ausgesetzt sieht. Erst, als diese bestanden scheint, entwickelt sich das Interview zu einem intensiveren Gespräch über die Kinder der Klasse. Auch in ihrer Klasse vermittelt Frau Kinzig eine deutliche Form von Wir-Gefühl, das durch ausgesprochene Leistungsorientierung geprägt ist.

> »Sie fragt motivierend: ›Sind wir lahme Schnecken? Oder sind wir schnelle Ameisen? Oder ganz schnelle Panther?‹« (Beobachtung zum Interv. Kinzig).

Während die Lehrerin durchaus beschreiben kann, dass es schwer belasteten Kindern teils schwererfällt, sich auf Aufgaben einzulassen, sprechen sowohl Beobachtungen als auch die subjektiven und szenischen Daten eine andere Sprache. Deutlich zeigt sich ein Gefühl des Erfolgreich-sein-Müssens, das mit einer Vermeidung der Anerkennung von Disempowerment einhergeht. Im manifest ausgedrückten Wunsch alle Kinder gleich zu unterstützen, sie eigentlich noch viel mehr unterstützen zu wollen, steckt unserem Verstehen nach viel Unsicherheit. Dieses »Mehr« an Unterstützung wird rein quantitativ zum Ausdruck gebracht, wie sich nicht nur in der ausgeprägten positiven Verstärkung zeigt, sondern auch in einer starken Zukunftsorientierung, die an Verleugnung der Belastungen der Kinder grenzt:

> »Ich muss das Positive bestärken und die Fortschritte sehen und die Fortschritte bestärken und, ähm, auf dem Weg da (-) komm ich eher für die Kinder ans Ziel, mit den Kindern ans Ziel« (Interv. Kinzig, Z. 591–594).

Der Leistungsgedanke ersetzt so relevante weitere Aspekte der Lehrerin-Kinder-Beziehung. Es handelt sich dabei nicht um einen uneingeschränkten Glauben an den Lernfortschritt, vielmehr scheinen es durchaus differenzierte und vielfältige Aspekte zu sein, in denen die Kinder ihre Leistungsbereitschaft demonstrieren sollen. Der Leistungsgedanke und -druck bezieht sich zudem sehr stark auf Frau Kinzig selbst, die als unter einem starken Handlungsdruck stehend wahrgenommen werden kann.

Jener starke Leistungsgedanke korreliert mit einem Rückzug aus dem Belastenden im Unterricht, der sich in der Vermeidung von Themen zeigt, die Frau Kinzig als potenzielle »Fettnäpfchen« charakterisiert. Im Hinblick auf diese »Fettnäpfen« ist Frau Kinzigs Beziehungsarbeit durch eine ausgesprochene Rücksichtnahme auf zurückgezogene Kinder gekennzeichnet (eine anscheinend durchaus realistische Einschätzung, da »zumutende« Themen unserer Wahrnehmung nach in der Beziehung nicht gehalten werden könnten). Uns irritiert jedoch die fehlende Bereitschaft, sich relevante Informationen wirklich zu besorgen, die jene Rücksichtnahme viel pointierter einsetzbar machen würde. In der Perspektivübernahme formulieren wir deshalb mehrfach den Satz: »Deshalb frage ich vielleicht lieber nicht nach« (Protokoll der Auswertungsgruppe).

Auch das Lachen der Fachkraft im Zusammenhang mit Satzfragmenten wie »schwere Kindheit«, »alles schwarz«, »jetzt wird's schwer«, »kleiner innerer Schock« oder »traurig oder eifersüchtig« haben wir als inneren Rückzug aus den potenziell belastenden Welten erlebt. Stets, und dies gilt für das gesamte Themenfeld, bleibt dabei der Anteil der Kinder am geteilten Gefühl nicht unbedacht, kann aber nicht genau entschlüsselt werden. In der Perspektivübernahme für die Kinder rekonstruieren wir in der Forschungsgruppe vielfach Wünsche nach Gesehenwerden, auch im Sinne innerer Not und Wut, die jedoch kaum Raum in der derzeitigen pädagogischen Beziehung haben. Gleichwohl bleiben diese Perspektivübernahmen aufgrund der Datenlage spekulativer, als dies beispielsweise in intensivpädagogischen Settings möglich war, in denen oft von mehreren Fachkräften über ein und dasselbe Kind gesprochen wurde.

Frau Reichert zieht sich noch stärker aus der Erlebenswelt der Kinder zurück und orientiert sich nahezu ausschließlich am Unterrichtsgeschehen. Während sie in ihrer Unterrichtsgestaltung im Interview und in der Beobachtung als sicher wahrgenommen wird, zeigen sich außerhalb des Klassenraums deutliche Unsicherheiten. Dies reflektiert die Fachkraft selbst, sieht die Beziehungsschwierigkeiten insbesondere zu belasteten Kindern aber im Verhalten der Kinder selbst begründet:

> »Sie REDEN nicht drüber, sie blockieren. Und ähm (-), ich weiß nich, ob sie es auch verdrängen, innerlich verdrängen. Das is wie so ne Mauer kommt's mir vor, die sie bilden um sich herum« (Interv. Reichert, Z. 155ff.).

> »Manchmal hab ich das Gefühl, die sind so mit sich beschäftigt, ... mit der Mauer, dass sie gar nich, äh, groß, viel darüber denken oder, ähm, sich Gedanken machen ›Wie fühlt sich jetzt das andere Kind?‹. Die sind so mit sich beschäftigt irgendwie« (Interv. Reichert, Z. 381–388).

Die Lehrerin benennt also zentrale Dimensionen der oft hoch eingeschränkten Introspektionsfähigkeit traumatisierter Kinder. Desto mehr irritieren die teils sehr verletzenden Zuschreibungen, die sie gegenüber dem auffälligen, manchmal übergriffigen Verhalten eines Jungen hat; die Beobachterin nimmt zudem ein deutliches Ausgrenzen des Jungen wahr.

Die vielfach eklatanten Widersprüche zwischen den Datenebenen, die in Themenfeld eins beschrieben wurden, haben hier besondere Aussagekraft. Während Frau Reichert von ihrer exklusiven Beziehung spricht, kann sie gleichzeitig keine Form der Gestaltung derselben benennen:

> **Interviewerin:** »Ähm, und wie gestalten Sie die Beziehung zu den Kindern, wenn Sie/sie selbst emotional stark beteiligt sind?«
> **Frau Reichert:** »Ich versuche, ihnen Grenzen zu setzen.«

Was gesagt wird, kann hier gleich in mehrfacher Weise interpretiert werden. Erstens versteht Frau Reichert die Frage als auf die Kinder bezogen (gemeint wäre dann »sie«). Ihre Antwort wäre dann folgerichtig als Grenzsetzung zu verstehen, wenn erhebliche Emotionen bei den Schülerinnen und Schülern auftauchen. Versteht sie die Frage an sich selbst gerichtet (»Sie«), ist ihre Antwort wohl dahin gehend zu verstehen, dass die Lösung für eigene emotionale Beteiligung in einer Begrenzung der Beziehungsanfragen der Kinder zu suchen wäre.

Die Prä- und Postskripta der Interviewerin und der Beobachterin sprechen ebenso die Sprache von Rückzug. Die Teilnahme am Forschungsprojekt wird zunächst mit der Begründung abgesagt, es gebe keine traumatisierten Kinder in ihrer Klasse. Der Termin wird schließlich vergessen, die Interviewerin fühlt sich fehl am Platz:

> »Frau R. wirkt gehetzt und gibt mir ein Unerwünschtheitsgefühl, sodass ich in der Gegenübertragung das Gefühl bekomme, ihr keine Zeit klauen und sie nicht mit meinem Anliegen belasten zu wollen. … Dass Traumatisierungen für sie nicht von Belang sind, bringt Frau R. auf verschiedene Weise zum Ausdruck« (Schwarz, 2014, S. 68f.).

Als Reaktion auf dieses emotional sehr wirkmächtige Geschehen in Interview und Beobachtungen interpretieren wir die »Mauer«, die die schwer belasteten Kinder um sich herum aufbauen, mindestens partiell als durch den Rückzug der Lehrerin bedingt.

Frau Christiansen wiederum formuliert den Rückzug primär als ein von Eltern mitgesteuertes Geschehen. Das Bedingungsfeld hierfür sieht sie vor allem in »eigenen Ängsten« der Eltern, die nicht herauskommen sollten. Ob damit im engeren Sinne »Ängste« gemeint sind oder Befürchtungen, dass eigenes vernachlässigendes oder gewaltvolles Erziehungsverhalten an das Tageslicht kommen könnte, lässt sich nicht eindeutig erschließen. Der Rückzug von Eltern zeige sich auch darin, dass sie ihre Kinder emotional kaum wahrnehmen würden, wenn sie zum Elterngespräch in der Schule seien.

> »Ich hab sie [die Mutter] auch drauf angesprochen, ähm, ob sie auch mit ihm kuschelt. Und das, hat sie ganz ausweichend geantwortet. Nein, das könnte sie ja, und das geht ja auch nicht immer. Und, ähm (-) sprich nein« (Interv. Christiansen, Z. 164–167).

Hiermit benennt Frau Christiansen ein Themenfeld, das im vorliegenden Material zwar nicht im Fokus stand, aber dennoch immer wieder aufscheint. Wenig bis kaum emotional beziehungsfähige Eltern bedingen eine innere Zurückgezogenheit bei den Kindern, denn eine »zu« positive schulische Beziehung könnte die bedrohten Bande zu den Eltern zum Zerreißen bringen.

Auch dieses Bedingungsfeld scheint jedoch nicht linear und einseitig zu sein: Im Datenmaterial finden sich auch viele Textsequenzen, die für einen (objektiv unterschiedlich gelagerten, subjektiv für die Kinder vermutlich ähnlich erlebten) Rückzug Frau Christiansens sprechen; denn auch dieser Rückzug ist für die Kinder durch viel Ablehnung und Nicht-Beachtung geprägt. In Perspektivübernahme für einen als sehr schwierig empfundenen Jungen, der zudem in der Klasse eine Außenseiterposition hat, formuliert die Lehrkraft:

> »Ich glaub, er is (-) unsicher, weil ich auch oft mit ihm meckere. ... Glaub ich, dass er (--) es nicht immer einschätzen kann« (Interv. Christiansen, Z. 360–364).

Schwarz (2014, S. 78) schreibt:

> »Beim Lesen des Beobachtungsprotokolls löst dieses in der Gesamtheit ein szenisches Gefühl des Ausgeliefertseins aus, welches sich auch in der unmittelbaren Interaktion zwischen Frau C. und der Beobachterin abbildet. Letztere fühlt sich z. B. durch Frau C.s prüfende Blicke mehrfach zu einem Bestätigungslächeln und zu der eingeforderten, aber zunächst abgelehnten Bewertung des Beobachteten gezwungen. Sie hätte am Beobachtungstermin insgesamt ›oft das Gefühl [gehabt], einfach reagieren zu müssen‹.«

Das fehlende Gefühl der Kontrolle über ihre Emotionen bei Frau Christiansen, das sie selbst beschreibt, sowie die eindrückliche Interaktion mit den Kindern, die durch Fremdheit und Nervosität geprägt scheint und auch die szenischen Daten beider Forscherinnen betonen demnach durchgängig den Rückzug aus der Beziehung. Hierbei ist nunmehr weniger das Geschehen an sich interessant, sondern dass sich im Beziehungsrückzug, der bei Frau Christiansen am deutlichsten ausgeprägt ist, jedoch auch bei den Kolleginnen erkennbar wird, grundlegende Erfahrungen der Kinder mit ihren Eltern ganz offenbar wiederholen. Dass dies fast durchgängig mit intensiver leistungsorientierter, didaktisch vielfach elaborierter Unterrichtsgestaltung korreliert, dürfte kaum zufällig sein.

5.2.4 Schlussgedanken

Die Interaktionsgeschichte greift auf drei differenziert ausgearbeitete Fallgeschichten zurück, die sich in wesentlichen Aspekten, insbesondere in der beschreibbaren und beobachtbaren Qualität von Unterricht und Verhaltenssteuerung, deutlich voneinander unterscheiden. Gleichwohl sind sie durchaus als gemeinsame Interaktionsgeschichte in einem institutionellen Zusammenhang zu interpretieren, da erstens eine geteilte Furcht vor negativer emotionaler Beteiligung vorzuherrschen scheint, die zweitens in allen Fällen zu einem Rückzug aus der unmittelbaren Beziehungsarbeit führt. Beide Aspekte lassen sich, ganz sicher richtig, als Teil kindlicher Reinszenierung infolge ungünstiger elterlicher Beziehungsangebote verstehen. Umso spannender und aussagekräftiger sind die Formen der Vermeidung von (negativer) Emotionalität und des Rückzugs auch in der pädagogischen Beziehung. Trotz vieler guter sowie weniger guter Eindrücke und Textsequenzen bleibt damit als großes Thema der Interaktionsgeschichte die fehlende Ressource korrigierender Beziehungserfahrung im Sinne eines haltenden, verstehenden und dann auch zumutenden Miteinanders.

5.3 Interaktionsgeschichte III

5.3.1 Rahmenbedingungen

Die hier dargestellte Interaktionsgeschichte entstammt einer kleinen Schule mit dem sonderpädagogischen Förderschwerpunkt emotionale und soziale Entwicklung. In ihr lernen insgesamt etwa 70 Schülerinnen und Schüler von der ersten bis zur sechsten Jahrgangsstufe (wobei die Schülerinnen insgesamt nicht mehr als zehn Prozent aller Kinder dort ausmachen dürften). Die Interviews, geführt mit dem Schulleiter Herrn Müller und einer Lehrerin, Frau Lange, sind auf der manifesten Ebene sehr unterschiedlich. Da es jedoch gleiche institutionelle Bedingungen sind, die sich deutlich in den Haltungen der Fachkräfte und somit in den Beziehungsmodi zwischen Kindern und Erwachsenen widerspiegeln und sich zudem auf der latenten Ebene (insbesondere hinsichtlich der zugrunde liegenden Emotionen) eine Reihe von Parallelitäten zeigen, werden die rekonstruierten Interaktionsmodi in der Folge im Sinne einer komparativen Falldarstellung dargestellt. Beide interviewten Fachkräfte sind zwischen 30 und 40 Jahre alt.

5.3.2 Themenfeld I: Bedrohliche Empathie

> »Während des Interviews schwitzte Frau Lange fast die ganze Zeit über. Erst im Nachgespräch gelingt es jedoch, dies auch zu thematisieren. So sagt sie, dass sie, wenn sie über die Schüler nachdenkt und sich da reinversetzt, sehr viel zu schwitzen anfängt. Und ich hab noch erzählt, dass es auch Schüler gibt, die beispielsweise gar nichts in uns auslösen, und sie hat dann nochmals bestätigt, wie stark sie die

empathische Mauer zu einigen der schwer belasteten Schüler empfindet« (Auszug aus dem Postskriptum zum Interv. Lange).

Ein Dialog über Emotionen, ob im Sinn einer Perspektivübernahme für die Schülerinnen und Schüler oder als affektzentrierte Selbstreflexion, ist im Gespräch mit der Lehrerin Frau Lange nur sehr bedingt möglich. Folgerichtig gelingt auch die Perspektivübernahme im Sinne eines Einfühlens in die Kinder nur äußerst fragmentarisch. Insgesamt vier bis fünf Kinder ihrer Klasse würde sie als deutlich traumatisiert bezeichnen. Als Bedingungsfelder der traumatischen Erlebensmuster dieser Schülerinnen und Schüler der zweiten Klasse gibt Frau Lange chronische Gewalt- und Vernachlässigungserfahrungen sowie multiple Trennungssituationen an. Mehr oder weniger genau kann sie diese Erfahrungen für einen Jungen beschreiben, der sowohl aggressiv-dissoziierende Verhaltensweisen als auch Rückzug, Verstecken und mangelnde Kontaktfähigkeit gegenüber der Pädagogin zeige, wobei die genauen Wirkzusammenhänge recht vage beschrieben werden. Im Hinblick auf sexualisierte Gewalt ist sie unsicher, schließt jedoch auch dieses Bedingungsfeld nicht aus. Ähnlich wie in anderen, exklusiv sonderpädagogischen Settings lassen die Einschätzungen der Lehrkraft auf eine hohe Dichte beziehungstraumatischer Erfahrungen in der Klassengruppe schließen. Gleichwohl überrascht angesichts des intensivpädagogischen äußeren Rahmens, wie ungenau die Lehrerin über die Erfahrungshintergründe der meisten ihrer Schülerinnen und Schüler Bescheid weiß. Diese ursprüngliche Überraschung jedoch moduliert in größere Klarheit in der Forschungsgruppe, je deutlicher wird, dass ein intensiveres Wissen gegen das pädagogische Selbstverständnis der Fachkraft verstoßen würde.

Es ist zu vermuten, dass hiermit ein – interaktionelles, aber auch institutionell verankertes – Abwehrgeschehen gekennzeichnet ist, das einen weiteren Ausdruck in der Nicht-Verbalisierbarkeit der traumatischen Emotionen hat.[18] Ihr Kollege und Schulleiter, Herr Müller, tut sich diesbezüglich auf der manifesten Textebene leichter. So ist die Bereitschaft zur Perspektivübernahme bei ihm fast durchgängig vorhanden. Jedoch erscheinen uns in der Analyse die Assoziationen der Fachkraft

18 Ein Erkenntnisgewinn über die biografischen Lasten der Kinder ist zunächst eine individuelle Aufgabe der Klassenlehrerin. Die (fehlende) Bedeutungszuschreibung gegenüber dieser Informationsquelle entspringt jedoch eher einem institutionell verankerten (De-)Professionalisierungsgeschehen. Ein hoher Widerstand gegenüber der Beschäftigung mit traumatischer lebensgeschichtlicher Erfahrung kann, so zeigen Theorie wie Forschungsergebnisse, Ausdruck eines ausgeprägten institutionellen Abwehrgeschehens gegenüber potenzieller emotionaler Überforderung sein.

im Hinblick auf inneres Erleben der Kinder stark intellektualisiert oder banalisiert. So nennt er vor allem die fehlende »Coolness« von Kindern, die diese in der Gruppe isoliere. Hiermit ist zwar einerseits ein durchaus relevantes Bedingungsfeld sequenzieller Traumatisierung beschrieben, der Ausschluss aus der Peergroup. Andererseits verweisen Widersprüchlichkeiten im Interview, noch stärker jedoch die latenten Informationen darauf, dass viele andere Extremerfahrungen auch für ihn kaum in die schulische Interaktion integrierbar erscheinen. Trotz gänzlich anderen Settings taucht hiermit also ein Bedingungsfeld auf, dass in den Interaktionsgeschichten aus Grundschulen nahezu omnipräsent war, offenbar aber auch in einem kleinen, intensivpädagogischen Miteinander seine Wirkkraft entfaltet. Es könnte sein, dass dies *eine* Ursache für die retrospektiv von der Forschungsgruppe stark erlebte emotionale Fremdheit des Schulleiters zu einem Teil schwer belasteter Schüler ist. Individuelle (und vielfach subjektlogische) Unsicherheit und institutionelle Abwehr gehen dabei eine wechselvolle Allianz ein. So bezeichnet Herr Müller die eigene Unsicherheit in der Beziehung zu einem (schwer sexualisiert traumatisierten) Jungen als Grundlage der empathischen Schwierigkeiten:

> **H. M.:** »Also, bei mir sind das sehr widersprüchliche Tendenzen. Ich hab einerseits, ähm, sofort einen ganz starken Beschützerimpuls (-) und andererseits aber auch ein hohes Maß an Unsicherheit, was zum Beispiel meinen eigenen körperlichen Kontakt zu dem Kind betrifft. Also, kann ich das Kind jetzt anfassen, wenn ich das in der Situation für sinnvoll halte, oder mache ich damit irgendwas noch schlimmer, als es sowieso schon ist?«
>
> **Interv.:** »Und wenn du sagst, du hast einen Beschützerinstinkt, kann man das noch auf so (-) elementare Emotionen reduzieren, was da dahinter steht?«
>
> **H. M.:**<<lachend> »Das fällt mir schwer, tatsächlich! ... Das ist ... mhh ... es ist vielleicht ein, (-) ja ein väterlicher Impuls oder sowas sogar. Aber kann ich, kann ich nicht so genau den Finger drauf legen« (Interv. Müller, Z. 152–168).

Die große Beklommenheit, für die jene Interviewsequenz exemplarisch steht, lässt sich in der Transkription tatsächlich nur sehr unzureichend abbilden. Interessanterweise bietet auch der Interviewer hier im nächsten Satz sofort einen thematischen Bruch an – ein wichtiger Hinweis darauf, dass hiermit sehr schwer auszuhaltende Aspekte der Interaktion mit schwer belasteten Kindern, die zudem auf existenzielle eigene Erlebensmuster bei den Fachkräften verweisen, thematisiert wurden. Die zunächst fragmentarische Ausdrucksweise des Schulleiters sowie das Bild des Fingers, dass in etwas hinein gelegt würde (eine seelische

Wunde?), betont die hohe eigene Verletzlichkeit in der Interaktion mit diesem Schüler. Auch dies kann als Teil eines institutionell verankerten Geschehens gedeutet werden, obwohl eine vorschnelle Generalisierung nicht angezeigt ist. Die reale Dramatik der Lebensgeschichten bei gleichzeitiger Dichte innerhalb der Kindergruppe ist so ausgeprägt, dass sehr schnell existenzielle eigene Gefühle Teil des verbalen und nonverbalen Dialogs werden. Während bei Interviews in anderen Schulformen jene extremtraumatischen Erfahrungen teils recht deutlich verleugnet wurden (was angesichts der Prävalenz wie etwa sexualisierter Gewalt rein statistisch kaum der Realität entsprechen kann) und stattdessen monotraumatische, mithin aushaltbarere Belastungserfahrungen im Interview zur Sprache kamen, liegen die extremtraumatischen Erfahrungen in diesem Setting quasi an der Oberfläche. Diese als Fachkraft tragen und kollegial thematisieren oder sogar emotional »containen« zu können, ist jedoch menschlich, professionell und institutionell äußerst anspruchsvoll. Während bei Herrn Müller Möglichkeiten der und Widerstände gegen die empathische Teilhabe zwar eher indirekt, gleichwohl in symbolisierbarer Form thematisiert werden, geschieht dies bei Frau Lange nahezu ausschließlich körperbezogen. Die Ausdrucksform des Schwitzens, die von Frau Lange selbst mit Nachdenken über Schülerinnen und Schüler in Verbindung gebracht wird, ist dabei deutlich traumaassoziiert, als dass sich ein hohes, eigenes Energielevel nicht mehr in Worte fassen lässt und sich stattdessen in einer physischen Reaktion Ausdruck verschafft. Interessanterweise entspricht diese Ausdrucksform recht genau der sehr körperlich ausagierten emotionalen Beeinträchtigung vieler Schülerinnen und Schüler – ein wichtiger Hinweis auf unmittelbare traumabezogene Teilhabe.

Damit sind sogar zwei aufeinander bezogene Aspekte der Interaktion in diesem Praxisfeld, das durch eine ausgesprochene Dichte schwer belastender Erfahrungen und ihrer Widerspiegelung in pädagogischer Beziehung gekennzeichnet ist, thematisiert. Erstens: Es zeigt sich, eindeutiger bei Frau Lange, ambivalenter bei Herrn Müller, dass ein empathisches Einfühlen in Extremerlebenswelten durch die Fachkräfte in ihrer aktuellen Arbeitssituation so bedrohlich sein kann, dass sie nur mehr eine innere Mauer erleben.[19] Zweitens: Jene

19 Ein zweiter sinnverstehender Zugang bezieht sich darauf, dass das Nicht-Einfühlen eine konkordante Gegenübertragungsreaktion auf Kinder und Jugendliche ist, deren Zugriff auf innere Objektwelt so stark eingeschränkt ist, dass eigene Affekte tatsächlich kaum in symbolisierbarer Form zugänglich sind. Demnach spüren auch die Fachkräfte eine große Leere. Dies soll für die hier vorliegende Rekonstruktion nicht ausgeschlossen werden; gleichwohl legen die Rahmenbedingungen die Prämisse nahe, im Hinblick auf die gestörte affektive Interaktion den Fokus zunächst auf die unsichere Institution zu legen.

innere Mauer selbst löst wiederum kaum symbolisierbare Emotionen aus. Wie diese genau aussehen könnten, lässt sich aus dem vorliegenden Material deshalb nur sehr unzureichend ableiten, von der traumatheoretischen Fundierung dieser Forschung her liegt es nahe, hier über Scham- und Schuldgefühle aufseiten der Fachkräfte nachzudenken. Offenbar jedoch ist eine Symbolisierung im Bereich des Möglichen, so wie es der zweite Teil des Postskriptums nahelegt. Der informellere Rahmen nach Ende des Interviews erleichtert es ganz offenbar, Empfindungen in Worte zu fassen, die dem eigenen Lehrerinnenbild potenziell widersprechen – ein deutlicher Hinweis darauf, dass eine Überführung des institutionalisierten Abwehrgeschehens in reflexive Professionalität anderer Rahmungen und sichererer Orte für die Professionellen in der Institution bedarf.

5.3.3 Themenfeld II: Ambivalente Bezogenheit

Werden die verschiedenen Beziehungsausprägungen analysiert, tauchen vielfältige Widersprüchlichkeiten auf. Interviews und Beobachtungen verweisen auf physisch intensiv erlebte Identifikation mit den Kindern (z.B. Schwitzen), zeitgleich jedoch auf das Gefühl, man komme an die Kinder »nicht heran« (Frau Lange). Werden eigene Gefühle benannt, zeigen sich sehr unterschiedliche emotionale Beteiligungen. Ausgangspunkt und wichtiges Bedingungsfeld dieser Interaktionsmuster ist die traumatisch ausgeprägte Ambivalenz vieler Kinder in der Beziehung zu den Pädagoginnen und Pädagogen. Dieses Erlebensmuster ist nicht nur emotional hoch herausfordernd, sondern zeigt sich auch in körperlich übergriffigem Verhalten:

> »Also dieses Misstrauen erlebe ich schon relativ häufig, aber noch häufiger erlebe ich natürlich die völlige Distanzlosigkeit und das Aussaugen von allem, was eben an Zuwendung, Hilfe, Liebe … geboten werden kann. … Dass eben alles genommen wird. … Das beginnt, äh, körperlich, sag ich mal. Dass man einfach teilweise die Kinder ja wirklich beständig in den passenden Situationen an sich kleben hat« (Interv. Müller, Z. 193–215). An anderer Stelle: »Denn eine Beziehung hat ja was, mmh, mit Erkennen gegenseitiger Bedürfnisse zu tun. Das findet ja eigentlich nicht statt. … Es geht gar nicht um meine Bedürfnisse beispielsweise. Deswegen, eigentlich, ist es kein Einlassen auf ne Beziehung, sondern es ist irgendwie das Abholen von irgendwas« (Interv. Müller, Z. 328–340).

Herr Müller nimmt zudem vielfach Schülerinnen und Schüler wahr, die jede kleine Einschränkung ihres Anspruchs auf Nähe und Zuwendung als hochgradige Zurückweisung erleben. Die Reaktionen darauf, das heißt, das beobachtbare Verhalten, zeige sich sehr unterschiedlich:

> »Ich erleb sowohl traurige Resignation: Na gut, dann geh ich halt und Tschüss. Ne, und so bis morgen. Und morgen komm ich dann aber <<lachend>> wieder hier ins Büro. ... Oder aber auch durchaus aggressives Abwenden, erleb ich auch. ... ›Na, dann leck mich doch am Arsch!‹« (Interv. Müller, Z. 239–246).

In Frau Langes Fall hat ein solches Verhalten einen unübersehbaren Effekt auf ihr pädagogisches Handeln. Im Hinblick auf zwei sich hoch ambivalent verhaltende Schüler beschreibt sie:

> »Also, äh, die ham die, die Klassensituation in der Vergangenheit schon stark belastet und deswegen hab ich zu denen sehr (-) ambivalentes Verhältnis, weil ick dat och so auf die Kosten der anderen geht und zwar auch (-) Berechnung, bei dem einen auf jeden Fall mit« (Interv. Lange, 269–272).

> »Dass er uns da ausspielt und guckt, wie reagiern die darauf, uns permanent austestet. ... Also da bin ick och bestrebt, ... nich so viel positive Rückmeldung zu geben, weil ick am Anfang dat natürlich gemacht habe, aber kurze Zeit später schon dat wieder total enttäuscht wurde« (Interv. Lange, Z. 291–295).

Frau Lange drückt aus, dass sie Kindern, die ihr vertrauten, auch mehr Nähe zeigen und schwierige Verhaltensweisen besser aushalten könne:

> »Ja, natürlich verzeiht man dann och den einen oder anderen Aussetzer eher mal als bei andern, wo man (-) da n anderet Motiv dahinter sieht« (Interv. Lange, Z. 257f.).

Jene (in der Interaktion vielleicht unvermeidlichen) Verletzungen, darin sind sich beide Lehrkräfte einig, haben nicht nur Auswirkungen auf die seelische Stabilität der Kinder. Im resignierten Abwenden und Wiederkommen kann, so rekonstruierten wir in der Forschungsgruppe, ja auch ein zutiefst trauriger Überlebensmodus stecken. Auch die Lehrkräfte selbst fühlen sich in ihrer menschlichen und fachlichen Kompetenz zurückgesetzt, eine persönliche Kränkung scheint zunächst unausweichlich. Herr Müller:

> »Wenn ich das Gefühl hab, jetzt hab ich dir hier ne halbe Stunde geschenkt einfach ... und dir wirklich viel Aufmerksamkeit gegeben und dann versuchte ich auch, dich mit nem netten Gefühl hier gut zu entlassen und dann gibt's eben trotzdem den Tritt hinterher, dann brauch in schon ne gewisse Beherrschung <<lachend>>« (Interv. Müller, Z. 288ff.).

Die eigene Emotionalität, so beschreiben beide Fachkräfte, werde durch die ambivalenten Beziehungsangebote der Kinder stark herausgefordert. In Frau Langes Erleben *und* Verhalten spiegeln sich kaum übersehbar und recht linear zentrale Aspekte der inneren Welt solcherart belasteter Kinder wider: »Sehr ambivalentes« Beziehungserleben, Angst davor, wieder enttäuscht zu werden, und eine hohe Bedürftigkeit, dem Kind »vertrauen« zu können, prägen ihre emotionale Teilhabe. Ambivalente Beziehungsmuster sind folgerichtig stets in beide Richtungen zu analysieren.

Besonders interessant für das Verständnis des institutionellen Anteils an der Reinszenierung ambivalenter Beziehungserfahrungen ist nunmehr, dass selbst hochgradig traumatische Wiedererlebens- und Verhaltenssequenzen eher mechanistisch, keinesfalls jedoch im Sinne einer Reaktion auf die aktuelle Erfahrung interpretiert werden:

> »Mmh ja genau, also der mmhh (--) geht dann auch aggressiv gegen Erwachsene vor, zerstört Einrichtung. Also ja, er lässt sich halt körperlich aus. Ähhhm, auf unbestimmte Zeit, irgendwann legt sich dann in seinem Kopf nen Schalter um, er verkriecht sich dann irgendwo untern Tisch oder baut sich ne Höhle oder so. Kommt dann runter und is auch dann gesprächsbereit. Kann aber nicht benenn, (-) warum es zu dieser Situation gekommen ist. Also, ist dann so als ob er wirklich den Kopf ausschaltet und (-) es na irgendwie rauslassen muss. Und ich denke das dit (-) noch son Überbleibsel ist von dieser (-), von diesen Kindheitserfahrung. ... Dit kann sein, dass er 10 Minuten lang wütet, kann auch sein dass er ne halbe Stunde oder ne Stunde. ... Und von außen is für uns (-) nich, nich festzumachen, was (-) was da passiert« (Interv. Lange, Z. 84–97).

Jene Szene löst in der Forschungsgruppe eine große Betroffenheit und Ohnmacht aus. Als Reaktion auf das offenbar massiv dissoziative Erleben des Jungen, das bis zu einer Schulstunde andauern kann, erscheint dieser Affekt fast unausweichlich. Wir gehen deshalb davon aus, dass Betroffenheit und Ohnmacht in variabler Ausprägung auch die schulischen Beziehungen nachhaltig prägen. Jedoch lassen sich diese szenischen Informationen im Interview mit der Fachkraft nicht manifest finden. Weder können diese Affekte als mögliche innerpsychische Bedingungen aufseiten des Jungen noch als emotionale Teilhabe seitens der Fachkraft in Worte gefasst werden.

Anstelle der Anerkennung des Leids steht die Idee, der Kopf werde ausgeschaltet – eine Vorstellung, bei der es dann ja kein Leid mehr geben könnte. So dominieren mechanistische Metaphern (»Schalter umgelegt«), die das massiv traumatisierte Erleben des Jungen deutlich banalisieren. Die Überlebensstrategie, sich eine Höhle zu bauen, wird zwar nicht verurteilt, gleichwohl aber auch nicht als hoch effektive Schutzhandlung gegenüber einer äußerlich nicht auszuhaltenden Situation anerkannt. Denn die dissoziative Erlebens- und Verhaltensweise (die als solche fachlich nicht benannt wird) wird linear als Folge der Vergangenheit klassifiziert. Schulische Auslöser für das Wiedererleben können nicht benannt werden und noch mehrfach wiederholt Frau Lange, man könne schlichtweg nicht erkennen, wann es zu diesen Durchbrüchen käme. Zwar besteht die Vorstellung eines irgendwie gearteten guten Grundes für die Verhaltensweisen. Dieser darf sich jedoch ausschließlich auf die Vergangenheit und nicht auf das aktuelle schulische Miteinander beziehen – eine Folge des ambivalenten Beziehungsgeschehens, das keine wirkliche Reflexion zulässt.

Einen anderen Schüler, der letztlich aggressiv Nähe sucht und nach Aussagen der Fachkraft jeder Erwachsenen »seine Liebe beweisen wolle«, beurteilt Frau Lange als distanzlos, wieder ein anderer habe jeden Konflikt »sofort vergessen«. Jene Erlebens- und Verhaltensmuster der Kinder sind Aspekte von Spaltung, demnach der eindeutig traumabezogenen Form ambivalenter Beziehungsanfragen. Mit der ebenso spaltenden Deutung dieses Verhaltens (die Extremverhaltensweisen sind kein Teil der sonstigen Beziehung) können bedrohliche Affekte im eigenen Erleben, die sich aus reinszenierter Spaltung fast zwangsläufig ergeben, recht effektiv abgewehrt werden. Einen weiteren latenten Hinweis zu diesem Themenfeld liefern die häufigen Lachsequenzen Frau Langes, die, so ist sinnhaft zu interpretieren, einer Entlastung von nicht-symbolisierten negativen Affekten dienen können.

Die Unberechenbarkeit von Beziehungsangeboten ist also kein ausschließliches Merkmal der Reinszenierung von Erlittenem seitens der Kinder. Sie zeigt sich vielmehr auch in den gemeinsam gestalteten Interaktionsmodi, wie sie Frau Lange in ihren einmal »verzeihenden«, einmal negativen oder aufbrausenden Reaktionen beschreibt. Auch Herr Müller benennt, auf Nähe und Entwertung sehr unterschiedlich, »je nach Tagesform«, zu reagieren. Trotz eines hohen fachlichen Wissens seitens der Interviewten gefährden diese traumatisch beeinflussten Beziehungsanfragen demnach ganz offensichtlich die narzisstische Homöostase beider Fachkräfte und führen, in etwas unterschiedlicher Art und Weise, aber emotional doch ähnlich bedingt, zu einem Rückzug auf das Prinzip der Verhaltensmodifikation. Zwei der zentralen Affekte, die sich aus den Lebensgeschichten der von den Fachkräften ausgewählten Schüler recht logisch rekonstruieren lassen, tauchen folgerichtig im Interview nicht auf, prägen aber die szenischen Informationen in der Forschungsgruppe: Trauer und Wut. Diese sind in den pädagogischen Dialog momentan nicht integrierbar, es bleibt offen, ob sie es potenziell sein könnten – ein sicheres Umfeld vorausgesetzt. Interessanterweise sind deshalb auch die abschließenden Reflexionen in der Forschungsgruppe zum Interview mit Herrn Müller von starken Ambivalenzen dominiert. Er wird als stark reflektiert und sympathisch, gleichzeitig jedoch auch als den Kindern gegenüber fremd sowie ablehnend wahrgenommen. Auch in der Forschungsgruppe spiegeln sich demnach die sehr ambivalenten Emotionen, die die pädagogische Interaktion in der Arbeit mit beziehungstraumatisierten Kindern im konkreten Umfeld prägen, wider.

Jenseits individueller pädagogischer Kompetenz ist die Konfrontation mit (lang anhaltenden) dissoziativen Zuständen eine extreme Herausforderung für pädagogische Professionelle, zumal in einer Klasse mit zehn hoch belasteten Kindern. Dissoziative Erlebens- und Verhaltensmuster sind im Sinne des Themenfelds die Extremform von ambivalenten, unberechenbaren Beziehungsangeboten. Unter Einbezug aller Datenebenen ist demzufolge durchaus von einer hohen Präsenz von Ohnmacht und Hilflosigkeit im gegebenen Setting auszugehen. Im Forschungsprozess gelingt es nahezu folgerichtig nur sehr bedingt, Offenheit und Unvoreingenommenheit zu bewahren, denn auch hier zeigen sich Abwehr und Widerstand gegenüber dem Einfühlen in die Fachkräfte. Fehlende Bewältigungsstrategien in der Schule wiederholen sich so auch im Analyseprozess der Forschungsgruppe.

Ein scheinbar widersprüchlicher Aspekt soll genau deshalb hier nicht ausgeblendet bleiben: In der Forschungsgruppe wird die zwischenmenschliche Annäherung über schöne Aktivitäten und ohne vertiefte emotionale Reflexion mehrfach auch als Versuch eingeschätzt, in einem hoch belasteten biografischen und institutionellen Umfeld *Beziehung überhaupt herzustellen*. Der gemeinsame Modus Vivendi scheint der einer größeren emotionalen Entfernung zu sein. Über den schwersttraumatisierten Schüler sagt Herr Müller: »Er beobachtet mich von relativ weit außen und findet mich spaßig« (Interv. Müller, Z. 481).

Ähnliches ließe sich nun womöglich für die Perspektive des Jungen rekonstruieren. Das heißt, die Angst, hier zu viele Emotionen zuzulassen, ist nicht per se unberechtigt. Es ist, so lässt sich begründet interpretieren, auch ein Versuch, sich selbst und den Jungen vor Überforderung, teils vielleicht sogar vor Überflutung zu schützen. Denn gerade die extremtraumatischen Erfahrungen lösen fast zwangsläufig auch existenzielle Gefühle aus, wie sich nicht zuletzt in Herrn Müllers väterlichem Impuls zeigt.

5.3.4 Themenfeld III: Erschwerte Triangulierung

Als Folge von schwer traumatisierenden Erfahrungen sowie damit verbundenen, insbesondere dissoziativen Erlebens- und Verhaltensmustern formulieren beide Fachkräfte große Schwierigkeiten der betroffenen Kinder, sich in einer Klassengruppe zurechtzufinden. Da es sich dabei nicht nur um einen individuellen Erlebensanteil handelt, der durch die betroffenen, insbesondere die mit sexualisiert-traumatischen Erfahrungen belasteten Kinder in das Interaktionsgeschehen eingebracht wird, sondern um eine gemeinsam inszenierte Interaktionsstörung, soll darauf in der Folge noch detaillierter eingegangen werden. Dabei handelt es sich um Beziehungsdynamiken, die wenig Raum für eine Drei- oder Mehrpersonenkommunikation lassen. Die dyadischen Wünsche vieler Schülerinnen und Schüler (die im vorherigen Themenfeld beschrieben wurden) schüren offenbar allseits eine Fantasie, ihnen wäre nur in einem Eins-zu-eins-Setting wirklich »zu helfen«. Eine trianguläre Ausgestaltung schulischer Beziehungen scheint demnach, so eine erste Hypothese, im Kontext von Beziehungstraumatisierung für alle Beteiligten sehr herausfordernd zu sein.

Ein erster Aspekt fehlender Triangulierung ist die oft nur rudimentäre Gruppenstruktur in den sonderpädagogischen Kleinklassen: Herr Müller berichtet von der Erfahrung, dass Kinder aufgrund ihres fortdauernden Ausschlusses aus Gruppenzusammenhängen traumatische Erfahrungen der Fremdheit und der Marginalisierung gemacht hätten. Gleichwohl lasse sich das Bedingungsfeld jener Ausschlusserfahrungen kaum genauer fassen. In Perspektivübernahme für ein Kind sagt er:

> »Ich hab in dieser Position immer das Gefühl, nicht dazuzugehören und schon bei meinem Erscheinen Ablehnung auszulösen. Ohne, dass ich überhaupt zum Handeln komme« (Interv. Müller, Z. 54ff.).

Diese Unsicherheit, hier in der Perspektivübernahme geäußert, weist nunmehr verschiedene Ebenen auf. Zum einen manifestiert sich darin die Fremdheit der Kinder sich selbst und ihren eigenen Erlebens- und Handlungsmustern gegenüber, umso unverständlicher erleben sie (in der Rekonstruktion Herrn Müllers) die scheiternden Peer-Beziehungen. Sind Kinder ihrem eigenen Erleben gegenüber sehr fremd, mag die Interaktion mit *einer* festen Person noch eher gelingen, besonders, wenn diese eine zuverlässige erwachsene Beziehungsperson ist und sich Identität so partiell über die Identifikation mit den angebotenen Objektanteilen des Gegenübers herausbilden kann. In einer (Klein-)Gruppe hingegen bedürfen die Kinder flexibel einsetzbarer, eben triangulierungsfähiger Identitätsanteile. Diese jedoch sind aufgrund des manchmal fast gänzlich fehlenden Identitätskerns oft nicht verfügbar (vgl. Kap. 3).

Zum anderen bleibt auch Herr Müller dem eigentlichen Geschehen recht fern. Er sagt selbst, er könne diese scheiternden Peer-Beziehungen nicht gut entschlüsseln. Dass dies in der Forschungsgruppe eher eine Entfremdung von der Fachkraft (und keine Identifikation im Sinne eines Nachvollzugs seiner Haltungen) und teils auch Ärger auslöst, mag als zusätzlicher Teil der durch Marginalisierungserfahrungen wechselseitig gestörten Interaktionen verstanden werden. So identifizieren wir uns mit dem Jungen und distanzieren uns vom Lehrer. Offenbar scheint auch für uns der triangulierte Blick auf dieses komplex belastete Interaktionsgeschehen erschwert. Das Einfühlen in die Wahrnehmung von Herrn Müller misslingt, wir nutzen einfache Kategorien der Beurteilung.

Auch Frau Lange beschreibt, dass Kinder ihrer Klasse nicht neben einem Schüler mit aggressiv-dissoziativen Verhaltensweisen sitzen mögen. Was weniger bedacht wird: Auch ihr pädagogisches Handeln gegenüber der Gruppe ist stark auf Ausschluss des Schülers gerichtet:

> »Wir ham da och gesagt, nich drauf achten, ignoriern und entfernen natürlich solche Kinder auch schnellstmöglich aus der Klassensituation, um da keinen weiteren zu gefährden« (Interv. Lange, Z. 436ff.).

Dabei gilt es nicht, die pädagogische Notwendigkeit einer Gruppenstabilisierung unter Ausschluss des Schülers zu beurteilen. Vielmehr interessiert die Wortwahl der Fachkraft. Sie löst in der Forschungsgruppe die Fantasie eines Bazillus aus, der schnellstmöglich aus dem gesunden Körper entfernt werden muss. Im Hinblick auf das ausagierende Geschehen rekonstruieren wir folgende mögliche Erlebensmuster der anderen Kinder in der Klasse:

> »Ich weiß nie, was als nächstes passiert. Frau Lange und Frau Meier (nicht interviewte Kollegin, D. Z.) haben auch Angst vor der Unberechenbarkeit und ich hab die auch« (Protokoll der Forschungsgruppe).

Es zeigt sich also, dass gruppentheoretische Überlegungen, nach denen die Ausgrenzung einer Person eine stabilisierende Funktion hat, durchaus wichtig sind. In dieses Denkmodell, nach dessen Verständnis sich die »Coolen« über die Ausgegrenzten stabilisieren, sind auch die Überlegungen Herrn Müllers einzuordnen. Jedoch gibt es auch unmittelbar traumabezogene Aspekte jenes Geschehens. In der Gruppe wie bei den Fachkräften (und indirekt bei uns) lösen die traumabezogenen Verhaltensweisen sowohl Angst als auch große Fremdheit aus. Da diese Affekte in aller Regel als unpädagogisch gelten, werden die Kinder aus der Kommunikation und aus der Gruppe ausgeschlossen. Umgekehrt führt ein hohes Maß an Fremdheit sich selbst gegenüber zu einem freiwilligen Ausschluss. Dabei mag das Setting einer Schule mit dem Förderschwerpunkt emotional-soziale Entwicklung einen besonderen Nährboden bilden. Für den schon mehrfach vorgestellten Jungen rekonstruiert Herr Müller folgende Erlebenswelt: »Ich bin eigentlich keiner von diesen hier« (Interv. Müller, Z. 605f.).

Mehr oder weniger freiwillige Abgrenzung ist demnach auch ein Versuch der inneren Stabilisierung, wenn auch in Form der Distanzierung von als »unnormal« empfundenen anderen Kindern. Gleichzeitig kann es als Versuch verstanden werden, die als unsicher empfundene Beziehung zur Klassenlehrerin oder zum Schulleiter nicht zu gefährden, demnach einen Versuch zu unternehmen, die Exklusivität dieser Beziehung aufrechtzuerhalten.

Als zweiter Aspekt scheiternder Triangulierung soll die schwierige Elternarbeit im gegebenen Umfeld skizziert werden. Denn ein ähnliches Muster zeigt sich auch in dieser, worauf insbesondere Herr Müller verweist. Die ohnehin brüchige Beziehung zwischen den Fachkräften und den Kindern wäre bedroht, ja »einfach zerstört« (Müller), wenn die Klassenlehrkräfte auch die notwendig kritische Elternarbeit leisten müssten. Denn ein spannungsgeladenes, trianguläres Beziehungsgeschehen zwischen Schule, Kind und Elternhaus ist vielfach noch nicht in die pädagogischen Beziehungen integrierbar, so ließe sich interpretieren. Im Gegenteil müssen die Kinder aktuell in einem Spaltungsdenken verhaftet bleiben:

> »Ich erleb das schon auch so, dieses schwarz-weiße, dass man entweder der Retter für die Kinder ist, der einem alles eben (-) anbieten kann, oder halt eben ne ganz schlimme böse Person« (Interv. Müller, Z. 380ff.).

Beziehung zu den Eltern, so interpretiert Herr Müller weiter, ließe sich für die Kinder vielfach nur über eine gemeinsame Ablehnung der Schule und der dortigen Beziehungspersonen herstellen. Auch hierbei handelt es sich also um einen

Versuch der Interaktionsgestaltung, der nur über die Ausgrenzung des Dritten, in diesem Fall der Schule, realisiert werden kann. Diese so brüchigen Bezogenheiten auf allen Seiten, die noch keinen echten Beziehungen entsprechen, dürften durch eine kritisch-konstruktive Elternarbeit vielfach nicht gefährdet werden. Dies gelte umgekehrt, so Herr Müller, jedoch auch für die Kolleginnen und Kollegen, die von Elternarbeit entlastet werden müssten, um eine positive Beziehung zu den Kindern aufbauen zu können.

Zum Kollegium selbst wäre abschließend noch Folgendes anzumerken: Die persönlichen Bedürfnisse Frau Langes erweisen sich hier als primär auf Abgrenzung und Distanzierung bezogen; emotional konnotierte Professionalisierungsaspekte werden fast gänzlich ausgeblendet:

> »Möglichst, na klar, mit Kollegen quatscht man da schon mal drüber, aber das man dat so von sich fernhalten kann und da nicht so emotional mit reingeht. ... Ja und, also ick denke, dat Wichtigste für mich ist so, dat nich an mich rankommen zu lassen, wenn da halt'n Kind (-) irgendwelche im Affekt irgendwelche Beschimpfungen mir entgegen schleudert« (Interv. Lange, Z. 512–517).

Kollegialität wird von beiden Interviewpartnern »groß geschrieben«, jedoch nur ansatzweise im Sinne eines Nachdenkens über Beziehungsprozesse; vielmehr steht Entlastung durch gemeinsame Abgrenzung im Vordergrund. In den Materialien zum Interview findet sich ein Ausbruch aus dieser Abwehrkonstellation: Im Hinblick auf eine kollegiale Fallberatung berichtet Frau Lange, ihre unmittelbare Kollegin (Frau Meier) habe in der letzten Sitzung einen Jungen vorgestellt, was nicht »ohne Tränen abgegangen« sei. Interessanterweise findet sich dieser Passus wiederum nur im Postskriptum, wird also außerhalb des regulären Interviews vorgetragen. Ebenso ist es interessant, dass die tieftraurigen, überfordernden Affekte bei einer Kollegin symbolisierbar, nicht jedoch in das eigene professionelle Selbstbild integrierbar zu sein scheinen. Hiermit mag über die konkrete Einzelschule hinaus auch angedeutet sein, dass eine emotional distanzierte Pädagogik eingebettet in ein sehr weit verbreitetes Professionalisierungsbild im Lehrerberuf ist, das in der Arbeit mit traumatisierten Kindern und Jugendlichen jedoch deutlich an seine Grenzen gerät. Herr Müller bezieht die kollegiale Entlastung ganz ähnlich und sehr praktisch auf ein gegenseitiges »Abnehmen von problematischen Schülern« (Interv. Müller, 646f.). Dass die kollegiale Unterstützung letztlich in der Annahme und im Aushalten von überfordernden und potenziell überwältigenden Emotionen liegen könnte, ist für beide Fachkräfte im aktuellen institutionellen Geschehen nicht formulierbar.

Dieses setzte ein trianguläres Beziehungsgeschehen voraus, dass ihre zentrale Verbindung über das Teilen von Emotionen und nicht über eine nur scheinbar kollegiale gemeinsame Ablehnung schwieriger Schülerinnen und Schüler findet.

Auch hier gilt: Zunächst benötigen die Lehrkräfte unbedingt Entlastung. Zur Entlastung gehört neben psychosozialer Stärkung auch eine organisationsbezogene Abkehr von rein normativen Förderzielen. Herr Müller betont selbst, dass die Kolleginnen und Kollegen besonders belastet seien, die alle vorgegebenen Unterrichtsziele zu erfüllen suchten. Hingegen sei es gelebte Psychohygiene, sich davon in einem solchen, von durchgehend hohen Belastungen geprägten Umfeld mindestens partiell zu verabschieden.

5.3.5 Schlussgedanken

Eine Schule im städtischen Umfeld mit dem Förderschwerpunkt emotionale und soziale Entwicklung sieht sich großen Herausforderungen gegenüber. Mehr denn je wird sie als Reparaturbetrieb für scheiternde Entwicklungsprozesse, aktuell aber besonders für scheiternde inklusive Schulprozesse verstanden. Gleichzeitig wird die Existenzberechtigung der Schule infrage gestellt, was für eine wirkliche Profilbildung dieses intensivpädagogischen Lern- und Lebensorts erkennbar nachteilig ist. Neben diesen belastenden strukturellen Aspekten zeigen sich in dieser Interaktionsgeschichte zwei weitere zentrale Aspekte der Arbeit mit oft schwerstbelasteten Kindern: die hoch ambivalente Beziehungsdynamik, die ihre Wirkmächtigkeit nicht nur in der Lehrkraft-Kind-Interaktion, sondern auch in der sonderpädagogischen Kleingruppe und der gesamten Schule entfaltet sowie die nachhaltige Kraft von Professionsidentitäten, die im vorliegenden Fall stark durch Lösungsfantasien bei gleichzeitiger Abspaltung von traumabezogenen Emotionen gekennzeichnet ist. Die Auswirkungen dieser Trias – Institution, Beziehungsdynamiken, Professionalität – zeigen sich auf allen Ebenen, von denen viele hier nur ausschnitthaft beleuchtet werden konnten. Jedoch wird deutlich, dass sich die Widerspiegelung des Traumatischen in einem solchen intensivpädagogischen Setting auf allen Ebenen klar von allgemeiner pädagogischer Herausforderung unterscheiden lässt.

5.4 Interaktionsgeschichte IV[20]

»Er [der Professionelle, D. Z.] bedarf nicht nur der ›Entlastung‹ von der Bürde der Entscheidung zwischen vielfältigen möglichen Verhaltensweisen und der Orientierung in der Fülle von Eindrücken und Reizen, von denen er überflutet wird, sondern er strebt auch eine schnelle Entlastung von [...] Spannungen, Ängsten und Konflikten an. Es geht ihm also auch um die Chance, mit Hilfe von institutionell verankerten Handlungs- und Beziehungsmustern regressive Triebbedürfnisse zu befriedigen, Schutz- bzw. Abwehrverhalten gegen [...] Ängste, Depressionen, Scham- und Schuldgefühle zu sichern.«

Mentzos (1988, S. 80f.)

5.4.1 Rahmenbedingungen

Diese Interaktionsgeschichte beschreibt traumabezogene Aspekte der Interaktion in einer sehr kleinen Förderschule im ländlichen Bereich sowie der angegliederten Wohngruppe. Wie in keiner anderen Institution dieses Forschungsprojekts verweisen alle Fachkräfte, nicht nur die unmittelbar interviewten, sondern auch Kolleginnen und Kollegen in informellen Gesprächen, auf denselben schwer belasteten Jungen, Marian. Die spezifischen Beziehungsmuster Marians mit seinen Lehrerinnen sowie seinen Betreuerinnen und Betreuern stehen deshalb im Mittelpunkt dieser Interaktionsgeschichte. Der Junge besucht zum Untersuchungszeitpunkt seit einem knappen Jahr die Schule. Etwas länger lebt er in der Wohngruppe auf dem gleichen Gelände. Obwohl die Institution nicht explizit traumapädagogisch ausgerichtet ist, weisen alle Fachkräfte in den kontaktanbahnenden Telefonaten auf die hohe Traumaprävalenz bei den Kindern und Jugendlichen hin. Das schulische Team besteht aus sonderpädagogischen

---

20 Eine Kurzform dieser Fallanalyse wurde zuvor an folgender Stelle publiziert: Zimmermann, D. (2015a). Das Leiden der anderen. Beziehungstraumatisierung und institutionelle Abwehr. In B. Herz, D. Zimmermann & M. Meyer (Hrsg.), *»… und raus bist du!« Pädagogische und institutionelle Herausforderungen in der schulischen und außerschulischen Erziehungshilfe* (S. 49–65). Heilbrunn: Klinkhardt. Sie wurde für diese Monografie überarbeitet und ergänzt. Zudem wird auf Auszüge einer Masterarbeit (Hartmann, 2014) zurückgegriffen.

Fachkräften, nicht-sonderpädagogischen Lehrkräften sowie Heilpädagoginnen. Die Institution liegt am Waldrand, am Ende einer Straße, die ausschließlich zur Schule und der angeschlossenen Wohngruppe führt. Marian lernt in einer Klasse mit insgesamt fünf Kindern im Alter von sieben bis neun Jahren. In der Wohngruppe lebt Marian mit sieben weiteren Kindern und Jugendlichen im Alter von acht bis 15 Jahren. Als Grundlage der hier herausgearbeiteten Themenfelder dienen drei Interviews mit der Schulleiterin, Marians Klassenlehrerin und der Sozialpädagogin sowie vier Beobachtungen einer Masterabsolventin im Unterricht und in der Wohngruppe. Dieser Beitrag befasst sich primär mit der schulischen Situation, gleichwohl wird an geeigneten Stellen auf Informationen aus dem außerschulischen Bereich zurückgegriffen (vgl. Zimmermann, 2015e). Die schulische Interaktionssituation eignet sich besonders für eine komparative Falldarstellung. Nicht nur fokussieren die Fachkräfte dasselbe Kind und formulieren für Marian in der Perspektivübernahme Wünsche und Bedürfnisse und reflektieren ihre eigenen Emotionen in der Arbeit mit ihm. Vielmehr verweisen Interviews und Beobachtungen auch auf eine spezifische traumatisch beeinflusste Interaktionsform unter Beteiligung *aller* Professionellen, nach der Erwachsene und Kind »fast traumwandlerisch einander zuarbeiten, sich wechselseitig vorantreibend, als seien sie in geheimen Komplizenschaften miteinander verbunden« (von Freyberg & Wolff, 2006, S. 164). Das Spezifische der Interaktionsgeschichte geht jedoch darüber hinaus: In der Gruppe der Fachkräfte kommt es zur »Kollusion der Vermeidung« (Dörr, 2016, S. 27), demnach zu einem psychosozialen Abwehrgeschehen, bei dem sich manifeste und latent agierte Beziehungswünsche teils diametral gegenüberstehen. Kennzeichnend sind im vorliegenden Fall weniger Eskalationsspiralen, sondern vielmehr eine Form der mutuellen, oft kurzfristig angelegten emotionalen Stabilisierung, die sich mindestens partiell aus den traumatisch beeinflussten Interaktionsformen ableiten lässt – mit allen entwicklungsförderlichen wie -hinderlichen Ergebnissen.

5.4.2 Biografische Informationen

Marian hat bereits frühkindlich in extremer Weise Mangelerfahrungen insbesondere auf der emotionalen Ebene erlitten. Während die körperliche Versorgung nach dem vorliegenden Wissensstand als nicht gefährdet gelten kann, waren die emotionalen Beziehungsangebote durch ein hohes Maß an Ambivalenz und in der Folge Unberechenbarkeit gekennzeichnet:

> »Unzuverlässigkeit, unklare Bindung. Also: ›Ich hab dich ganz lieb, du bist mein Bester. Oh jetzt geh aber mal, jetzt lass mich doch!‹ Dass man sich nicht auf das Wort verlassen kann und auf die Handlung, die man erlebt. Dass es eben dieses Auseinanderdriften gibt von dem, was ich sehe und von dem, was mir gesagt wird. Und dass das häufig nicht übereinstimmt« (Interv. mit der Sozialpädagogin, Z. 62–71).

Nach der Trennung der Eltern, Marian war drei Jahre alt, zieht der Junge mit seinem Vater zur Großmutter. Diese lebt ihrerseits mit einem neuen Partner und weiteren Personen in einem großen Haushalt. Die Pädagogin berichtet vom Verdacht der sexualisierten Gewalterfahrung während jener Zeit. Nach zwei Aufenthalten in der Kinder- und Jugendpsychiatrie zieht Marian im Alter von sieben Jahren in die Wohngruppe und wird kurze Zeit später in der dazugehörigen Schule eingeschult. Im Aufnahmegespräch erleben die drei beteiligten Fachkräfte ein sehr bedürftiges Kind:

> »Naja, und dann kam der Marian auf meinen Schoß gekrabbelt, ich dachte, ich hab einen kleinen Säugling oder ein kleines Baby auf dem Schoß. Der hat sich unter meiner Jacke an meiner Brust versteckt und gesagt: ›Hier bleib ich!‹ Da mussten wir alle lachen. Und dann sagten die Eltern auch gleich: ›Den müssen wir ja dann auch gar nicht wieder mitnehmen!‹ Ja und so kam der Marian dann zu uns« (Auszug aus dem Beobachtungsprotokoll, Wiedergabe des Gesprächs der leitenden Psychologin mit der Beobachterin).

In der pädagogischen Arbeit erleben die Fachkräfte Marians Erleben und Verhalten als sehr wechselhaft.

> »Also so ganz spontan von meinem ersten Eindruck ... extrem ängstlich, was er nicht kennt. Ob das jetzt Räume oder Menschen oder was auch immer sind, und männlichen Wesen gegenüber total versteckend, also sich wirklich so komplett zurückziehend. ... Jedenfalls, ja, dieses spontane Gottvertrauen, also keine Distanz dazwischen. Also auf einer Seite diese extreme Schüchternheit und in dem Moment, wo er einen angenommen hat, ein grenzenloses Vertrauen« (Interv. mit der Klassenlehrerin, Z. 246–264).

Im Vordergrund stehe zunächst die Erfüllung der Bedürfnisse nach Nahrung und einem Bett. Anfragen an Beziehungen und deren Verlässlichkeit seien demgegenüber zweitrangig.

»Und, wenn da n bisschen Sicherheit is, ›ich krieg das, ich kann mich darauf verlassen, dass ich um so und so viel Uhr mein Frühstück kriege, dann und dann mein Mittagessen‹, also, wenn diese Grundbedürfnisse als gesichert, glaub ich, wahrgenommen werden, dann geht's um Beziehung« (Interv. Sozialpädagogin, Z. 129–132).

5.4.3 Die Fantasie der dyadischen Beziehung und die Infantilisierung der Interaktion

»Ich weiß, ich bin in der Annahme, dass ich denke, dass das Kind diese eins-zu-eins Situation braucht; letztendlich egal von welchem Menschen, aber dieser Mensch muss immer da sein« (Interv. Schulleiterin, Z. 135ff.).

Die Annahme, die Entwicklung des beziehungstraumatisierten Jungen müsse primär in Eins-zu-eins-Situationen stattfinden, findet sich in der hier vorgestellten Institution auf allen Ebenen wieder. Ähnlich wie die Schulleiterin äußern sich die Klassenlehrerin sowie die Sozialpädagogin.

»Also bis wirklich in'n Arm nehm, auf den Schoß komm wolln, ständig in Arm genomm werden wolln« (Interv. Klassenlehrerin, Z. 264f.).

Auch in allen Beobachtungsprotokollen weisen die Interaktionsmodi dabei für einen achtjährigen Jungen sehr regressive Züge auf:

»Marian läuft direkt auf Ute [Schulleiterin, D. Z.] zu und schlingt ihr die Arme um den Hals. Ute nimmt ihn in die Arme: ›Na, Marian, hast du draußen schön gespielt?‹ Marian, etwas außer Atem: ›Ja!‹ Ute: ›Mhm, du riechst auch gut, nach Wald!‹« (Auszug aus dem 1. Beobachtungsprotokoll)

»Marian legt sich auf den Boden: ›Nee, ich kann gar nichts!‹ Er rutscht ein bisschen auf dem Boden hin und her. Sibylle (Klassenlehrerin) kniet sich neben ihn: ›Na, wenn du gar nichts kannst, dann muss ich dich auch ausziehen!‹« (Auszug aus dem 2. Beobachtungsprotokoll)

Die Fachkräfte beschreiben das Bedingungsfeld jener regressiven Beziehungsmuster primär im Hinblick auf die lebensgeschichtliche Erfahrung Marians und anderer Kinder, auf die die Schule reagieren muss:

> »Also diese Verbriefheit, normalerweise, normale Verbriefheit, dass Mama und Papa grundsätzlich da sind, ist ja häufig schon nicht mehr da. [...] Wir müssen also gucken, passt der Mensch zu den Kindern« (Interv. Schulleiterin, Z. 75–81).

Jene enge Personenbindung bezieht sich demnach (in der Wahrnehmung der Fachkräfte) auf ersehnte, gleichwohl nie realisierte frühe Beziehungsmodi. Demzufolge seien es die nachhaltigen emotionalen Mangelerfahrungen, die eine (temporäre) Fixierung auf eine pädagogische Bezugsperson erzwingen würden. Das sekundäre Bedingungsfeld finde sich im zumeist ausagierenden Verhalten der Kinder, das eines Aushaltens jener Interaktionsmodi in der engen Beziehung bedürfe. Insbesondere sei eine große Gelassenheit gefragt sowie die Bereitschaft, auch kleine Beziehungs- und Verhaltensfortschritte zu würdigen:

> »Ich mein, er ist nicht aus der Situation ausgebrochen, nicht weggelaufen, nicht untern Tisch gegangen, hat mir nicht gegen's Schienbein getreten. Dann hatte er da ja gesessen, was geschrieben, mit mir sich irgendwie unterhalten etc. p.p.« (Interv. Schulleiterin, Z. 124ff.).

Die Notwendigkeit eines korrigierenden, frühkindliche Aspekte integrierenden Beziehungsangebots wird zudem mehrfach im Hinblick auf nahezu alle Schülerinnen und Schüler generalisiert – ein Wunsch, der in intensivpädagogischen Settings von den Professionellen vielfach und primär in Perspektivübernahme für die beziehungstraumatisierten Kinder formuliert wird. Gleichwohl zeigt sich, dass hiermit auch ein pädagogischer Leitgedanke formuliert wird, der in sich teils regressive Züge trägt:

> »Ich weiß gar nich ob man das so sagen darf [...] so gesagt, ›dein Job ist es dafür zu sorgen, dass es den Kindern hier gut geht.‹ [...] Also dieses Aufspalten der Rolle ne. So, und äh die hat mit diesen zwei Kindern begonnen, im Wechsel. Ne eins zu eins Betreuung und dann bin ich dazu gekomm und der Lehrer, wir müssen ja (-) [...] ›Mit dir will ich aber nich‹« (Interv. Schulleiterin, Z. 361–370).

Manifest lässt sich somit Folgendes aus diesem fragmentarischen Zitat entschlüsseln (die Kürzung des Zitats führt hier eher zur De-Fragmentierung, da dazwischen noch themenfremde Aussagen stehen): Der frühkindliche Erlebensmodus der Dyade kann pädagogisch im Sinne eines sicheren Orts für die Kinder genutzt werden – die Überführung in trianguläre Beziehungsmuster stellt jedoch, wie auch an anderen Stellen aller Interviews deutlich wird, eine große, kaum zu bewältigende Aufgabe dar. Vicky Hartmann (2014, S. 62) schreibt dazu:

> »In der tatsächlichen, pädagogischen Interaktion scheint eine Idee der Triangulierung mit der peer group aber nicht verfolgt zu werden. Im Unterrichtsalltag hat der Kontakt mit Gleichaltrigen kaum Platz. Die Schüler der ersten Klasse sitzen alle an Einzeltischen. Zudem konnten in den ersten drei Beobachtungen kaum Interaktionen zwischen den Kindern beobachtet werden.«

Latent zeigt sich auch eine große Unsicherheit. Scheinbar fühlt sich die Schulleiterin in einem großen Konflikt mit übergeordneten pädagogischen Rahmenkonzeptionen (»ob man das so sagen darf«). Die Begrifflichkeiten »Job« und »Rolle« betonen die professionsbezogenen Qualifikationen, nach denen haltende *oder* zumutende Beziehungsangebote dem Arbeitsfeld entsprächen. Die fragmentarische Ausdrucksweise und der Einbau des wörtlichen Zitats »mit dir will ich aber nich« zeigen jedoch an, dass hier sehr wohl auch persönliche Beziehungsaspekte thematisiert werden. Ich komme darauf zurück.

Aspekte der Peer-to-Peer-Interaktion werden von den Fachkräften hingegen fast durchgängig negativ konnotiert. Aufgrund der Dichte der traumatischen Erfahrungen in der Klassengruppe seien die Kinder vielfach nicht in der Lage, gute Beziehungen untereinander einzugehen. Im Gegenteil, insbesondere die Sozialpädagogin beschreibt eine Reihe von Szenen, in denen die Kinder bewusst oder unbewusst traumatische Trigger anderer einsetzen würden, um Gruppensituationen »hochgehen zu lassen« (Zitat Sozialpädagogin).

Gleichwohl verweisen einzelne Sequenzen der Beobachtungsprotokolle darauf, dass die Kinder durchaus in konstruktiver und positiver Atmosphäre miteinander interagieren können:

> »Marian, Tim und Jakob laufen sofort zum Klettergerüst. Tim und Jakob klettern flink an einer Außenwand hoch und durch ein Fenster ins Innere. Marian rutscht mehrere Male ab und wirkt insgesamt etwas unbeholfen. Dann schafft er es durch das Fenster ins Innere« (Beobachtungsprotokoll 4).

Auch viele andere Sequenzen verweisen auf Marians Bereitschaft und Fähigkeit, Interaktionen mit einer dritten Person, konkret der Beobachterin, zu gestalten. »Wesentliche [Interaktions-, D. Z.] Erfahrungen im Sinne einer Triangulierung« (Seiffge-Krenke, 2007, S. 176) werden also von dem Jungen selbst mitinitiiert.

Insbesondere mit Rückgriff auf die Beobachtungen scheint es folglich zu kurz gegriffen, die stark auf dyadische Modi fokussierende pädagogische Arbeit exklusiv mit lebensgeschichtlichen Mangelerfahrungen des Jungen zu begründen. Als Ausgangspunkt weiterführender Überlegungen soll ein weiteres Zitat aus dem Interview mit der Klassenlehrerin dienen, in dem diese die Perspektive Marians einnimmt und seine Wünsche formuliert:

> »Ähm, ich wünsch mir, dass Sybille da ist. Weil, die nimmt mich auch in Arm. Und die ist immer da. … Ich möchte mit der was ganz anderes machen« (Interv. Klassenlehrerin, Z. 428–431).

In dieser Zuspitzung, die in den Worten der Fachkraft liegt, zeigt sich bereits eine deutliche Problematik. Es ließen sich viele ähnliche Textstellen aufzeigen, in denen es recht offensichtlich die Fachkräfte selbst sind, die ein hohes Maß an eng umgrenzter, recht dyadischer Interaktion benötigen. Hierzu nur wenige Hinweise: Marian zeigt hoch sexualisierte Verhaltensweisen, die von der Lehrerin jedoch als »Kindergartenverhalten« banalisiert werden. Folgerichtig weisen auch viele Beziehungsangebote der Professionellen infantil-regressive, dabei stark körperbezogene Charakteristika auf. Der traumatische Gehalt der Verhaltensweisen Marians ist so möglicherweise besser aushaltbar.

Ebenso verweisen die Protokolle und ihre Auswertungen darauf, dass sich die zwei Frauen (Schulleiterin und Klassenlehrerin) in einem Konkurrenzkampf um die Gunst des Jungen befinden – demnach die als pädagogisches Prinzip gefasste Spaltung einer eigenen Bedürftigkeit der Fachkräfte in der Interaktion mit Marian widerspricht:

> »Als Ute (Schulleiterin) zweimalig während des Unterrichts von Sibylle (Klassenlehrerin) in den Klassenraum kommt, erfährt sie ebenfalls keine Beachtung. Diese Situationen werden in der Auswertungsgruppe als auffällig bewertet. Daran schließt sich die mögliche Deutung an, dass Ute ebenfalls Bestätigung braucht, die sie über Marian zu erlangen versucht. Stattdessen erfährt sie aber mehrfache Kränkungen, in dem er sich deutlich von ihr abgrenzt und ihr kaum Beachtung schenkt. In diesem Zusammenhang taucht in der Forschungsgruppe das Bild aus Sybilles Interview auf, nach dem die Kinder um sie wie um ›die eine Mutter‹ konkurrieren. In diesem Fall scheint sich das Bild aber umzudrehen. Denn die Mütter Ute und Sybille scheinen hier um Marian zu konkurrieren, um auch nur ein geringes Maß an Anerkennung zu erhalten« (Hartmann, 2014, S. 62).

Und nach anfänglich freundlicher Begrüßung erlebt die Beobachterin subjektiv Ablehnung und eine gänzlich fehlende Verabschiedungskultur.

> »Bezogen auf die konkurrierenden Mütter scheinen Ute und Sybille hier eine weitere Konkurrentin um Marians Gunst abzudrängen« (ebd., S. 63).

Jene durchaus sehr auffällige Beziehungsgestaltung durch die beiden Lehrerinnen sollte nicht im Sinne fehlender Professionalität verstanden werden, sondern als Reaktion auf eine ausgeprägte Dichte an traumatischen Erfahrungen in der Gruppe. Diese ist unter dem Leitgedanken von Halten *und* Zumuten scheinbar schlecht aushaltbar, ein Rückzug auf die übersichtliche Eins-zu-eins-Interaktion, die zudem das Halten deutlich über das Zumuten stellt, kann demnach eine subjektiv logische Reaktion sein. In der Perspektivübernahme im Kontext der Auswertung formulierten wir Ich-Sätze aus Sicht der Schulleiterin sowie der Klassenlehrerin:

> »Nur wenn ich jedes einzelne Kind an mich binde, fühl ich mich nicht verloren.«

> »Die Mutterrolle kann ich aushalten, die ist klar, aber autonom dürfen die Kinder nicht werden.«

> »Es ist alles so komplex, da halt ich mich an einem Bild fest, das ist die Abhängigkeit.«

> »Wenn ich das [die traumatische Beziehungserfahrung, D. Z.] ernst nehmen würde, wüsste ich gar keine unmittelbare pädagogische Handlung!«

> »Wir können zusammen so tun, als wäre da nichts passiert. Er entwickelt sich hier einfach nochmal von klein auf, ohne dass ihm so etwas passiert.«

Als Reaktion auf jene regressiven Beziehungsangebote konnten wir aufgrund der intensiven Datenlage auch für Marian Erlebensmodi rekonstruieren, die seinen lebensgeschichtlichen Hintergrund einbeziehen:

> »Ich will dir gar nicht so nah sein!«

> »Dass Erwachsene andere Sachen mit mir machen wollen, kenne ich schon!«

> »Ich brauche jemand Erwachsenes, der Grenzen einhalten kann, ich weiß gar nicht, wo meine Grenzen sind!« (Auszüge aus dem Protokoll der Auswertungsgruppe)

Szenisch dominieren in der Besprechung dieser Interaktionssequenzen Gefühle von Wut, Verlassenheit sowie dem Wunsch, den Lehrerinnen nicht zu nahe zu kommen. Es lassen sich somit einige Interpretationen ableiten:

Die Inszenierung einer Zwei-Personen-Interaktion (die teils dyadischen Charakter trägt) entspricht sowohl einem interaktionalen Ausagieren ersehnter Szenen der frühen Entwicklung der Kinder als auch einer individuellen wie institutionellen Reaktion auf die massive Konfrontation mit traumatischen Erfahrungen. Die subjektiven und szenischen Daten verweisen auf eine besonders hohe emotionale Teilhabe aller Beteiligten. Die Infantilisierung der Interaktion ermöglicht jedoch die Abwehr jener sehr unangenehmen Gefühle. Die konflikthaften Angebote in der Lehrkraft-Schüler-Interaktion – im Hinblick auf pädagogisches Setting, strukturelle Rahmungen (z. B. Förderziele), insbesondere aber auf persönliche Bedürfnisse der Fachkräfte – wiederum lösen bei den Kindern wahrscheinlich Gefühle von Verlassenheit und Distanzierung aus und entsprechen folglich einer partiellen Wiederholung des lebensgeschichtlich Erlittenen.

Ein letzter Aspekt: Obwohl die intensiven, auf familiäre Muster verweisenden Beziehungsgestaltungen stets gefördert werden, verweist die Schulleiterin auch auf die institutionellen Grenzen dieser Angebote:

> »Und ich hab das Gefühl, dass diese Kinder, wenn man dann den Kontakt geschafft hat, zu den Kindern, aber der ist hart, den muss man sich erarbeiten, wirklich erarbeiten, und dass diese Kinder keine Beziehungsabbrüche bräuchten. Und dann ist Schule der falsche Kontext. … Weil sie bei uns das sich wechselnde Personal haben« (Interv. Schulleiterin, Z. 68–73).

Eine Reihe von Fragen schließen sich demnach an: Produziert die Schule hier Beziehungserfahrungen, die, institutionell so angelegt, letztlich bestätigend im Sinne sich sequenziell wiederholender Verlust- und Abbruchserfahrungen sein müssen? Ist es eher die Institution, die kurzfristig enge Beziehungen und langfristig Verluste produziert, um so zur (vordergründigen) Entlastung ihrer Mitglieder beizutragen?

Jener Gedanke soll hier noch etwas ausgeführt werden. Doris Brothers (2014, S. 4) spricht davon, dass es bei Beziehungstraumatisierungen kein »davor« und »danach« gebe, sondern nur ein »während«. Demnach müssen in der Beziehung zu diesen belasteten Kindern schwer erträgliche, traumatische Unsicherheiten zugelassen werden. Ist eine Schule nunmehr so stark mit Unsicherheiten in der Übertragung und in der Folge mit narzisstischer Entwertung der Fachkräfte konfrontiert sowie gleichzeitig im Konflikt mit Förder- und Lernzielen, kann der Rückzug auf regressive Beziehungsgestaltungen als notwendig, zumindest als handlungslogisch begriffen werden. Auch die Einbindung in gesellschaftlich-pädagogische Phänomene trägt zu jenem Rückzug bei. Denn die aktuellen pädagogischen Debatten forcieren die Fantasie von Machbarkeit und Unverletzbarkeit (vgl. Aigner & Dörr, 2009). Kann eine schnelle »Reparatur« ganz offensichtlich nicht gelingen, müssen die Emotionen von Scheitern und Ohnmacht mithilfe regressiver pädagogischer Strategien institutionell abgewehrt werden.

5.4.4 Dissoziation, Angst und Trennung

> »So'n paar Situationen, die mir schon aufgefalln sind, wo er plötzlich wirklich wie verwandelt is. Aber das is, oder er is dann ganz weit weg. Und wenn man Glück hat, erzählt er dann was davon, oder er wird total aggressiv und dann muss erstmal seine Wut weg. Und, da gabs auch also auch schon zwei Situationen, wo er dann wirklich nur gewütet hat und ich hab ihn dann auch mit den Händen fixiern müssen, weil ich Angst hatte, dass er wirklich mit der Hand durch die Glasscheibe geht, weil der hat eine Kraft entwickelt, ähm und is dann plötzlich in sich zusamm gesackt und ich hab ihn auch festgehalten« (Interv. Klassenlehrerin, Z. 520–527).

Eine Reihe von Interaktionssequenzen, die in den Interviews beschrieben werden, verweist auf dissoziative Erlebensmuster Marians (sowie weiterer Kinder und Jugendlicher). Jenseits komplexer klinischer Definitionen (vgl. Spitzer et al., 2011) lässt sich dissoziatives Erleben als Verlust des Bezugs zur aktuellen Umgebung verstehen. Marians Klassenlehrerin beschreibt dies hier als ein »verwandelt« sein. Auch in der Wut, die »weg müsse«, steckt eine Metapher, nach der diese Emotion nicht zur aktuellen Interaktion gehöre. In dissoziativen Sequenzen werden offenbar primär körpernah und nur sehr unzureichend symbolisierbar traumatische (Beziehungs-)Erfahrungen wieder erlitten. Die Betroffenen reagieren darauf mit Einfrieren, Zittern oder Aggressivität, bei der die Menschen im Wortsinne »außer sich« zu sein scheinen. Dissoziative Prozesse evozieren in besonders wirkmächtiger Art und Weise traumaassoziierte Grundgefühle der Angst, Hilflosigkeit und Ohnmacht. Dies gilt für die Betroffenen selbst, die jenen Emotionen schutzlos ausgesetzt sind, da der Bezug zur aktuellen Realität fehlt. Es gilt aber auch für die (pädagogischen) Bezugspersonen, die emotional am dissoziativen Erleben teilhaben. Zwar formuliert die Klassenlehrerin ihre Angst hier im Hinblick auf die Gesundheit des Kindes, gleichwohl legen verschiedene Aspekte eine sehr grundlegende affektive Ergriffenheit der Fachkraft nahe: Die Stärke der genutzten sprachlichen Bilder (»verwandelt«, »total aggressiv«, »in sich zusammen gesackt«) sowie das oben beschriebene, mütterliche Züge tragende Beziehungsmuster der Fachkraft zum Jungen, das subjektlogisch eine besondere emotionale Beteiligung nahelegt.

In fast unmittelbarer Teilhabe beschreibt die Schulleiterin ihr Erleben im Kontext dissoziativ beeinträchtigter Interaktion:

> »Fass mich nicht an! Und Sie wissen, wenn Sie das Kind jetzt anfassen, haben Sie ein schreiendes, tretendes, beißendes, kratzendes Kind. Ja? Wie zieh ich denn ein Kind unterm Tisch vor, ohne dass es noch'n Schock. Himmel, das geht doch gar nich! Der kann doch nich da auf diesem harten Fußboden liegen! Und Sie trau'n sich nich, das Kind anzufassen. Also ich würde tief erschrocken sein, wenn mich jemand im Tiefschlaf weckt, anfasst« (Interv. Schulleiterin, Z. 205–221).

Die Lähmung des pädagogischen Handelns, wie es die Schulleiterin hier beschreibt, die Angst vor der Reaktion des Kindes und gleichwohl das Mitleid mit dem Kind sind als konkordante Gegenübertragungsgefühle auf dissoziatives Erleben zu verstehen. Ohnmacht und Hilflosigkeit prägen das Erleben der Fachkraft wie auch, so ist zu rekonstruieren, das des Jungen selbst (die Milderung des Geschehens, die mit der Bezeichnung »Tiefschlaf« verbunden ist, dürfte eher der Last der Situation und dem damit verbundenen Versuch der eigenen Entlastung entspringen).

Folgerichtig sind es nicht unbedingt linear die Erlebens- und Verhaltensmuster der dissoziierenden Kinder, die die Fachkraft an die Grenze ihrer Handlungsmöglichkeiten bringen. Vielmehr entspringen sie einer Verschränkung der affektiven Beteiligungen. Wie mit den folgenden Zitaten gezeigt werden kann, ist dabei der Wunsch, das Miteinander und insbesondere den Unterricht irgendwie aufrecht zu erhalten, eine zusätzliche Last.

> »Das tut immer weh. Wenn ein Kind sich irgendwo versteckt und ich zieh es irgendwo vor, es ist immer ein Angriff auf die Person. Und dieses Kind dann, weil man sagt, ok, was mach ich jetzt? Was mach ich jetzt?« (Interv. Schulleiterin, Z. 207–210)

> »Also ich war schon über manche Sachen sehr erschrocken, aber war versucht, das, ja, jetzt erstmal so zu bewältigen, dass der Unterricht weitergehn konnte« (Interv. Klassenlehrerin, Z. 346ff.).

Ein reflektiert-pädagogisches Handeln ist demnach in jenen Situationen, die infolge dissoziativer Muster als bedrohlich erlebt werden, deutlich erschwert. Abseits der hier wiedergegebenen Zitate sind die einzelnen Sequenzen der Interviews und Beobachtungen dabei oft weniger gehaltvoll. Vielmehr ist es häufig das Fehlen intensiver, existenzieller Gefühle, das im Hinblick auf die dissoziativen Erlebens- und Verhaltensweisen eine starke Aussagekraft hat. Zwar lassen sich die Affekte »Hilflosigkeit« und »Ohnmacht« aus obigen Zitaten rekonstruieren, sie finden sich jedoch nirgends in den manifesten Daten. Vielmehr ist es den beiden schulischen Fachkräften wichtig, in der Folge der hier wiedergegebenen Aussagen ihre jeweilige pädagogische Handlungsmöglichkeit und ganz besonders die Notwendigkeit des Mütterlichen ausführlich darzustellen:

> »Ohne Zurechtgewiesen zu werden und aus dem Klassenraum gewiesen zu werden, einfach (-) so das mal rauszulassen und dann wirklich wie so'n Häufchen, und dann hat sich an mich gekuschelt, ich hab ihn dann auch festgehalten weil, intuitiv. Er brauchte diesen Schutz, dieses geborgen sein und (-) es dann mittags auf der Gruppe, kurz berichtet, hab, hab ich das dann. Und ähm ja und er hat dann auch Tschüss gesagt und das is auf der Gruppe auch ebend schon öfters passiert« (Interv. Klassenlehrerin, Z. 539–545).

Insbesondere verbleiben, wie sowohl im Eingangszitat dieses Kapitels als auch in den hier genannten Textstellen nachzuvollziehen ist, die starken Emotionen bei den Kindern. Gerade der Fokus auf adäquates Handeln lässt die Möglichkeit des Containments in jenen hoch aufgeladenen Situationen als unwahrscheinlich erscheinen. Das letzte Zitat verweist auf eine vorhandene »goldene Fantasie« (Cohen, 2004, S. 51f.) der Fachkraft. Ausgehend von der Bedürftigkeit des Kindes entwickele die Fachkraft dabei eine »verführerische Idealisierung und Überschätzung der eigenen Möglichkeiten, tatsächlich *alles* wieder gutmachen zu können und für das Kind zu eben jenem vollkommenen elterlichen Objekt zu werden« (Wolff, 2010, S. 61, Herv. im Orig.). Diese »goldene Fantasie« ist aber nicht nur Ergebnis von Gegenübertragung und eigener narzisstischer Verletzung, sondern auch Reaktion auf institutionelle Rahmung, konkret auf ein schulisches Handlungsparadigma, das nachhaltige Unsicherheit nicht zulässt und dyadische Beziehungsmuster als Lösung bereithält. Eine ernsthafte Irritation, die zur Sprache gebracht werden kann, ist jedoch hier nötig, um in der Folge die schmerzhaften Emotionen des Jungen nicht nur halten, sondern auch »containen«, demnach aus der aktuellen Situation heraus in aushaltbarer Form spiegeln zu können.

Zudem sind es die übergreifenden szenischen Informationen der Forschungsgruppe, die einen wesentlichen Zugang zum emotionalen Gehalt der Interaktionen ermöglichen: Diese waren in beiden Analysen geprägt vom Gefühl der Verwirrung und der Verunsicherung, teils auch des Mitleids sowie dem Wunsch, die Analyse zu beenden. In Kombination mit den objektiven und subjektiven Daten zeigt sich, dass die Konfrontation mit Dissoziation eine besonders hohe Anforderung an die Professionellen darstellt, der sie sich im vorliegenden Fall vielfach nur entziehen können.

Wird Dissoziation nunmehr nicht in einem Ereignis-Reaktions-Schema analysiert, sondern als fortlaufender, interaktional geprägter Prozess, so können die nicht-reflektierten, demnach Unsicherheit schaffenden Reaktionen der Professionellen als neuerliches traumatisches Bedingungsfeld für einen Jungen wie Marian verstanden werden. Die (scheinbar unpädagogischen) Emotionen Unsicherheit und Angst bei den Professionellen führen in letzter Instanz immer zum Abbruch der Beziehung, so sie nicht reflektiert werden. Hinzu kommt, dass in Kombination mit dem ersten hier analysierten Themenfeld, der Fantasie von dyadischen Beziehungen, diese Affekte noch schwerer ertragen werden können. Es zeigt sich in den Interviews dabei auch eine deutliche Abhängigkeit vom Entwicklungsalter. Während jene Affekte noch annehmbar erscheinen, so lang die Kinder klein und abhängig sind, müssen dissoziative und aggressive Durchbrüche in der Adoleszenz zur Trennung führen:

> »Und dann isses manchmal noch so, dass, dann geh ich halt. Geh ich aus dieser Beziehung raus« (Interv. Schulleiterin, Z. 439f.).

Beiden interviewten Fachkräften fehlt bei größeren Schülern, da sich die abhängige Beziehung etwas auflöst, der Zugang zu den existenziellen Fragen, die hinter den Verhaltensweisen der Adoleszenten stecken. Stattdessen werden banalisierende, wenig wertschätzende Erklärungen genutzt:

> »Und das dann jedem irgendwo neu erzähln müssen und eigentlich gar nichts anderes haben, was sie interessant macht. Und wenn ich das aber nich mehr erzähln kann, weil der andere das ja schon alles weiß, müsste ich mir ja was Neues überlegen« (Interv. Schulleiterin, Z. 492–495).

Hinsichtlich jener Interaktionen mit größeren Schülerinnen und Schülern liegen zu wenige Informationen vor, vor allem keine Beobachtungsprotokolle. Deshalb lässt dieses Zitat der Schulleiterin eher Fragen als Antworten zu: Was bedeutet es, dass Beziehungen offenbar abgebrochen werden, wenn die Beziehungsanfragen weniger regressiv, stattdessen stärker aggressiv und autonom werden? Was bedeutet es für die Jugendlichen, wenn Trennungen nicht reif und vorbereitet, sondern als einseitiges »Rausgehen« aus der Beziehung gestaltet werden?

5.4.5 Schlussgedanken

Aus den hier vorgelegten Analysen zweier ausgewählter Themenfelder ergeben sich zweifelsohne keine unmittelbaren Handlungsanweisungen für die Professionellen. Im Gegenteil zeigt sich überdeutlich, dass es keine Handlungsanweisungen geben kann, die nicht professionell-reflexiven Prozessen entsprungen sind. Im Sinne der Konzeption »Sequenzielle Traumatisierung« kann sogar geschlossen werden, dass der Handlungsdruck zu Reaktionen führt, die die Kinder und Jugendlichen in ihren negativen Beziehungserfahrungen eher bestätigen.

Eine pädagogische Umorientierung im Sinne der Reflexion scheinbar unaushaltbarer Reinszenierungen erscheint deshalb im vorliegenden Kontext unumgänglich zu sein. Noch einmal sollte betont werden, dass nicht davon auszugehen ist, dass die sehr deutlich gewordene Abwehr existenzieller Gefühle sowie die mindestens partiell an Bedürfnissen der Erwachsenen orientierte Beziehungsgestaltung aus fehlender persönlicher Eignung entspringt. Vielmehr lassen sich die unberechenbaren, oft regressiven Beziehungsangebote als Teil institutionalisierter Abwehr verstehen. So zeigt sich an fast allen Stellen des umfassenden Materials ein kaum sicherer Ort für die Professionellen und eine hohe emotionale Bedürftigkeit derselben. Die analysierten Beziehungsmodi dienen demnach ihrem persönlichen Schutz:

> »Dabei geht es meines Erachtens und entgegen einer weitverbreiteten Auffassung nicht so sehr um den Abbau aufgestauter Aggressionen als um die Wiederherstellung der narzißtischen Homöostase, also um die Pseudoüberwindung von Minderwertigkeitsgefühlen, narzißtischen Kränkungen und Niederlagen auf dem Wege der teilnehmenden Identifikationen« (Mentzos, 1988, S. 84).

Deshalb gilt weit jenseits individueller Pathologisierung: Die massive Konfrontation mit traumatischer Erfahrung stellt eine große Herausforderung für die Fachkräfte dar; narzisstische Bedürfnisse werden in diesem Kontext nicht ausreichend befriedigt, Minderwertigkeitsgefühl kann eine subjektiv logische Reaktion auf traumatische Reinszenierungen sein. Es bedarf also eines institutionellen

Rahmens, der Sicherheit und Anerkennung gewährleistet. Gleichermaßen müssen genau die unvermeidbaren negativen Emotionen als gut begründete Aspekte in der Interaktion mit schwerstbelasteten Kindern offen thematisiert werden, um der Gefahr der von den Erwachsenen mitinitiierten Abwehrkonstellationen entgegenzuwirken.

Im Hinblick auf Marians Situation besteht ein übergreifendes Ziel in der Integration sichernder und gleichermaßen grenzsetzender Beziehungsangebote. Dabei ist die Beachtung von lebensgeschichtlichen Fragen, die regressiven und traumatisch-sexualisierten Charakter tragen, von besonderer Bedeutung.

Im Sinne Treschers (1990) kann geschlussfolgert werden: Die Pädagoginnen und Pädagogen müssen sich selbst »verwenden lassen«, aber nicht »verwenden«. Dies scheint vor dem Hintergrund der institutionellen Abwehr existenzieller Gefühle momentan eine große Herausforderung zu sein.

6. Beziehungsaspekte mit traumatisierten Kindern und Jugendlichen in intensiv- und inklusivpädagogischer Förderung

Konzeptualisierungen als Ergebnis qualitativer Forschung

6.1 Die Einzigartigkeit der Interaktionsgeschichten

Die Analysen je zweier Interaktionsgeschichten aus Grundschulen und Schulen mit dem Förderschwerpunkt emotionale und soziale Entwicklung haben intensive Einblicke in das traumatisch geprägte pädagogische Miteinander in den jeweiligen Institutionen ermöglicht. Die Fallorientierung war dabei durch eine multiperspektivische Herangehensweise geprägt. Insofern gilt einerseits: »Der Einzelfall kann eine Person, eine Gruppe oder eine Organisation sein« (Mertens, 2000, S. 294). Andererseits lässt sich die Spezifik eines Falls im vorliegenden Feld nur aus dem Miteinander von leidvoller individueller Reinszenierung traumatischer Erfahrung und damit verbundener, interaktional gestalteter Szenen in der pädagogischen Beziehung sowie institutionell verankerter Reaktionsmuster tatsächlich tiefgehend herausarbeiten. Während der Blick auf das Erleben der Kinder und Jugendlichen in der vorliegenden Studie nur indirekt, das heißt, über die Perspektivübernahme der Fachkräfte und durch Nutzung eigener Gegenübertragungsgefühle möglich war, konnten die Erlebens- und Handlungsmuster der erwachsenen Bezugspersonen über das Interview- und Beobachtungsmaterial direkt erschlossen werden.

Sollen Generalisierungen aus derart orientierter qualitativer Forschung ermöglicht werden, muss deshalb zunächst die Spezifik von Fall- und Interaktionsgeschichten genau analysiert werden. Die Einzigartigkeit der hier vorgestellten Interaktionsgeschichten lässt sich analog zum Mehrebenenzugriff der Forschungsmethodik in dreierlei Hinsicht analysieren:

Erstens sind es einzigartige Kinder und Jugendliche, die ihre lebensgeschichtlichen Erfahrungen, wobei der Fokus hier auf den traumatischen Aspekten lag, in die pädagogischen Interaktionen einbringen. Zwar lassen sich die zugrunde liegenden Erfahrungen partiell interindividuell zusammenfassen, etwa, indem Beziehungstraumatisierungen durch Gewalt und Vernachlässigung als gemeinsames Bedingungsfeld aufgefasst werden. Dieser Logik folgend sind *alle* in dieses Forschungsprojekt integrierten Fallgeschichten im Bedingungsfeld beziehungstraumatischer Erfahrungen angesiedelt, auch, wenn sich die Qualität und die Dauer der Erfahrungen aufseiten der Kinder und Jugendlichen voneinander unterscheiden (ein Hinweis darauf, dass jene Erfahrungswelten in der Wahrnehmung der Fachkräfte dominieren, singuläre Traumatisierungen hingegen eine untergeordnete Bedeutung haben (vgl. Ullrich & Zimmermann, 2014). Dies gilt auch oder sogar besonders, wenn die beziehungstraumatischen Erfahrungswelten nur sehr zögerlich oder verspätet in den Dialog eingebracht wurden, so etwa in den Interaktionsgeschichten aus Grundschulen. Denn es waren jene Hintergründe, die sich als emotional hochgradig belastend für alle Beteiligten rekonstruieren ließen. Die Interaktionsgeschichten jedoch sind auf den gesamten traumatischen *Prozess* bezogen und fokussieren auf das Hier und Jetzt dieses Prozesses, konkret auf das pädagogische Miteinander im gegebenen Umfeld. Demnach hat eine an Bedingungsfeldern orientierte Generalisierung nur begrenzte Aussagekraft hinsichtlich der konkreten Ausgestaltung der Erlebensmodi und in der Folge der Reinszenierungen jener Kinder und Jugendlichen in Form von Verhaltensweisen. Das heißt, auch objektiv sehr ähnliche beziehungstraumatische Erfahrungen können gänzlich unterschiedliche traumatische Prozesse auslösen, primär auf der Erlebensebene, sekundär auf der Verhaltens- wie auf der pädagogischen Beziehungsebene. Dies ist ein deutlicher Ausdruck der Multifinalität schwerer seelischer Beeinträchtigungen trotz ähnlicher Bedingungsfelder (vgl. Rauh, 2014), weswegen eine Analyse des gesamten traumatischen Prozesses unerlässlich ist, wenn die Auswirkungen traumatischer Belastung in der pädagogischen Arbeit verstanden werden sollen. Auch im Forschungsprozess selbst zeigen sich wesentliche Unterschiede: Die Intensität, mit denen die Interviewpartnerinnen und -partner auf einzelne Kinder oder eher auf die Lernendengruppe Bezug genommen haben, war sehr verschieden ausgeprägt. Zwar zeigen sich hier institutionsabhängige Trends, nämlich dahingehend, dass in Förderschulsettings und Sprachlernklassen eher über die einzelnen Kinder und Jugendlichen, in Grundschulen hingegen eher über die Klassengruppe gesprochen wurde. Dies kann hinsichtlich der institutionellen Zusammenhänge noch weiter analysiert werden, dennoch gibt es kein konsistentes Muster. Sowohl auf den prozesshaften Zugriff traumatischer Beziehungen als auch auf die Forschungsmethodik bezogen, sind so in jedem Fall die Einzigartigkeit der Fallgeschichten zu betonen und vorschnelle Generalisierungen zu vermeiden.

Zweitens unterscheiden sich die Fachkräfte in ihrer pädagogischen Professionalität sowie ihren eigenen biografischen Prägungen (vgl. Suess, 2010; Weiss, 2002). Eine lineare Sichtweise, nach der sich jegliche Verstrickung und jegliches pädagogisches Beziehungsangebot monokausal auf die traumatischen Reinszenierungen der Kinder und Jugendlichen bezieht, verbietet sich demnach von selbst. Vielmehr ist von einem einzigartigen dialogischen Geschehen auszugehen, das sich in der Interaktion zweier oder mehrerer Personen entwickelt. Folgerichtig wurden die Interaktionsgeschichten im Sinne einer Analyse gemeinsam gestalteter Szenen konzeptualisiert, nicht als bloße Widerspiegelungen traumatischer Erfahrungen im schulischen Miteinander. Zu diesen Interaktionsgeschichten tragen die biografischen und aktuellen Erfahrungs- und Erlebensmodi der Kinder und Jugendlichen bei, ebenso jedoch biografisch und professionell geprägte Selbst- und Fremdbilder der Fachkräfte (vgl. Graf-Deserno, 2001).

Drittens unterscheiden sich die Institutionen, in denen die Fachkräfte tätig sind und in denen im Rahmen der Untersuchungen interviewt und beobachtet wurde. Hier herrschen unterschiedliche Kulturen von Offenheit und Abwehr, von kollegialer Zusammenarbeit und Vereinzelung (vgl. Dörr, 2013). Zudem wurden die objektiven, äußeren Rahmenbedingungen absichtsvoll hoch different ausgewählt: In die Studie wurden eine intensivpädagogische Schule mit Heimgruppe, zwei eher klassische Schulen mit dem Förderschwerpunkt emotionale und soziale Entwicklung im städtischen Umfeld, zwei Grundschulen sowie zwei Sprachlernklassen einbezogen, die an einer Integrierten Gesamtschule angesiedelt sind.

Zusätzlich zu diesen drei Ebenen, die die Einzigartigkeit der Fallgeschichten betonen, ist die wissenschaftliche Methode durch eine ausgeprägte, gleichwohl stets transparent gemachte Subjektivität der Forschenden gekennzeichnet – Emotionen, Haltungen und Interpretationen entstehen demnach wiederum in einem dialogischen Prozess der Forschenden mit dem Interview- und Beobachtungsmaterial. Genau dieser ist als Aspekt der Einzigartigkeit von Fallgeschichten keinesfalls zu vernachlässigen (vgl. Marks & Mönnich-Marks, 2003; Reichertz, 2015).

All diese Aspekte sind miteinander verwoben, wie exemplarisch an folgenden wechselseitigen Bedingtheiten gezeigt werden kann:

- Die emotionale Dichte und Qualität von Reinszenierung sowie die Widerspiegelung spezifischer biografischer Erfahrungen im Hier und Jetzt werden durch die Merkmale der aktuellen pädagogischen Interaktionen mitbedingt.
- Lehrkraft-Kind- und Peer-to-Peer-Interaktionen gestalten sich vor der Folie einer konkreten institutionellen Rahmung, die nicht nur durch Professi-

onsspezifika, sondern auch durch Raumgestaltung, Curriculum und Größe der Einrichtung geprägt sind.

- Institutionelle Rahmungen sind umgekehrt auch Ergebnis der Vielzahl von Reinszenierungen seitens der Schülerinnen und Schüler und demnach nicht statisch.

Die Dichte und Vielschichtigkeit von Interaktionsgeschichten erzwingt folglich auch eine theoretische und fallbezogene Komplexitätsreduktion. Es kann insofern sinnhaft begründet werden, dass die hier vorgenommenen Interpretationen und Analysen stets nur einen Ausschnitt des komplexen traumatisch bedingten Interaktionsgeschehens aufzeigen und die wechselseitige Beeinflussung der intra- und interpersonellen wie auch der institutionellen Dynamiken nur unzureichend dargestellt werden kann. Dies gilt umso mehr, wenn mehrere konkrete Fälle miteinander in Beziehung gesetzt werden, so wie in den hier vorgelegten Interaktionsgeschichten.

6.2 Von der Interaktionsgeschichte zum übergreifenden Themenfeld

Trotz oder gerade wegen dieser gewichtigen Einwände sollte versucht werden, Themenfelder herauszuarbeiten, die offensichtlich über die konkreten biografischen und interaktionalen Muster, professionsbezogenen Spezifika sowie institutionellen Rahmungen hinweg eine hohe Bedeutung für die traumaassoziierte Interaktion zwischen Schülerinnen und Schülern und Lehrkräften haben. Solche Themenfelder ermöglichen eine theoretische Weiterentwicklung traumapädagogischer Überlegungen. Das heißt, lassen sich Themenfelder rekonstruieren, die in einer Mehrheit der hier untersuchten organisationalen Settings und Lernarrangements bedeutsam sind, ist ihre Aussagekraft für die Theorieentwicklung einer Pädagogik bei Traumatisierung ungleich höher als wenn dies nur für ein Einzelsetting gilt. In die horizontale Auswertung wurden deshalb alle 14 Fallgeschichten, die im Laufe des Forschungsprojekts analysiert und erarbeitet wurden, einbezogen. Die im vorherigen Kapitel analysierten Interaktionsgeschichten, die insgesamt zehn Einzelfälle in vier Institutionen integrieren, sind ein Teil dieser Analyse und werden von vier weiteren Fallgeschichten (je zwei aus einer weiteren Förderschule und aus Sprachlernklassen) ergänzt. Angesichts der theoretischen Desiderate hinsichtlich der Konkretisierung von Traumapädagogik in der Schule erscheint jene Setting übergreifende Fundierung mehr als nötig, beziehen sich die vorliegenden fachlichen Konzeptualisierungen doch fast ausschließlich auf den Jugendhilferahmen (vgl. Dörr, 2013; Gahleitner & Schmid, 2014). Somit dient eine horizontale Analyse des Datenmaterials der Nutzbarmachung tiefenhermeneutischer Forschung für die theoretische und praktische konzeptionelle Weiterentwicklung der Pädagogik unter hoch erschwerten Bedingungen.

Aus den zunächst als »kontextspezifische[n] Aussagen« (Mayring, 2007, Abs. 14) angelegten Analysen von traumatisch bedingten Interaktionsmustern können auf diesem Weg Merkmale pädagogischer Interaktion unter den gegebenen Rahmenbedingungen extrahiert werden. Die inhaltliche Dichte der Analyse einerseits und die Breite der Interaktionsfelder, die in die Studie einbezogen wurden andererseits, ermöglichen jene Darstellung von theoretisch begründbaren Regelhaftigkeiten, auch wenn Ausnahmen stets möglich sind (vgl. ebd.). Ebenso können die hier zu extrahierenden Interaktionsmuster auch als Hypothesen für weitere qualitative Untersuchungen im gleichen Themenfeld genutzt und im Kontext der Analyse jener Ergebnisse gegebenenfalls modifiziert werden. Dies entspricht auch dem Explorationscharakter der hier vorgestellten Studie, die ein wissenschaftlich noch weitestgehend vernachlässigtes Feld bearbeitet.

Eine theoretische Fundierung fallübergreifender Themenfelder bedarf nunmehr einer nachvollziehbaren Regelhaftigkeit. Einige der von Jochen Fahrenberg (2003, Abs. 19) aufgeführten Grundregeln für jenen wissenschaftlichen Auswertungsschritt lauten: Transparenz des Prozesses, Interpretation nach Regelsystem, Offenheit für abweichende Zugänge, Nutzung der Interpretationsgemeinschaft, Reproduzierbarkeit der Urteile. Die zentrale Bedeutung von Transparenz, Offenheit und Interpretationsgemeinschaft im Forschungsprozess konnte an vielen Stellen dieser Arbeit im Hinblick auf die Einzelfälle belegt werden, sie gilt – wenn auch in abweichender Form, da lediglich kollegiale Validierung, jedoch keine strukturierten Gruppenauswertungen für diesen Auswertungsschritt genutzt wurden – auch für die Extraktion von übergreifenden Themenfeldern. Die Interpretation unterlag einem Regelsystem, als dass stets objektive Textmerkmale mit subjektiven und szenischen Informationen in Verbindung gesetzt wurden; gleichwohl bleibt etwas unklar, ob dies ein Regelsystem im Fahrenberg'schen Sinne darstellt. Die Frage der Reproduktion der Urteile ist folgendermaßen einzuschätzen: Analog zu Eva Jaeggi und Kolleginnen (1998) gilt es, den Prozess transparent zu gestalten und mit Zitaten zu belegen, damit dieser in der Folge geprüft und wiederholt werden kann. Der Prozess ist folglich durchaus reproduzierbar. Käme eine nachfolgende Interpretationsgemeinschaft dabei zu abweichenden, jedoch ebenso plausiblen Urteilen, kann dies sinnhaft als weitere Interpretationsmöglichkeit angesehen werden.

Die Vorgehensweise zur Generierung fallübergreifender Themenfelder war nunmehr folgende: Die 14 Fallgeschichten wurden hinsichtlich ihrer Themenfelder in einem umfassenden Interpretationsprozess auf Gemeinsamkeiten und Unterschiede hin analysiert. Die zunächst unterschiedlich benannten, weil der Idee subjektiver Sinnerschließung folgenden Themenfelder ließen sich dabei interpretativ zusammenfassen, indem die zentralen emotionalen und interaktionalen Bedeutungsmuster herausgearbeitet wurden. Eva Jaeggi und Kolleginnen (1998, S. 15) sprechen von einer »psychologischen Gestalt«, die die zusammenfassenden Konstrukte kennzeichne. Im vorliegenden Fall soll, da das aktuelle, vielfach unbewusst gestaltete Interaktionsgeschehen im Mittelpunkt steht, von einer *szenischen Gestalt* die Rede sein. Jene *szenische Gestalt* drückt aus, welche subjektive und institutionelle Sinnhaftigkeit spezifische Formen des Miteinanders in der aktuellen, traumabezogenen Interaktion aufweisen. In der Folge dieses Prozesses, der durch kollegiale Diskussion sowie durch unterschiedlich gelingende und teils wieder verworfene Zugriffe der Strukturierung gekennzeichnet und somit nur schwer visualisierbar ist, entstand eine Tabelle, in der den wiederkehrenden Themenfeldern modifizierte und somit für mehrere Fallberichte sinnhafte Titel zugeordnet wurden (Tabelle 1). Die Elemente dieser Strukturierung – mithin die Themenfelder – wurden wiederum in einem interpretativen Prozess hinsichtlich ihrer objektiven, subjektiven und szenischen Gemeinsamkeiten geprüft. Hierbei stellten sich zwei übergreifende Kernthemen traumatisch bedingter Interaktion als besonders häufig vorkommende Interaktionsmodi heraus, die in der Folge ausführlicher dargestellt werden.

Es bleibt festzuhalten, dass es sich nicht um qualitative Forschung handelt, die den pädagogischen Interaktionen in Gänze unvoreingenommen entgegentritt. Im Gegenteil arbeiten alle Interviews und auch die offener gehaltenen Beobachtungen mit der Hypothese, dass sich traumatische Erfahrungen in den pädagogischen Beziehungen widerspiegeln, bei gleichzeitig hoher Offenheit, *wie* sich jene Widerspiegelung konkret manifestieren könnte. Dies ist eindeutig keine Aussage dahingehend, dass die pädagogischen Beziehungen mit vielen engagierten Fachkräften nicht ebenso stabilisierende, schützende und von den traumatischen Reinszenierungen weitgehend unabhängige Anteile hätten. Es war jedoch nicht Ziel der Forschung, komplexe Beziehungsaspekte unvoreingenommen abzubilden, sondern die Spezifika und dabei insbesondere die emotionalen Aspekte traumatisch beeinflusster Reinszenierungen herauszuarbeiten. Daraus folgt, dass auch die horizontal bedeutsamen Themenfelder primär belastete, teils auf Abwehrstrukturen verweisende Interaktionsmuster in den Mittelpunkt stellen.

Arbeitstitel für übergreifende Themenfelder/ Interviews	**I1, GS**	**I2, GS**	**I3, GS**	**I4, GS**	**I5, GS**	**I6, FS**	**I7, FS**	**I8, FS**	**I9, FS**	**I10, FS**	**I11, FS**	**I12, FS**	**I13, SLK**	**I14, SLK**
Vermeidung (Belastung)/unterdrückte negative Emotionen (insbes. Wut) Unterricht: Vermeidung von Themen	x	x					x	x				x		
Verhaltensmodifikation durch Lob	x										x			
Verhaltensmodifikation durch Bestrafung							x		x					
Hoher Anspruch (Lernen; Umgang mit Belastung; Fortbildung)	x			x			x						x	x
Einzigartigkeit der Nähe (KL)		x			x						x			x
Beidseitige Überforderung – Grenzsetzung/innerer Rückzug/ Beobachtung: Ausgrenzung (bei unaushaltb. Konfrontation) Verbund. Aspekt: Misstrauen ** bei sexuellen Handlungen*		x			x	x	X*	x	x	x	x			
Fehlende Teilhabe/Ausgrenzung in der Peer-Group							x	x	x					x
Peer-Group generalisiert negativ konnotiert (hohe Dichte traumat. Erfahrungen)						x	x	x	x	x	x			
Peer-Group positiv bis idealisiert	x				x									
Unzuverlässigkeit (fehlende Transparenz; teils selbst als Erfahrung festgestellt)			X											
Kontrollbedürfnis (Kind & Lehrkraft)			X							x				
Körperliche Grenzüberschreitungen (reinszenierte Gewalt, unangemessenes Anfassen)			x			x			x	x	x			

Arbeitstitel für übergreifende Themenfelder/ Interviews	I1, GS	I2, GS	I3, GS	I4, GS	I5, GS	I6, FS	I7, FS	I8, FS	I9, FS	I10, FS	I11, FS	I12, FS	I13, SLK	I14, SLK
Fehlendes Einlassen auf subjektives Erleben/Perspektivübernahme			X				x	x	x	x		x		
Spaltung (Sicht auf das Kind)			x											
Unsicherheit (nicht zu viel deuten, Grenzen des Pädagogischen beachten, bes. Bedeutung bei Dissoziation)					x					x		x	x	
Intellektualisierung von Emotionen								x					x	
Pädagogische Grenzüberschreitungen (Intimgrenzen nicht beachten, Struktur des Unterrichts vernachlässigen)														x
Misstrauen (Erleben der Kinder/Erwachsenen; teilw. Reinszen.)								X						
Elternarbeit durch Spaltung/Unverständnis geprägt	x			x				x						
Verwirrung/Verständnislosigkeit (primär szenisch)										x	x			
Beziehungsabbrüche (insb. im Kontext Autonomie)					x				x	x				
Starker Wunsch, dass die eigene Arbeit anerkannt wird			x		x		x				x	x		x
Handlungsunfähigkeit als Reaktion auf Dissoziation						x	x					x		
Sexualisierung der Interaktion												x		
Reflektierte Schwierigkeiten, Vertrauen aufzubauen				x				x						

Bedrohliche Beziehungsgestaltung und Nicht-Integrierbarkeit	I1–3: Grundschule 1 (Frau Kinzig, Frau Reichert, Frau Christiansen) I4–5: Grundschule 2 (Frau Vogel, Frau Hermann) I6–7 FS: Emotional-soziale Entwicklung (ohne Interaktionsgeschichte)
»Symbiotische Beziehung«	I8–9 FS: Emotional-soziale Entwicklung (Herr Müller, Frau Lange) I10–12: Intensivpädagogische Schule und Wohngruppe (Schulleiterin , Klassenlehrerin und Sozialpädagogin von „Marian“)
Grenzüberschreitungen als Folge hochgradiger, geteilter emotionaler Belastung	I13–14: Sprachlernklassen (ohne Interaktionsgeschichte)

Tab. 1

6.3 Themenfeld I: Bedrohliche Beziehungsgestaltung und Nicht-Integrierbarkeit traumatischer Erfahrung

6.3.1 Die Rekonstruktion des Themenfelds

> »Sowohl, ich glaube SEINE Hilflosigkeit,//aber//auch viel MEINE. Das ich manchmal so denke. Ohpffffff« (Interv. 6, Z. 996f.).

Das Themenfeld »Bedrohliche Beziehungsgestaltung« ist durch Interaktionsmuster gekennzeichnet, in denen die schweren Belastungserfahrungen und Erlebensmodi der Kinder und Jugendlichen in verschiedener Art und Weise als nicht oder nur sehr bedingt in das pädagogische Miteinander im Hier und Jetzt integrierbar erlebt werden. Das Spektrum reicht dabei von der Furcht, zu viel in das Verhalten der Kinder und Jugendlichen hinein zu interpretieren, verbunden mit dem Wunsch, möglichst unvoreingenommen auf die Schülerinnen und Schüler zuzugehen (exempl. Fallgeschichten 3, 13), bis hin zur Tabuisierung jeglicher spezifischer Belastung, wobei den Kindern und Jugendlichen eine schuldhafte Verantwortung für ihr Verhalten zugeschrieben wird (exempl. Fallgeschichten 1, 2 und 9).

Konkret zeigen sich also deutlich divergierende interaktionale Ausprägungen dieses Themenfelds sowie verschiedene institutionelle Abwehrformen, unter deren Maßgaben sich jene Beziehungsmuster manifestieren. Insofern wäre die Ausformulierung eines gemeinsamen Themenfelds hinsichtlich der objektiven Interaktionsbedingungen sowie der unmittelbar beobachtbaren Merkmale der Zwei-Personen-Kommunikation fragwürdig. Gleichwohl sind alle Fallgeschichten, in denen sich dieses Muster rekonstruieren lässt, auf der zugrundeliegenden *emotionalen Ebene* sehr ähnlich durch die teilweise durchaus bewusste Unterdrückung oder unbewusste Abspaltung schwer aushaltbarer negativer Affekte geprägt. Insbesondere sind hier die Erlebensmodi der Überforderung bzw. Hilflosigkeit und der Fremdheit von zentraler Bedeutung.

Überforderung wiederum bezieht ihre Wirkmächtigkeit nun einerseits aus dem herausfordernden unmittelbaren Beziehungsgeschehen mit traumatisierten Kindern und Jugendlichen. Exemplarisch dafür steht das Eingangszitat, in dem Hilflosigkeit als Aspekt der Gegenübertragung wie auch der professionellen Überforderung gekennzeichnet wird. Ebenso exemplarisch für viele Textpassagen im gesamten Projekt steht die sprachlich fragmentarische, brüchige Form des Zitats – die Affekte der Hilflosigkeit (wie auch der Fremdheit) sind offenbar schwer in »ganze Sätze« bzw. strukturierte Gedanken zu bringen. Damit bilden institutionelle Rahmungen andererseits ein zentrales Bedingungsfeld für das entstandene und sich vielfach aktualisierende Gefühl. Das Themenfeld »Bedrohliche Beziehungsgestaltung« inklusive seiner affektiven Bestandteile ist somit als Folge nachhaltig gestörter pädagogischer Interaktionen zu verstehen.

Die Affekte der Hilflosigkeit und Überforderung bilden jedoch auch selbst das Bedingungsfeld spezifischer pädagogischer Interaktionsmodi, als dass durch sie neue Fremdheitsgefühle oder Wut entstehen können. Von einem Teil der befragten Fachkräfte werden die auslösenden Erfahrungs- und Erlebensmodi der Kinder und Jugendlichen nur sehr fragmentarisch mit den (unbewussten) Anfragen an die pädagogische Beziehung in Verbindung gebracht (besonders die Fallgeschichten 1, 2, 5 und 9). Andere Fachkräfte können fast nur einen regressiven Ausschnitt der Beziehungsanfrage wahrnehmen, denn nur dies scheint in die pädagogische Beziehung integrierbar zu sein (besonders die Fallgeschichten 10 und 11). Eine letzte Gruppe bilden Fachkräfte, die Überforderung eher dahin gehend formulieren, dass sich dann alles auf eine »Traumawahrnehmung« fokussieren würde – bei diesen Lehrerinnen und Lehrern zeigt sich die Anstrengung eher szenisch und die Fremdheit in einem hohen Maße an Intellektualisierung der Belastung (z. B. die Fallgeschichten 8 und 13). Aus diesem Blickwinkel ist das Themenfeld »Bedrohliche Beziehungsgestaltung« nicht nur Folge, sondern gleichzeitig Ausgangspunkt nachhaltiger Störungen der pädagogischen Interaktion.

Der Erlebensmodus der Überforderung kann nun erstens auf der subjektiven Datenebene aufgezeigt werden, da viele der Fachkräfte sich selbst als hoch belastet, oft direkt erschöpft reflektieren. Gleichzeitig werden auch die Kinder und Jugendlichen mit schweren Belastungserfahrungen in der Perspektivübernahme als überfordert beschrieben, insbesondere mit den Anforderungen der Peer-to-Peer-Interaktion sowie hinsichtlich des schulischen Curriculums. Zweitens zeigen sich jene Erlebensmodi auch deutlich in den Gegenübertragungsgefühlen von uns Forschenden, und zwar teils in unmittelbarer Teilhabe, das heißt, in eigenen Gefühlen der Überforderung bzw. dem Wunsch, Verstehensprozesse zu beenden. Teils kehrt sich Überforderung in Wut auf die Lehrkräfte oder Fremdheit ihnen gegenüber um, die nunmehr für den Ausschluss der traumabezogenen Anfragen aus der Interaktion verantwortlich gemacht werden – eine einseitige Interpretation von unserer Seite, die wiederum von der Überforderung hinsichtlich des Verstehens der Komplexität und Last traumatisch bedingter Interaktion geprägt ist.

Die Beziehungsmodi »Überforderung« und »Fremdheit« und damit das gesamte Themenfeld gewinnen schließlich besondere Relevanz, weil sie sich nicht einer Schulform, einem Interaktionssetting oder einer spezifischen Qualität traumatischer Erfahrung zuordnen lassen. Unter den von den Lehrkräften benannten Hintergründen befinden sich sowohl traumatische Trennungserfahrungen als auch extremtraumatisierende Flucht- oder Missbrauchserfahrungen. Die Erlebensmodi lassen sich sowohl in mehreren Fallgeschichten aus Grundschulen, aus Förderschulen und auch aus einem Sprachlernklassensetting rekonstruieren. Trotz aller Vorsicht, dass dabei letztlich individuell unterschiedlich konnotierte Interaktionsformen und Qualitäten von Beziehungsgestaltung und -vermeidung zusammengefasst werden, soll an dieser Stelle dennoch quantifiziert werden: Das Themenfeld »Bedrohliche Beziehungsgestaltung« zeigt sich in zwölf von 14 Fallgeschichten (unter Integration des Interview- und Beobachtungsmaterials) und hat demnach eine sehr hohe intersubjektive Bedeutung im Kontext traumatisch beeinflusster pädagogischer Interaktion. Lediglich in einem Interaktionsgeschehen einer Grundschulklasse sowie in einer Sprachlernklasse lässt es sich nicht sinnhaft rekonstruieren.

Aufgrund der Verbreitung des Themenfelds ist es sinnvoll, noch genauer zu untersuchen, welche Beziehungsanfragen, Lehrer-Schüler-Beziehungsmodi und institutionellen Beschaffenheiten den Nährboden für die erlebte Nicht-Integrierbarkeit traumatischer Erfahrungen bereiten. Denn dies muss wiederholt verdeutlicht werden: Es handelt sich um eine engagierte Gruppe von Fachkräften! Nicht deren pädagogische Qualifikation ist hier zu prüfen, sondern die interpersonelle und institutionelle Verstrickung von Traumatisierung mit dem Interaktionsfeld Schule.

6.3.2 Traumatisch bedingte Beziehungsanfragen und ihre Nicht-Integrierbarkeit

Kinder und Jugendliche mit traumatischen Beziehungserfahrungen (jene stehen im Mittelpunkt des trauma*pädagogischen* Interesses wie auch dieser Studie) stellen mit ihrem Verhalten existenzielle Fragen an die Pädagoginnen und Pädagogen, die im Kapitel 3 dieser Arbeit genauer ausformuliert wurden. Jene Anfragen beziehen sich primär auf die Stabilität der aktuellen Beziehung. Diese nur im Verhalten, demnach fast nie verbal zu stellenden Fragen entstammen hoch belasteten Beziehungserfahrungen und sind Ausdruck damit verbundener innerer Objektrepräsentanzen. Die Widerspiegelung des Erlittenen, gleichsam aber auch die Transformation in eine individuelle, mehr oder weniger beherrschbare Verhaltensoption entspricht dem Versuch einer subjektiven Verarbeitung des Geschehenen (Amft et al., 2004, 189f.).

Gerade weil es so schwer ist, das Umfassende der traumatischen Reinszenierung im schulpädagogischen Alltag zu reflektieren,[21] tauchen die traumaassoziierten Verhaltensweisen und die darin enthaltenen Anfragen an die aktuelle Beziehung in den Beschreibungen der Fachkräfte sehr häufig auf, werden themenfeldlogisch aber vielfach nicht als solche reflektiert. An einzelnen Stellen benennen die Fachkräfte sogar, sie hätten im Rahmen des Interviews erstmals über die Zusammenhänge von Erfahrung, Erleben und pädagogischen Interaktionsmodi nachgedacht:

> »Merk ich erst jetzt, dass, wo wir jetzt drüber sprechen, merk ich, dass das sicher (-) ein Punkt is, dass er auch von mir viel negative <<lachend>> Kritik bekommt. Ja. Hm=hm (räuspert sich)« (Interv. 3, Z. 368ff.).

Die latenten Informationen, konkret das Lachen der Fachkraft sowie das Räuspern und das damit verbundene Unwohlsein in der Forschungsgruppe, sind deutliche Hinweise darauf, mit wie viel Unsicherheit und Verwirrung das Nachdenken über die Lasten der Kinder und die sich subjektiv wiederholenden Beziehungserfahrungen in der gemeinsamen Reinszenierung verbunden sein kann. Infolge von Verunsicherung versuchen viele Fachkräfte, den schulischen Dialog auf einer Fantasie des Neuanfangs und einer homogenen Gruppe aufzubauen:

> »Und ähm, wenn dann so Kinder da dazukomm, dann ähm (-) kriegen die eben auch gesagt: Wir sind hier ein Team und wir machen hier alles zusamm und hier wir gehörn, wir gehörn zusamm! Und (-) das is eben, wir sind hier ne große Familie, ne große Schulfamilie, ich bin der Chef (lacht) und dann läuft das. Und das kriegen die Kinder gut hin« (Interv. 5, Z. 271–275).

> »Sie fragt motivierend: ›Sind wir lahme Schnecken? Oder sind wir schnelle Ameisen? Oder ganz schnelle Panter?‹« (Beobachtung zu Fallgeschichte 1).

Die Bilder einer korrigierenden Beziehungserfahrung, die mit einem Neuanfang in einer »heilen« Klassengruppe verbunden sind, wurden für eine Interaktionsgeschichte genauer untersucht und könnten auch für viele andere Settings aufgearbeitet werden. Entscheidender für das übergreifende Themenfeld aber ist

---

21 Einige erschwerende Bedingungen sind: Fast immer Arbeit von einzelnen Fachkräften, selten Teamarbeit, wenig institutionalisierter Raum für Gespräch und Reflexion, hochgradig handlungsorientierte Professionalisierung bei Vernachlässigung der Haltung und Reflexionsfähigkeit.

die Bedeutung, die es für das Traumatische hat. Dies nämlich hat dann keinen Platz mehr, soll möglichst zugunsten einer gruppenorientierten Beziehungsform ausgeklammert werden, die allen Mitgliedern dienen soll, von diesen aber auch gleiche Assimilationsfähigkeiten abverlangt. Das Didaktische, oft sehr elaboriert, muss hier zwangsweise auch als Versuch interpretiert werden, die eigentliche Not und das eigentliche Bedürfnis schwer belasteter Kinder möglichst fernzuhalten. Kommt es trotz zahlreicher pädagogischer Angebote, die auf Neuanfang orientiert sind, zu übergriffigen oder auch nur zu als verweigernd erlebten Verhaltensweisen, werden Beziehungen nicht selten situativ oder sogar gänzlich abgebrochen. Insbesondere ambivalente, dabei recht eindeutig traumabezogene Verhaltensweisen der Kinder und Jugendlichen werden so als nicht in eine kontinuierliche Beziehung integrierbar erlebt.

Im Unterschied zur Mehrheit der Lehrkräfte in Grundschulen nehmen viele der Lehrkräfte in Schulen mit dem Förderschwerpunkt emotional-soziale Entwicklung die Verhaltensweisen der Kinder und Jugendlichen durchaus als Folge von innerpsychischen Übertragungsprozessen wahr:

> »Na und was ich auch oft denke, dass sie halt immer wieder in ihren alten Erlebnissen drin sind, obwohl das Hier und Jetzt nen ganz anderes ist« (Interv. 7, Z. 103f.).

> »Also, ist dann so als ob er wirklich den Kopf ausschaltet und (-) es na irgendwie rauslassen muss. Und ich denke das dit (-) noch son Überbleibsel ist von dieser (-), von diesen Kindheitserfahrung« (Interv. 9, Z. 102ff.).

Möglicherweise aufgrund einer anders gelagerten Professionalisierung, ebenso jedoch aufgrund übersichtlicherer institutioneller Rahmungen erkennen die von uns interviewten Fachkräfte in diesen Einrichtungen tendenziell eher den grundsätzlichen lebensgeschichtlichen Zusammenhang von traumaassoziierten Verhaltensweisen. Jedoch ist dieses Wissen nicht zwingend nutzbar zur Entschlüsselung der konkreten, aus der traumatischen Erfahrung stammenden aktuellen Anfragen, eine Grundbedingung für die Integrierbarkeit dieser in der Interaktion. Teils wendet sich die eigene Belastung in Aggressivität gegenüber den Kindern, teils wird das Verhalten der Kinder als persönliche, gewollte Provokation eingeordnet (insbesondere in den Fallgeschichten 6, 9 und 10).

> »Auf der anderen Seite, weil ich hab genau diese widersprüchlichen Sachen auch so. … Ich bin auch teilweise hilflos und weiß nicht, wie ich ihm helfen soll. … Ich

> werde dann auch, äh, ja, eher, dass ich ihn ablehne und nicht mehr hier haben möchte. … Er soll weg, einfach nur. So.« (Interv. 7, Z. 530–553).

> »GENAU und. GENAU. Und dann geht man doch wieder hoch, wo man genau//weiß//, das wollten sie eigentlich oder einzelne oder einer wollte es, wollte mich hochbringen und dieses hat's wieder geschafft oder (-) zum Beispiel auch schreien. Also ich, ich find's schlimm zu schreien, passiert aber halt einfach, weil manchmal is es halt dann die Hilflosigkeit dann einfach zu doll da und dann explodiert man noch und dann//äh//(-). Ja.« (Interv. 6, Z. 1266–1270).

Gemeinsam ist fast allen Fallgeschichten zudem, dass die aktuellen, hoch herausfordernden Beziehungsanfragen nicht (zumindest partiell) als Folge des derzeitigen interaktionalen und institutionellen Geschehens reflektiert werden können. Die innere Ambivalenz aus (partiellem) Verstehen und Ohnmacht, und dies gilt tatsächlich professionalisierungs- sowie institutionsübergreifend, ist scheinbar schwer in das Selbstbild der oft nahezu mit Omnipotenz-Ansprüchen konfrontierten Fachkräfte integrierbar (in Grundschulen exempl. die Fallgeschichten 1 und 5, in Förderschulen exempl. die Fallgeschichten 7, 10 und 11). Beziehungsprozesse, die aus der Sicht der Fachkräfte scheitern, müssen deshalb in rein biografischen, außerschulischen Problematiken oder aber im Fehlverhalten der Kinder und Jugendlichen verortet werden. Eine Klassenlehrerin einer Grundschule analysiert die Gründe für das Scheitern eines Gruppenprozesses mit einem schwer belasteten Schüler in der Perspektivübernahme für diesen folgendermaßen:

> »Ich muss versuchen, mich um mich selbst zu kümmern. Ich muss aufpassen, dass ich immer genug zu essen habe. Ich muss mir mein Essen einteilen. Ich muss zusehen, dass ich dusche. Ich muss versuchen, mich gegen meine Geschwister zu wehren. Ich muss für meine kleinen Geschwister sorgen« (Interv. 5, Z. 62–66).

Stellvertretend für viele (nicht alle!) Interviews zeigt sich, dass es der Lehrkraft durchaus gelingt, sich »sinnrekonstruierend-hermeneutisch« (Krebs, 2002, S. 55) der inneren Welt des Schülers anzunähern. Die zentralen Nöte des Kindes haben dieser Reflexion nach mit der schulischen Welt zunächst wenig zu tun. Gleichwohl sind es existenzielle Fragen und gleichzeitig altersunangemessene Formen der Verantwortungsübernahme, die das Erleben des Jungen *in der Schule* prägen. Für schulische Beziehungsgestaltung und, dies gilt sekundär, für entsprechende Leistungsanforderungen bleibt so nur sehr wenig Raum. Zusätzlich, und dies ist pädagogisches Kernthema, sind in den Nöten des Jungen, die familiärer Beziehungserfahrung entstammen, durchaus auch Anfragen an die pädagogischen Bezugspersonen in den Institutionen enthalten. Werden die subjektiven Sätze unter dieser Prämisse reformuliert, ließen sich die Beziehungsanfragen wie folgt rekonstruieren:

> »Haben meine Nöte und Ängste hier ihren Raum? Erkennst du, dass mich ganz andere Fragen plagen als die Aufgaben des Unterrichts? Kann ich trotzdem eine Beziehung zu dir aufbauen, auch, wenn ich deinen vielen pädagogischen Angeboten (noch) nicht folgen kann?« (Protokoll der Auswertungsgruppe)

Das heißt, es gelingt hier wie in den meisten Fallgeschichten nur ansatzweise, die traumaassoziierten Anfragen des Jungen in der pädagogischen Interaktion als Teil des Hier und Jetzt zu verstehen. Das Bedrohliche wird weitgehend ausgeklammert, indem es ausschließlich in einer der Schule fremden Welt verankert wird. Nicht umsonst wechseln in diesem Interview deshalb häufig Resignation und Omnipotenz-Fantasien. Eine einseitige Verankerung der Last außerhalb der pädagogischen Interaktion führt hier exemplarisch zu einer Reaktion, die die Lehrerin selbst als mindestens partielle Resignation beschreibt:

> »Ok, ich zeig ihm weiter, dass ich ihn gern hab, aber ich komm jetzt nich weiter, dann ähm, guck ich, beobacht ichs jetzt erst mal einfach und mache nich, nich mehr weiter äh irgendwie ne« (Interv. 5, Z. 219ff.).

6.3.3 Wechselseitige Fremdheit

Viele Interaktionssequenzen wie auch die emotionalen Reaktionen in der Forschungsgruppe verweisen darauf, dass nicht nur Überforderung, sondern auch Fremdheit ein wichtiges Bedingungsfeld für die bedrohliche Beziehungsgestaltung darstellt. Fremdheit beginnt manifest in der aus Sicht der Lehrkräfte oft fehlenden Information zu den lebensgeschichtlichen Erfahrungen der Schülerinnen und Schüler. Dieses Fehlen wird teils an strukturellen Merkmalen festgemacht (fehlende Übergabegespräche), teils aber auch den Kindern selbst angelastet:

> »Also sowas hatten wir hier schon, dass man das (die traumatische Erfahrung, D. Z.) aber nie rausbekommt, das die Kinder sehr auffällig sind und man verzwei-

> felt versucht, irgendwas rauszukriegen und es klappt nich. Diese Gewalterfahrung, darüber sprechen Kinder manchmal. Das hab ich erlebt, dass die sagen: ›Ja, mein Vater hat mich ganz dolle geschlagen.‹ Oder wir hatten ja hier auch Kinder aus so 'ner Familie, die jetzt in so 'nem Kinderheim sind. … Da hatten die Kinder auch blaue Augen und wenn wir das nachgefragt haben, ha'm sie das aber geleugnet, ne. Also sie ha'm gesagt, ›nee, wir sind hingefalln oder so‹, ne. Also das sind alles so die Bereiche, mit denen wir hier zu tun haben und was uns eben mehr oder weniger auffällt also« (Interv. 7, Z. 18ff.).

> »… sie REDEN nicht drüber, sie blockieren. Und ähm (-) ich weiß nich, ob sie es auch verdrängen, innerlich verdrängen. Das is wie so ne Mauer kommt's mir vor, die sie bilden um sich herum« (Interv. 2, Z. 155ff.).

Unsicherheiten um die traumatischen Erfahrungen und damit verbundene Fremdheit sind also für viele institutionelle Settings geradezu prägend. Gerade in größeren Institutionen wie auch bei wechselnden Zusammensetzungen der Klassen ist jener Mangel an Informationen tatsächlich vielfach problematisch. Interessanterweise sind die von uns interviewten Lehrkräfte in Sprachlernklassen oft sehr gut über ihre Schülerinnen und Schüler informiert, obwohl wechselnde Zusammensetzungen der Gruppe dort Teil des Konzepts sind.

Fremdheit aber weist noch eine andere Dimension auf. Gemeint ist hier eine emotionale Fremdheit, die sich im Extremfall in der völligen Unmöglichkeit von echtem Beziehungsangebot zeigt:

> »Nä, und is überhaupt nicht mehr zugänglich, geht dann raus, äh, is beleidigt, äh, hat ne ganz geringe Frustrationstoleranzgrenze, und äh, blockiert, wenn's irgendwo zu schwer wird, wenn ihm irgendwas nich passt« (Interv. 2, Z. 126ff.).

> Interviewerin: »… Ähm, und wie gestalten Sie die Beziehung zu den Kindern, wenn Sie/sie selbst emotional stark beteiligt sind?« Frau R.: »Ich versuche, ihnen Grenzen zu setzen« (Interv. 2, Z. 313–316).

Die von der Lehrerin selbst benannte Nähe zu ihren Schülerinnen und Schülern wird nicht nur sprachlich, sondern auch szenisch durch ein hohes Maß an Fremdheit und fehlender Authentizität kontrastiert. Mehrfach fällt in der Auswertung der Forschungsgruppe in der Perspektivübernahme für die Fachkraft der Satz: »Das stand so im Bindungsbuch.« Daran wird noch einmal deutlich, dass es jener Fachkraft (wie auch einigen ihrer Kolleginnen und Kollegen) schwerfällt, eigene Emotionen in der Arbeit mit teilweise schwerstbelasteten Kindern und Jugendlichen wahrzunehmen oder sie sogar zu formulieren. Ein Versuch, mit dieser Fremdheit sich selbst gegenüber umzugehen, stellt die Dominanz von didaktisch anwendbaren, vorgeblich beziehungsförderlichen Methoden dar. Als pädagogisches Prinzip wird dies mehrfach dahingehend umformuliert, dass man den Kindern letztlich fern bleibe, um sie vor überflutenden Inhalten zu schützen (besonders Interview 1, 2, 7, 8 und 12). In diesem Bemühen erleben sich mehrere Fachkräfte aber wiederum als überfordert und kommen auch mit verpflichtenden Unterrichtsinhalten in Konflikt:

> »… in der Fülle der Fragen und Materialien, die ich da zur Verfügung hatte, ähm, hab ich nich genügend selektiert, um, um das jetzt (-) herauszuziehen« (Interv. I, Z. 170ff.).

> »… am Anfang war ich schon sehr genervt manchmal in Unterrichtssituationen, in Settings (-) wo, wo wo (-) wo es um andere Sachen ging, wo ich nicht auf Befindlichkeiten eingehen konnte, in dem Maße in dem es angebracht gewesen wäre« (Interv. 13, Z. 332ff.).

Funktionieren die didaktisch dominierten Angebote an die Kinder und Jugendlichen nicht im gewünschten Maße, scheint der Zugang zu den Kindern teils dauerhaft verschlossen, und vielfach erscheinen die traumatisierten Schülerinnen und Schüler dann als Schuldige ihrer emotional-sozialen Ausgrenzung. Hiermit ist jenseits individueller Kompetenz eine wichtige Bedingung von Fremdheit benannt: Die Doktrin des Nicht-Scheiterns bedingt im Zusammenspiel mit traumatischer Reinszenierung emotionale Entfremdung, auch aufseiten der Fachkräfte und zu sich selbst.

> »Also ich denke, das wäre auch ein, ein übermäßiger, ähm, und übermenschlicher Aufwand bei dem, was so an, an Arbeit, auf einen wartet« (Interview 2, Z. 178ff.).

6.3.4 Abschließende Überlegungen zum Themenfeld

Schulische Beziehungsarbeit ist (in der Wahrnehmung sehr vieler Fachkräfte) durch die traumabezogenen Erlebens- und Verhaltensmuster potenziell bedroht. Dies gilt weitgehend unabhängig davon, ob die Reaktion auf die subjektive Bedrohung in einer hoch ausgeprägten Fokussierung auf didaktische Raffinesse (inkl. der Vermeidung wirklicher Beziehung), auf Verhaltensmodifikation oder in einem inneren Rückzug der Fachkräfte besteht. Dort, wo eine lebensgeschichtliche Reflexion stattfindet, kommt es in mehreren Fallgeschichten dennoch zur Trennung dieses Leids von der Reflexion des aktuellen Verhaltens, das eher mit Schuldhaftigkeit und Erlernen von maladaptiven Strategien in Verbindung gebracht wird. Die Trennung pädagogischer Interaktion einerseits von traumabezogenen Fragen in der Interaktion anderseits wird also, wie exemplarisch gezeigt, stets von mehreren Beziehungspersonen mitinszeniert, wobei vielfach unklar bleiben muss, ob der Interaktionsmodus primär von Bedürfnissen der Kinder und Jugendlichen oder denen der pädagogischen Fachkräfte geprägt wird. Dies ist im Sinne eines pädagogischen Zugangs zur traumatisch konnotierten Interaktion sehr bedeutsam. Denn es handelt sich ganz offenbar, obwohl dies teilweise von Lehrkräften so interpretiert wird, nicht um einen einseitigen Versuch der Kinder und Jugendlichen, den pädagogischen Begegnungsraum frei von der traumatischen Last zu halten. Ebenso ist keine einseitige, bewusste oder unbewusste Abwehr traumatischer Affekte durch die pädagogischen Fachkräfte aus dem vorliegenden Material entschlüsselbar. Vielmehr handelt es sich um ein interpersonales und institutionalisiertes Abwehrgeschehen im konkreten Kontext, das gemeinsam gestaltet wird (vgl. Mentzos, 1988).[22] Genau dies macht die Wirkmächtigkeit des Themas aus. Trotz der ausgeprägten Professionalität der Beteiligten, der sehr unterschiedlich sicheren schulischen Lernorte und objektiv verschiedenen traumatischen Erfahrungswelten sind die Grenzen für eine Integration traumatischer Last in das schulische Setting derzeit generalisiert sehr eng gesteckt. Der mit der emotionalen Last verbundene Versuch, die schulische Interaktion von der traumatischen Last zu befreien, mag an einigen Stellen berechtigt oder sogar notwendig sein; in anderen Interaktionsgeschichten konnten hochgradig destruktive Muster im Sinne innerpsychischer und sozialer Desintegration der Kinder und Jugendlichen rekonstruiert werden.

22 Gleichwohl gerät hier der auf die Wahrnehmungen der Fachkräfte wie auf Einzelbeobachtungen ausgerichtete Forschungsansatz an seine Grenzen. Im Kontext langfristiger Beobachtungen nach dem Tavistock-Konzept oder durch Interviews mit schwer belasteten Kindern und Jugendlichen selbst könnte es gelingen, das Bedingungsfeld des Ausschlusses traumabezogener Beziehungsanfragen aus dem pädagogischen Setting genauer zu entschlüsseln. Jedoch würden so forschungsethische Grenzen überschritten, weshalb auf Interviews mit traumatisierten Kindern und Jugendlichen ausdrücklich verzichtet wurde. Langfristige Beobachtungen konnten aus forschungsökonomischen Gründen nicht realisiert werden.

6.4 Themenfeld II: Emotionale Belastung als Bedingungsfeld von Grenzverletzungen in der pädagogischen Interaktion

6.4.1 Rekonstruktion des Themenfelds

Die hohe emotionale Belastung, die die Fachkräfte (wie, so ist zu vermuten, auch die Peers, für die hier jedoch keine aussagekräftigen Daten vorliegen) wahrnehmen und verbal oder nonverbal ausdrücken, kann die pädagogische Beziehung noch in anderer Form prägen. Die wesentliche Reaktion auf Überforderung im ersten Themenfeld besteht in einer Trennung der unmittelbaren schulischen Interaktion von der traumatisch beeinflussten Beziehungsebene. Ein Teil der Fachkräfte reduziert dabei (und zwar zweifelsohne in verschiedener Form und auf der Grundlage unterschiedlicher Haltungen) das ursächlich Pädagogische, nämlich die hierarchische Beziehung zwischen Erziehenden und zu Erziehenden (vgl. Benner, 2010; Prengel, 2013, S. 59), auf primär didaktische Fragen der Unterrichts- und Klassenraumgestaltung (exempl. Fallgeschichten 1, 2 und 5). Das heißt, auf der didaktischen Ebene konnten insbesondere in den Grundschulen viele sehr variantenreiche Unterrichtsformen, geleitet von engagierten Fachkräften, beobachtet werden. Gleichwohl verstärken sich in diesem Kontext nicht regelhaft, aber dennoch subjektiv logisch, Erfahrungen der inneren und äußeren Einsamkeit von traumatisierten Kindern und Jugendlichen. Denn ihre Lebens- und Leidensgeschichte haben im Erfahrungs- und Beziehungsraum Schule keinen oder wenig Platz. Ein anderer Teil der Fachkräfte hat eine intensivere Möglichkeit des Zugriffs auf das Traumatische in der pädagogischen Interaktion – gleichwohl ist die emotionale Beteiligung in Kombination mit unzureichenden strukturellen Rahmenbedingungen so hoch, dass eine Integration zwar tendenziell reflexiv gelingt, jedoch in das pädagogische Miteinander ebenfalls nur sehr fragmentarisch einfließen kann (exempl. Fallgeschichten 6, 8, 9, 10 und 11).

In einer Reihe von Fallgeschichten kommt es mit dem gleichen Bedingungsfeld zu verschieden gelagerten Grenzüberschreitungen. Vermeidung einerseits und Grenzüberschreitungen andererseits stehen sich also keinesfalls diametral gegenüber; vielmehr sind Letztere eine häufige Folge des Bedingungsfelds »Bedrohliche Beziehungsgestaltung«. Jene Überschreitungen beinhalten die Nicht-Einhaltung körperlicher, emotionaler und beziehungsbezogener Grenzen. Darüber hinaus stellt auch der Beziehungsabbruch eine spezifische Grenzüberschreitung dar, da er sich mehrfach und in verschiedenen Settings als unbewusste Lösung eines traumatisch bedingten Abhängigkeits- und Autonomiekonflikts analysieren ließ. Lernende, die nicht in der erwarteten Form auf die didaktischen und beziehungsorientierten Angebote reagierten, wurden manifest oder subtil aus dem pädagogischen Miteinander ausgeschlossen, mehrfach wurde den Kindern und Jugendlichen absichtsvolle Verweigerung unterstellt. In einem Fall kam es in diesem Kontext sogar zur institutionellen Trennung, als dass jener Schüler zum Wechsel in eine andere Schule gedrängt wurde. Die Aspekte »unmittelbare Grenzüberschreitung« und »Trennung« sind auf der Ebene des Erlebens und der szenischen Daten eng miteinander verflochten, sodass sie hier im Sinne eines gemeinsamen Themenfelds bearbeitet werden.

Traumatisierte Kinder und Jugendliche verletzen die Grenzen ihrer pädagogischen Bezugspersonen, hierzu liegt eine Reihe von Untersuchungen vor (vgl. Steinlin et al., 2015). Ebenso werden pädagogische Fachkräfte übergriffig, primär, da sich das wirkmächtige Übertragungs-Gegenübertragungsgeschehen in dieser Art und Weise entlädt, sekundär, weil das institutionelle Gefüge eine Macht-Ohnmacht-Spirale zwischen Fachkräften und schwer belasteten Lernenden nahelegt (vgl. Warzecha, 2000). Als übergriffig werden auch Eltern beschrieben, in einzelnen Fällen auch die Schulleitungen. Die herausgearbeiteten, teils auch beobachteten Interaktionsmodi umfassen vielfältige Formen emotionaler wie körperlicher Gewalt, wobei gegenseitige Entwertungen und Beleidigungen ein sehr häufig rekonstruiertes Geschehen sind.

Während hier (in verschiedene Richtungen) nahezu unübersehbare Formen der emotionalen oder körperlichen Übergriffigkeit im Mittelpunkt stehen, gibt es auch Grenzüberschreitungen, die ihre Wirkmächtigkeit eher kumulativ entfalten, da sie sich im Rahmen misslingender, gleichwohl traumabezogener pädagogischer Beziehungsmuster manifestieren. Exemplarisch kann dies am Umgang mit sexualisierten, gleichsam ein hohes Nähebedürfnis ausdrückenden Verhaltensweisen kleinerer Kinder beschrieben werden: Deren buchstäbliches Auf-den-Schoß-Setzen bei jeglichen Bezugspersonen wird oft wenig reflektiert, teils beständig zugelassen, obwohl die Kinder auf der Suche nach Erwachsenen sind, die Grenzen aufzeigen können ohne die gute Beziehung zu unterbrechen. Die retraumatisierende Wirkung solcher pädagogischer Beziehungsmuster zeigt sich dann erst langfristig und lässt sich nicht aus der Einzelsituation herleiten.

Somit sind Grenzüberschreitungen primär Reaktion auf unaushaltbare Emotionen, sei es aufseiten der Kinder und Jugendlichen oder aufseiten der Erwachsenen. Sie sind somit stets ein Versuch das, was innerlich nicht aushaltbar ist, auf das Gegenüber zu projizieren, teils verbunden mit der unbewussten Intention, es dann im Anderen bekämpfen zu können. Da im Kontext der teils institutionell fest verankerten Grenzüberschreitungen die oft schwer identifizierbaren Bedürfnisse von traumatisierten Kindern und Jugendlichen in pädagogischen

Kontexten invasiv verletzt werden, die ohnehin oft wenig bis keine Selbstgrenzen erleben und einhalten können, ist hier vor einer Wiederholung und Re-Aktivierung des Erlittenen auszugehen (vgl. Streek-Fischer, 2003). Das Problem besteht demnach darin, dass im Kontext der Reinszenierung (sexualisierter) Traumatisierung Scham- und Intimitätsgrenzen notgedrungen außer Kraft gesetzt werden, was einen äußerst reflektierten Umgang damit notwendig macht. »Diese Scham darf nicht suspendiert werden, denn sie zeigt dem Einzelnen an, dass Selbstgrenzen gewahrt werden wollen« (Dörr, 2016, S. 20). Dies jedoch in pädagogischer Interaktion zu erkennen und gleichsam in haltendes wie grenzsetzendes pädagogisches Handeln zu überführen, ist eine herausfordernde Aufgabe.

Auch in diesem Themenfeld gilt es, den institutionellen Beitrag zu Grenzüberschreitungen mitzudenken. Er bildet, im Sinne des Konzepts Sequenzielle Traumatisierung, die Rahmung für beidseitige Grenzüberschreitungen in der aktuellen Interaktion (Zimmermann, 2015a). Die Entlastung durch in der Institution informell oder gar formell legitimierte Grenzüberschreitungen entspricht dabei explizit einer typischen Befreiung von traumaassoziierten Emotionen:

> »Dabei geht es meines Erachtens und entgegen einer weitverbreiteten Auffassung nicht so sehr um den Abbau aufgestauter Aggressionen als um die Wiederherstellung der narzißtischen Homöostase, also um die Pseudoüberwindung von Minderwertigkeitsgefühlen, narzißtischen Kränkungen und Niederlagen auf dem Wege der teilnehmenden Identifikationen« (Mentzos, 1988, S. 84).

So ermöglichen es grenzüberschreitende Formen der Beschämung, die teils sogar pseudo-pädagogisch legitimiert werden (z.B. im Kontext sogenannter »Konfrontativer Pädagogik« oder in der Verbindung von Verhaltensmodifikation und oraler Versorgung – etwa in Form von Nicht-Teilnahme am gemeinsamen Frühstück als Bestrafung), Ohnmacht in Macht umzuwandeln und so das Selbstbild der wirkmächtigen Lehrperson neu zu stabilisieren.

Ein Beziehungsmodus, der durch Überschreitung von körperlichen oder emotionalen Grenzen der Lernenden wie auch der Lehrenden charakterisiert ist, lässt sich nunmehr besonders stark in eng strukturierten, primär auf sonderpädagogische Förderung ausgerichteten Einrichtungen rekonstruieren (hier in drei von sieben Fallgeschichten sehr stark). Jedoch zeigt er sich auch in einer Fallgeschichte einer Grundschule sowie in einer Sprachlernklasse. Narzisstische Verletzung als Bedingungsfeld von Trennung (beziehungsbezogen oder institutionell) findet sich sowohl in sonderpädagogisch-intensiver Förderung als auch in der Grundschule (nicht jedoch in den Sprachlernklassen). Das Themenfeld hat damit, wenn auch quantitativ etwas weniger bedeutsam als das erste Themenfeld, Setting übergreifende Aussagekraft und ist nicht einer spezifischen Rahmenbedingung zugeordnet. Insgesamt lassen sich traumabezogene Grenzüberschreitungen in neun von 14 Fallanalysen rekonstruieren. Die Fallgeschichten sind in acht Fällen identisch mit denen des Themenfelds I. Lediglich in einer Fallanalyse konnte eine deutliche Grenzüberschreitung beobachtet werden, obwohl die traumatischen Erfahrungen hier reflektiert und in die Interaktionen einbezogen wurden. In vier Fallgeschichten wurden im Rahmen dieser Untersuchung keine Grenzüberschreitungen analysiert, obwohl ein hohes Maß an Überforderung vorlag und traumaassoziierte Beziehungsaspekte aus dem pädagogischen Geschehen ausgeklammert wurden.

In der Folge sollen Einzelaspekte jener Grenzüberschreitungen dargestellt werden, die exemplarischen Charakter tragen. Obwohl sich das Fallorientierte hier anbietet, weil so die vielfältigen Verstrickungen genauer analysiert werden können, stehen jene Interaktionen für ein großes Themenfeld und damit für die genannte hohe Zahl an Fallgeschichten, die durch jenes geprägt sind.

6.4.2 Enge Beziehungen, regressive Muster und zerbrechende Interaktionen

Marian, achtjähriger Schüler einer Schule mit angegliederter Wohngruppe, verhält sich gegenüber den weiblichen Lehrkräften hochgradig regressiv. Die Klassenlehrerin deutet sein Verhalten zunächst im Sinne eines massiven Vertrauensvorschusses für ihre Person:

> »Also bis wirklich in den Arm nehmen, auf den Schoß kommen wolln, ständig in den Arm genommen werden wolln« (Interv. 11, Z. 264f.).

Diesen Bedürfnissen können die Lehrkräfte im gegebenen Setting gut nachkommen; vielfach jedoch ohne Marians Grenzen zu beachten, die er nicht verbalisieren und möglicherweise auch nicht spüren kann. Das Wechselspiel des Grenzverletzenden zeigt sich vor allem in Kombination mit weiteren Szenen aus Interviews und Beobachtungen.

> »Gerade so sexualisiertes Verhalten, muss er ausziehn im Klassenraum … dann so Verbalattacken, wo man drauf eingehen kann, was man ganz doll verteufeln kann oder wo man gucken kann, wie geh ich damit um. … Man kann ja in dem Mo-

> ment gar nicht sagen, warum, wieso macht er das, das kann man im Nachhinein vielleicht versuchen rauszufinden, aber, ähm, ja, den Schutz für sich selber einmal, denn sowas erzähln Kinder ja weiter« (Interv. 11, Z. 339–362).

Was hier also mit einiger Verunsicherung erzählt wird, verweist auf massive Überforderung für den Jungen, die Peers und die Lehrerin. Gerade die Frage des notwendigen Selbstschutzes, wenn sich der Junge in der Klasse auszieht oder anderweitig übergriffig wird, ist ein wichtiger Hinweis auf eine Grenzverletzung. Insbesondere die unberechenbaren Wechsel im Verhalten zwischen ausagierten Nähewünschen, verbalen und körperlichen Angriffen sowie sexualisiertem Ankuscheln und Wegstoßen, beschreiben viele Fachkräfte als kaum in ihre professionelle Haltung integrierbar (exempl. in den Fallgeschichten 6, 8, 10, 11). Während die Fachkraft hier die Möglichkeit eines retrospektiven Verstehens andeutet, bleibt dies unseren Daten nach dennoch gerade hinsichtlich sexualisierter Reinszenierung uneingelöst – vielmehr werden diese Verhaltensmuster von fast allen Fachkräften als rein regressiv, nicht jedoch traumatisch beschrieben.

Dennoch oder gerade deshalb lösen sie entsprechende Reaktionen aus. So schreibt sich die Lehrkraft eine mütterliche, versorgende und in dyadischen Begriffen beschriebene Rolle für Marian zu; gleichwohl gibt es auch aufseiten der Fachkraft Trennungswünsche, die so kaum thematisierbar sind, jedoch deutlich in den Beobachtungsprotokollen sowie in den szenischen Daten der Auswertungsgruppe erscheinen. Das extrem schützende, körperlich mindestens grenzwertige Verhalten sowie die schnellen Wechsel zu verhaltensmodifikatorischen Methoden sind somit Ausdruck von ebenfalls sehr wechselnden emotionalen Beteiligungen und ambivalenten Beziehungswünschen.

Noch deutlicher wird dies in den Beschreibungen der Schulleiterin, die gleichzeitig partnerschaftlich mit der Klassenlehrerin zusammenarbeitet. Auf den primär in der Regression wahrgenommenen Marian reagiert sie im Sinne einer haltenden Mütterlichkeit:

> »Marian läuft direkt auf Ute zu und schlingt ihr die Arme um den Hals. Ute nimmt ihn in die Arme: »Na, Marian hast du draußen schön gespielt?« Marian, etwas außer Atem: »Ja!« Ute: »Mhm, du riechst auch gut, nach Wald!« Marian löst sich aus der Umarmung und setzt sich an seinen Platz« (Beobachtung zur Fallgeschichte 10).

Eine solche Art pädagogischer Beziehungsgestaltung mag unterschiedlich beurteilt werden; gerade im Hinblick auf Kinder mit extrem ambivalenten Beziehungserfahrungen besteht hierin – so kann das vor dem Hintergrund der intensiven Auseinandersetzung mit dem Fall gedeutet werden – bereits eine grenzüberschreitende Nähe, in der zudem der so empfundene Abbruch, demnach eine Beziehungsveränderung, bereits angelegt ist. Denn ein solcher mütterlich-kindlicher Beziehungsmodus kann dauerhaft im Kontext Schule nicht aufrechterhalten werden.

Die Problematik wird noch klarer, als die Schulleiterin nunmehr ihre Beziehung zu älteren, autonomer werdenden Schülern beschreibt. In der Perspektivübernahme für einen älteren Schüler beschreibt sie:

> »Ja, ich kann die Nähe nich mehr ertragen. Ich komm der Kiste, die ich da habe, vielleicht viel zu nah« (Interv. 10, Z. 486f.).

Das heißt, dass Nähe von den Schülerinnen und Schülern auch als hoch bedrohlich erlebt werden kann, weil hierbei Aspekte und vor allem nicht-symbolisierte Affekte der beziehungstraumatischen Erfahrungen reaktiviert werden. Auf diese Bedrohung reagiert die Schulleiterin nach eigener Aussage mit Trennung, sie gehe dann raus aus der Beziehung. Das bedeutet, dass im unmittelbaren, gleichsam weniger reflektierten Mitagieren in der emotionalen Bedürftigkeit der Kinder einerseits eine pädagogische Chance steckt, weil es Ankommen und Lernen ermöglicht. Beiden Lehrerinnen gibt dieses pädagogische Selbstbild als gute Mutter, das auch so thematisiert wird, innere Sicherheit. Langfristig aber wird es vielfach, das zeigen auch zahlreiche andere Sequenzen, als eher bedrohlich erlebt, erinnert an hoch ambivalente Beziehungsmuster und führt regelhaft zu erneuten Abbrüchen. Hiervon zeugen die szenischen Daten der Auswertungsgruppe, die von Wut, aber auch einer deutlichen Verständnislosigkeit geprägt sind. Damit wird die zu große Nähe in diesem Sinn zu einer Grenzüberschreitung, da keine langfristige Beziehungsperspektive mehr möglich ist.

6.4.3 Fehlendes Sinnverstehen und Grenzüberschreitung durch Entwertung und Trennung

Die Grundschullehrerin Frau Christiansen berichtet, neben den Erfahrungen mit der gesamten Klasse, intensiv von dem Jungen Paul. Dieser habe einerseits nie eine verlässliche Beziehung zu seiner Mutter erlebt und andererseits viel Ablehnung in dieser Beziehung, primär also negative Spiegelung, erfahren. Insbesondere gebe es keine körperliche Nähe zwischen den beiden und die Mutter habe sich auch im schulischen Kontext schon sehr oft abwesend gegenüber dem Kind verhalten. Es handelt sich, so kristallisiert sich im Laufe des Interviews heraus, um kumulativ traumatische Erfahrungen. Über körperliche Gewalterfahrungen weiß Frau Christiansen nichts, gleichwohl verweisen einige Aspekte der Reinszenierungen des Jungen durchaus deutlich darauf.

Im Unterricht überschreitet Paul die Grenzen des stark auf die Gruppe und Gruppendynamik angelegten Miteinanders. So schließe er sich oft aus dem Gruppengeschehen aus. Habe er jedoch Peers gefunden, versuche er diese zu dominieren oder störe massiv. Sein Verhalten wird von der Lehrerin als Missachtung ihrer Person beschrieben, insbesondere überschreite er aber die körperlichen und emotionalen Grenzen seiner Peers. Im Hinblick auf dieses Gruppengeschehen nennt Frau Christiansen folgendes Beispiel:

> »Er zeigt kaum Gefühle. Er lässt kaum Gefühle zu. Was im weitesten Sinne an Gefühlen, dass er, ähm, versucht, die Kinder zu dominieren, und dabei eben auch, ähm, um die Kinder auch zu sich (druckst) äh, ff, nä dann, ich weiß gar nicht, wie ich das, wie ich da das formulieren kann. 'N Beispiel. Mittags müssen die Kinder in der Cafeteria Mittagessen. Davor müssen sie sich die Hände waschen. Unter dem Waschbecken hängt n Heißwasserboiler. ... Ähm, der is auf kalt oder auf lauwarm gedreht, wenn die Kinder sich die Hände waschen. Er wäsch- wäscht sich die Hände und hinter ihm kommt ein Kind, das, dessen Aufmerksamkeit er haben möchte, und er dreht das Wasser BEWUSST auf die dritte Stufe auf br- auf glühend heiß. Und das Kind verbrennt sich die Hände. Und das macht er nicht nur einmal er macht das mehrmals. Also so, äh, Aufmerksamkeit und dann in dem Moment, in dem das Kind dann WEINT, da kann er's trösten. Da kann er Zuwendung geben, nä« (Fallgeschichte 3, Z. 442–460).

Für das hier aufgezeigte Geschehen lassen sich nun für den Jungen gleich mehrere Subjektlogiken aufzeigen. Dies jedoch soll hier nicht im Mittelpunkt stehen. Vielmehr wird über weite Strecken des Interviews deutlich, dass Frau Christiansen fast in Gänze Möglichkeiten des Sinnverstehens von Paul fehlen. Einzig das Konzept »Aufmerksamkeitssuche« dient als Erklärung; bereits hierin kann eine Grenzverletzung gegenüber Pauls Bedürfnissen gesehen werden. Denn der lebensgeschichtliche Ausdruck, der in dem »schwierigen« Verhalten liegt, wird konsequent negiert und mit der kognitiven Kategorie der »Aufmerksamkeitssuche« banalisiert.

Eine Folge einer solchen empathischen Sperre ist ein »entgleisender Dialog« (Spitz zit. n. Feuser & Jantzen, 2014, S. 72) über emotionale Bedürfnisse, der, wenn auch nicht parallel, so doch als partielle Wiederholung einer frühkindlichen traumatischen Erfahrung gesehen werden kann:

> »Fehlt eine grundständige Fähigkeit des erwachsenen Beziehungspartners zur Empathie, dann droht die Synchronisation der Beziehung zu scheitern. Das Kind empfindet sich in seinem inneren Gleichgewicht gefährdet und wird impulsiv reagieren« (Gerspach, 2002, S. 145).

Interessanterweise entsteht während des Interviews teilweise eine Reflexionsebene, da Frau Christiansen der Interviewerin zurückmeldet, sie merke nunmehr zum ersten Mal, dass auch sie Paul (fast) ausschließlich negative Rückmeldungen gebe.

So wie Paul gegenüber seinen Mitschülerinnen und Mitschülern Grenzen überschreitet, so zeigt sich dies – eine Form geteilter Reinszenierung – auch in der pädagogischen Beziehung. In den Beobachtungen finden sich mehrere Szenen, die auf eine unberechenbare, in einem Fall sogar grobe Behandlung des Jungen seitens der Lehrerin verweisen. Sie selbst spricht davon, sich nicht immer kontrollieren zu können. Gefühle von Ohnmacht und Bedrohlichkeit finden sich stark auf der subjektiven wie auch auf der szenischen Ebene wieder und lösen offensichtlich beidseitig Handlungen aus, die körperlich und emotional grenzüberschreitend sind.

> »Weil ich merke auch, dass ich auch ambivalent ihm gegenüber manchmal bin. Weil es, er mich manchmal so aufregt, so, sein Verhalten so (-) ärgert, dass ich manchmal auch wirklich wütend auch auf ihn bin« (Interv. 3, Z. 238ff.).

Im Protokoll der Forschungsgruppe wiederum finden sich auffällig viele Bewertungen: »tadelt grundlos«, »auf sich fixiert« und »unberechenbar bis zur Willkür« sind einige der sich dort findenden Zuschreibungen gegenüber Frau Christiansen. Diese (für den Stil jener Protokolle ausgesprochen harten) Urteile sprechen dafür, dass sich auch in der Forschungsgruppe ein wenig sinnerschließender, undifferenzierter und bewertender Interpretationsmodus wiederfindet.

Auch in weiteren Fallgeschichten aus Grundschulen finden sich deutliche Hinweise darauf, dass ein Nicht-Verstehen der Kinder, zusammen mit so empfundenem Nicht-Erreichen durch die didaktischen und pädagogischen Angebote, zu Zurückweisungen durch die Lehrkräfte, teils sogar zu Beziehungsabbrüchen führt. Frau Hermann beschreibt einen Jungen, der nunmehr an einer Schule mit dem Förderschwerpunkt Lernen unterrichtet wird, jedoch zuvor in ihrer Klasse gelernt hat. Der Abbruch steht hier im Kontext eines sehr starken »Wir-Gefühls«, das die Lehrkraft in der Klasse zu etablieren versucht, gleichwohl aber mit einem traumatisierten Jungen an ihre Grenzen gerät. Bedeutsam ist dabei auch, dass in der Auswertungsgruppe die Idee einer Heils- und Rettungsfantasie vorherrscht, die durch Frau Hermann transportiert werde. Ein traumatisiertes Kind, das sich selbst stark abgrenzt und dem Miteinander zu verweigern scheint, wird folglich auch aus dieser Gruppenkonstellation ausgeschlossen. Trennung als Grenzüberschreitung gegenüber Kindern, die die pädagogischen Angebote nicht in der erwarteten Form annehmen, ist demnach eng verbunden mit einer Überhöhung der Klassengruppe (inklusive der Lehrkraft), die den traumatisierten Kindern als korrektive Beziehungserfahrung dienen soll. Jene Überhöhung fand sich in unseren Daten ausschließlich in Grundschulklassen wieder, hierbei in voller Stärke in zwei Fallgeschichten. Aber auch abseits dieser Extremfälle lässt sich konstatieren, dass traumatisierte Kinder, die als bedürftig, aber »empfänglich« für Beziehungs- und didaktische Angebote wahrgenommen werden, in den eher inklusiven Settings gute, korrigierende Beziehungserfahrungen machen konnten. Jene Kinder, die als widerständig erlebt werden, lösen in diesen Kontexten jedoch eine narzisstische Verletzung aus, die im gegebenen Setting offenbar nicht ausreichend »contained« werden kann. Hiermit ist ein wesentlicher institutioneller Zusammenhang benannt. Denn zum Abbruch der Beziehung kommt es dann, wenn ein Verstehen des Schülers oder der Schülerin und ihrer schwierigen Verhaltensweisen professions- und institutionsbezogen abgewehrt ist, das heißt, als »zu weich« verunglimpft wird. So gehört es dann nicht zur lehrerbezogenen Identität, dass auch bei solchen Kindern die innere Logik des Verhaltens entschlüsselt wird. Nicht zufällig korrelieren die Beziehungsabbrüche, dies gilt nunmehr in einigen Grundschul- wie auch in Förderschul- und Sprachlernsettings, hochgradig mit dem starken Wunsch, dass die eigene Arbeit anerkannt wird.

6.4.4 Sehr engagierte Fachkräfte, unaushaltbare Emotionen und die Verletzung des geschützten Raums

Ein letzter hier zu nennender Aspekt von Übergriffigkeit beschäftigt sich nicht primär mit Einzelinteraktionen und darin enthaltenen wechselseitigen Grenzverletzungen. Vielmehr entstammt es der Analyse eines Interaktionsgeschehens mit hoch belasteten jungen Geflüchteten und ihrer sehr engagierten Lehrkraft (Fallgeschichte 14). Es zeigt sich, dass auch bei guter Reflexionsfähigkeit in der Arbeit mit sehr schwer belasteten Kindern und Jugendlichen Interaktionsmodi vorherrschen können, die im Sinne einer Grenzüberschreitung gedeutet werden sollten.

Der pädagogische Rahmen ist hier durch zwei schwer zu vereinbarende Grundbedingungen geprägt: Einerseits ist es eine Arbeit mit hoch belasteten jungen Menschen, die Verfolgung erlitten haben, teils dramatische Fluchtgeschichten, und deren aktuelle Situation (i. B. hinsichtlich des Aufenthaltsrechts) meist ungeklärt ist. Viele dieser jungen Geflüchteten sind unbegleitet nach Deutschland gekommen, haben demnach keine direkten familiären Beziehungspersonen. Der schulische Kontext ist andererseits durch ein relativ hohes Anforderungsprofil gekennzeichnet, auch, wenn die Willkommensklassen noch einen Übergangsraum symbolisieren.

Wie an anderer Stelle ausgewiesen (vgl. Zimmermann, 2012b), sind die Fachkräfte insofern mit vielfach hoch bedürftigen Kindern und Jugendlichen konfrontiert. Die Lehrkraft wird in diesem Kontext vielfach zur einzigen täglich verfügbaren Beziehungsperson. Sie muss deshalb auch die Konfrontation mit (fast) sämtlichen Gegenübertragungsgefühlen, insbesondere der tief mit der Zwangsmigration verbundenen Ohnmacht, aushalten. Sie selbst bezeichnet es als »Grenzgang« (Interv. 14, Z. 271), da sie letztlich nicht nur eine pädagogisch-professionelle Beziehung anbiete, sondern gleichsam auch erste Ansprechperson für viele weitere Dinge des Lebens sei. Die Lehrkraft Frau Schmidt geht dabei über ihre eigenen Grenzen hinaus; das heißt, die Grenzüberschreitung bezieht sich in allererster Linie auf sie selbst.

In diesem Kontext kommt es auch zu Grenzverletzungen in der pädagogischen Beziehung, etwa, wenn private Geheimnisse der Jugendlichen an Dritte weitergegeben werden:

> »Ihr (einer Schülerin) gehe es nicht gut, sie hätte Freitag auch gefehlt und heute etwas von einer Salbe gegen Scheidenpilz erzählt. … Ich bin verwundert, wie viel Vertrauen mir als fremde Person entgegengebracht wird und merke, dass es mir unangenehm ist, diese persönlichen Dinge von einem bestimmten Kind zu wissen. … Sie berichtet von weiteren Einzelschicksalen« (Postskriptum zur 2. Beobachtung, Fallgeschichte 14).

Dies kann als Versuch interpretiert werden, die Last nicht allein tragen zu müssen, gleichsam selbst einen Container für die unaushaltbaren Gefühle zu finden. So, wie die Grenzverletzung in diesem Setting strukturell angelegt ist (etwa über eine hohe Stundenbelastung und instabile Klassengruppen), so agiert die Lehrkraft hier die Grenzverletzung selbst gegenüber der Beobachterin aus. Ähnliches gilt, wenn der notwendige Rahmen zur Unterrichtsgestaltung nicht mehr eingehalten werden kann, weil so viele individuelle Bedürfnisse befriedigt werden müssen.

> »Es herrscht verstärkt Unruhe in der Klasse und ich merke, wie ich zum Ende hin selbst immer unruhiger werde. … Da die Stunde fast vorbei ist, lässt sie nun ein Mädchen fast wie nebenbei zwei »Elfchen« vorlesen. Da sie sehr leise spricht und die Klasse ziemlich laut ist, kann man sie kaum hören« (2. Beobachtung, Fallgeschichte 14).

Gleichwohl bleibt festzuhalten, dass neben jenen Aspekten sehr viel Beziehungsarbeit geleistet und ebenso versucht wird, den schulischen Ort, der in der Arbeit mit jungen Geflüchteten gefährdet ist, so sicher wie möglich zu gestalten. Das heißt, Grenzüberschreitungen ergeben sich auch hier als Folge massiver emotionaler Beteiligung; sie sind gleichwohl deutlich anders gelagert, als dass sie gerade im Bedingungsfeld einer Auseinandersetzung mit den individuellen Leidensgeschichten zu verstehen sind und nicht als Folge einer Verleugnung oder Banalisierung erheblichen menschlichen Leids. In diesem Kontext muss deshalb begründeterweise von institutioneller Verantwortungslosigkeit gesprochen werden, da den Fachkräften dringend notwendiges Containment vorenthalten wird.

6.4.5 Abschließende Überlegungen zum Themenfeld

Die gemeinsame Basis der verschiedenen Grenzüberschreitungen besteht demnach in der emotionalen Realität der traumaassoziierten Emotionen im schulischen Kontext. Ein weiterer Grund liegt in vielfach fehlenden Informationen gegenüber den Vorerfahrungen der Kinder und Jugendlichen. Insbesondere bei vermuteten sexualisierten Gewalterfahrungen besteht oft eine hohe Unsicherheit der Fachkräfte, da sie kaum verlässliche Informationen erhalten. Zudem sind der fehlende kollegiale Austausch sowie die mangelnde emotionale Reflexion maßgeblich dafür verantwortlich, dass Fachkräfte mit einem oft erheblichen Defizit hinsichtlich der lebensgeschichtlichen Informationen wie der Reinszenierungen auskommen müssen.

Deutlich davon zu unterscheiden ist hier das dritte Fallbeispiel von Grenzüberschreitung. Hier wird klar, dass die Lehrkraft zwar versucht, möglichst viele Informationen zu sammeln, sie im Falle unbegleiteter minderjähriger Flüchtlinge jedoch stets nur bruchstückhaft erhält. Dies jedoch steigert die emotionale Belastung sogar noch; ein haltender und strukturierter Rahmen (der auch das gemeinsame Geheimnis einschließt), wird so nicht mehr aufrechterhalten.

Die grundlegende, oft institutionell bedingte Überforderung sowie die massive Konfrontation mit Emotionen von Hilflosigkeit, Ohnmacht und Schmerz aufseiten der Professionellen sowie zudem Aspekte von Mitleid, Liebe, Wut und eine Mischung von vielen Aspekten führen also – dies mag eine ähnlich logische, wenn auch ganz anders geartete Reaktion sein als im Themenfeld eins – zu einer erheblichen Nähe zwischen traumatisierten Kindern und Jugendlichen und den pädagogischen Fachkräften. Dies gilt letztlich auch dort, wo sichtbar nur die Distanzierung und emotionale Kälte vorherrscht. Diese Nähe aushalten und gestalten zu können, ist eine pädagogische Herausforderung, die sowohl die Kinder und Jugendlichen betrifft als auch ihre Beziehungspersonen. Annedore Prengel (2013, S. 65) schließt aus mehreren Forschungsprojekten, »[…] dass ein solcher professioneller Wille einer entschiedenen und unbeirrbaren Liebe zum Beruf und zu den Schülerpersönlichkeiten, und zwar gerade zu den unerträglich agierenden bedarf«. Es ist nunmehr davon auszugehen, dass im vorliegenden Forschungsprojekt überdurchschnittlich viele solcher Fachkräfte mit einer »unbeirrbaren Liebe zum Beruf« beteiligt waren, haben sie sich doch oft bewusst für herausfordernde Arbeitsfelder und zudem für die Mitwirkung im Forschungsprojekt entschieden. Gleichwohl aber scheint es, dass die Liebe zum Beruf und den Schülerpersönlichkeiten nicht davor schützen kann, grenzüberschreitend zu agieren, in Einzelfällen gehen beide Aspekte sogar eine wenig förderliche Allianz ein. Letzteres gilt dann, wenn einem hohem Engagement und der Bereitschaft zur emotional intensiven Beziehung mit schwer belasteten Kindern und Jugendlichen nicht ausreichend Möglichkeit der Entlastung und Reflexion gegenübersteht. Emotionen wie Hilflosigkeit, Ohnmacht und Wut gehören als solche nicht zum professionellen Selbstverständnis; auch in den Ausbildungen von Fachkräften sind sie nur ganz selten Teil des Curriculums (vgl. Heiner, 2012). Ausgehend von einem grundsätzlichen Verständnis eines massiven Übertragungs-Gegenübertragungsgeschehens bietet die Institution Schule damit in den allermeisten Fällen nicht den Rahmen, diese massive emotionale Beteiligung von betroffenen Kindern und Jugendlichen sowie Peers und Fachkräften »containen« zu können und gleichzeitig adäquate Haltungs- und Handlungsmöglichkeiten herauszuarbeiten (vgl. Gerspach, 2002, S. 149ff.).

7. Ausblick

Reflexionsfähigkeit als zentraler Aspekt von Professionalisierung in der Arbeit mit schwer belasteten Kindern und Jugendlichen

7.1 Emotionale Ressourcen von Lehrkräften und die pädagogische Beziehung

Zwischen 0,28% (in Rheinland-Pfalz) und 2,7% (in Mecklenburg-Vorpommern) der Kinder und Jugendlichen haben den Sonderpädagogischen Förderbedarf emotionale und soziale Entwicklung (Liesebach, 2015, vgl. Kap. 2). Trotz aller regionalen und föderalismusbedingten Unterschiede handelt es sich also um eine kleine Gruppe von Schülerinnen und Schülern. Die Prävalenzzahlen für psychische Beeinträchtigungen sprechen eine andere Sprache. Wenn etwa jedes zehnte Kind entweder in Komorbidität auftretende oder langfristige Entwicklungsstörungen im emotionalen oder sozialen Bereich aufweist (vgl. Stein & Müller, 2014), ist der Umgang damit ein Auftrag an die gesamte Pädagogik und keineswegs ein (nur) mithilfe von spezialisiert ausgebildeten Fachkräften zu lösendes Problem. Wie im theoretischen Teil dieses Buches ausgewiesen, kann wissenschaftlich gut begründet werden, dass der Terminus der »Traumatisierung« eine sinnvolle Beschreibung für einen Gutteil der nachhaltig psychisch beeinträchtigten Kinder ist. Auch kleinere quantitative Untersuchungen in Schulen (vgl. Ullrich & Zimmermann, 2014) oder in der Jugendhilfe (vgl. Jaritz et al., 2008) verweisen auf einen erheblichen Anteil von schwer belasteten, vielfach sinnvollerweise als traumatisiert zu bezeichnenden Kindern und Jugendlichen in allen pädagogischen Arbeitsfeldern, auch, wenn jene Untersuchungsergebnisse sich einer statistischen Generalisierbarkeit entziehen. So, wie sich diese Gruppe nicht unter einem spezifischen sonderpädagogischen Förderbedarf subsumieren lässt, so kann die Individualität des Zusammenhangs leidvoller Erfahrung und inneren Erlebens ebenso wenig über die einzig gängige traumabezogene psychiatrische Kategorie (PTBS) abgebildet werden (vgl. Rosner, 2010). Dies gilt umso mehr, als dass die entsprechenden Symptomcluster einerseits für Erwachsene und andererseits für Kinder im Vorschulalter ausformuliert sind (vgl. APA, 2013). Insbesondere die Symptomatik von Kindern und Jugendlichen im Schulalter wird aber nur sehr unzureichend erfasst (vgl. McDonald et al., 2014).

Viel entscheidender für die pädagogische Weiterentwicklung sind die in qualitativer Forschung oder durch rekonstruktive pädagogische Diagnostik gewonnenen Erkenntnisse. Denn sie ermöglichen überhaupt erst einen Zugriff auf die Wirkmächtigkeit traumatischer Erfahrungen in der pädagogischen Arbeit – unabhängig davon, ob es sich im bundesweiten Durchschnitt um ein, zwei oder vier Kinder pro Klasse handelt, die diesbezügliche Belastungen mitbringen. Alle Interaktionsgeschichten, die in diesem Buch veröffentlicht wurden, stehen für teilweise schwer erträgliche Leidensgeschichten von kleinen und größeren Kindern sowie Heranwachsenden; aber auch für eine nicht zu übersehende pädagogische Beziehungsherausforderung, die sich primär über die Qualität und insbesondere die existenzielle Form der emotionalen Beteiligung der Professionellen von anderen pädagogischen Herausforderungen unterscheiden lässt. Ein vielfach geteilter Eindruck, der aus Weiterbildungen mit psychosozialem Schwerpunkt sowie aus nahezu allen beziehungsorientiert angelegten Supervisionen stammt, konnte so auch mit einer fundierten Forschungsmethodik belegt werden: Jene Gruppe traumatisierter Kinder und Jugendlicher steht im Fokus von subjektiver Belastung der Fachkräfte und bildet somit einen Kerngegenstand der Weiterentwicklung von Beziehungsarbeit als auch der institutionellen Entwicklung von Schule. Denn sowohl mit den Interaktionsgeschichten als auch mit der horizontalen Auswertung lassen sich nicht nur die Auswirkungen traumatischer Erfahrung für die pädagogische Beziehung herausarbeiten, sondern ebenso die enormen Entwicklungspotenziale, die reflektierte pädagogische Beziehungen gerade für schwer belastete Kinder in sich tragen können. Darüber hinaus verweisen die Interaktionsgeschichten sowie die zwei übergreifenden Themenfelder (Kap. 6) auf spezifische, bislang ungeklärte Fragen: Wenn eine traumasensible Pädagogik nicht traumakonfrontativ arbeitet (und dies ist konstitutiv für pädagogische Beziehungsarbeit) – wie kann es dennoch gelingen, der Tabuisierung von schwerer Last, demnach der Aufspaltung von pädagogischem Hier und Jetzt einerseits und der lebensgeschichtlichen Erfahrung andererseits entgegenzuwirken? Wie können Grenzüberschreitungen, die sich vielfach subjektlogisch sowohl aufseiten der Kinder und Jugendlichen als auch aufseiten der Professionellen nachvollziehen lassen, wenn nicht vermieden, so doch zumindest minimiert werden?

Antworten darauf kann es nicht im Sinne von pädagogischen Handlungsanleitungen oder gar didaktischem Material geben. Insbesondere für die Arbeit mit potenziell traumatisierten jungen Geflüchteten fluten derartige Handlungsanweisungen gerade die schulpädagogische Landschaft. Einige der Materialien sind in sich mehr oder weniger sinnvoll, andere sind so schlecht, dass sie eine Re-Traumatisierung schwer belasteter Kinder und Jugendlicher geradezu herausfordern (Überblick im Internet: Gewerkschaft für Erziehung und Wissenschaft, 2015). Unabhängig von der konkreten Qualität der didaktischen Materialien aber führt eine Fokussierung auf Didaktik und Methodik zwangsweise zu neuer Hilflosigkeit und Ohnmacht. Denn entweder legt eine solche Machbarkeitsfantasie (alles ließe sich lösen, wenn man nur die richtigen Dinge täte und auf das entsprechende Material zugreifen könne) das Gelingen von Entwicklung trotz schwerster Last in die Hände der Kinder und Jugendlichen selbst oder aber ihrer pädagogischen Beziehungspersonen. Scheitern diese Empowerment-Fantasien, die auf schnelle Entwicklung von sozialer Kompetenz oder Lernbereitschaft abzielen kurz- oder auch langfristig, müssten logischerweise entweder die jungen Menschen oder ihre Lehrkräfte versagt haben.

Eine tatsächliche Alternative zur didaktisch-methodischen Überhöhung von Unterricht bieten Lehrerweiterbildungen, die die Stabilisierung, die Reflexion sowie die Beziehung in den Fokus nehmen. Trotz enormer internationaler Forschungen zu Lehrerkompetenzen und deren Auswirkungen auf die professionellen Fähigkeiten im Klassenraum (vgl. Hattie, 2012) gibt es wenig Wissen über den Zusammenhang emotionaler Ressourcen auf Lehrkraftseite und ihrer Auswirkungen auf die Beziehungskompetenz mit schwer belasteten Kindern und Jugendlichen (vgl. Gerspach, 2002; Jennings & Greenberg, 2009). Ohne jeden Zweifel ist der theoretische Beitrag der Psychoanalytischen Pädagogik hier zwar erheblich (vgl. Datler, 2012; Datler et al., 2012; Finger-Trescher et al., 2002). Gleichwohl ist die Quantität forschungsbasierter Beiträge zu den Effekten von beziehungsorientierter und psychoanalytisch fundierter Weiterbildung von Lehrkräften auch hier eher gering. Dies gilt umso mehr, sobald thematisch auf Traumatisierung Bezug genommen werden soll – wenig erstaunlich, als dass dieses Thema als (schul-)pädagogisch relevant doch erst in den letzten Jahren in den Fokus auch der psychoanalytischen Pädagogik geraten ist (vgl. Neudecker, 2015).

Es kann demnach theoretisch gut begründet werden, dass trauma- und beziehungsfokussierte Weiterbildung unter besonderer Beachtung der Reflexion von existenziellen Emotionen einen wichtigen Beitrag zur Professionalisierung von Lehrerinnen und Lehrern leisten kann. Die forschungsbasierte Prüfung der

Effekte derartiger Fortbildungen kann deshalb einen substanziellen Beitrag zur Weiterentwicklung einer spezialisierten sowie allgemeinen pädagogischen Professionalisierung liefern.

Als letzten Schritt im mehrteiligen Forschungsprojekt »Traumatisierte Kinder und Jugendliche in der Schule« haben wir deshalb Kurzfortbildungen für Lehrkräfte aus verschiedenen schulischen Organisationsformen angeboten. Diese Fortbildungen wurden von drei Gruppen von Lehrkräften besucht, die a) im Wesentlichen zwei Förderschulen entstammten, b) in Grund- und Oberschulen tätig waren und c) an differenten Schultypen in Klassen mit jungen Geflüchteten arbeiteten. Die auf vier Module angelegten Fortbildungen fokussierten auf genauso viele zentrale Elemente trauma- und beziehungsorientierter Weiterbildung, von denen je eins im Mittelpunkt eines Moduls stand:

1. Traumatheorie und Konzepte traumapädagogischer Arbeit
2. Fallverstehen und traumapädagogische Diagnostik in der Schule
3. institutionelle Entwicklung in der Arbeit mit traumatisierten Kindern und Jugendlichen
4. traumapädagogische Methoden im gegebenen Feld

Methodisch waren alle Module durch eine enge Verschränkung von Vermittlung und Reflexion geprägt. Dabei war der Einbezug aktueller Fallgeschichten und eigener Erlebensmuster der teilnehmenden Fachkräfte von herausragender Bedeutung. Das Konzept eines psychoanalytisch fundierten, gleichsam schulpädagogisch nutzbaren Fallverstehens (vgl. Zimmermann, 2015c, 2016b) war von besonderer Bedeutung. Denn weit detaillierter als aus bloßem theoretischen Wissen lassen sich über das Verstehen des konkreten Einzelfalls die notwendigen beziehungsorientierten und institutionellen Veränderungsprozesse in der Schule entwickeln. Insbesondere im dritten und vierten Modul wurden zudem zentrale Aspekte von Psychohygiene als unvermeidbarer Aspekt traumapädagogischer Professionalisierung im gegebenen Feld besprochen (vgl. Steinlin et al., 2015).

7.2 Einblicke in die Begleitforschung

Ausgehend von einer im Hinblick auf Schule wenig ausdifferenzierten Forschungslage und dem damit verbundenen explorativen Charakter der Studie wurde die Forschungsfrage der die Lehrerfortbildungen begleitenden Untersuchungen recht offengehalten:

- Haben traumafokussierte und psychoanalytisch-pädagogisch fundierte Fortbildungen einen Einfluss auf die Wirkmächtigkeit von Lehrkräften in der Arbeit mit traumatisierten Kindern und Jugendlichen?

Dem wurden zwei Teilfragen zugeordnet, die sich (in dieser Reihenfolge) primär an die qualitative respektive an die quantitative Untersuchung richteten:

- Gibt es eine beobachtbare Veränderung der Haltungen und der Handlungen im Klassenraum, insbesondere wenn Lehrkräfte mit schwierigen, traumabezogenen Verhaltensweisen konfrontiert sind?
- Erleben Lehrkräfte eine subjektive Veränderung ihrer Selbstwirksamkeit in der Arbeit mit traumatisierten Schülerinnen und Schülern?

Der wissenschaftliche Begleitprozess dieser Lehrerfortbildungen bestand dementsprechend aus einem qualitativen und einem quantitativen Anteil.

Der qualitative Zugriff wurde wie bereits in anderen Modulen dieses Forschungsprojekts über Beobachtungen realisiert, die sich an die Tavistock-Methodik anlehnten. Jene Forschungsmethode, die bereits in Kapitel 4 dieses Buches beschrieben wurde, eignete sich hier insbesondere deshalb, weil mit ihr die mit kognitiv orientierter Abfrage nur begrenzt zu entschlüsselnden Veränderungen hinsichtlich der Haltungen und Handlungen mindestens teilweise der Analyse zugeführt werden konnten. Vier Masterstudentinnen, die bereits Übung in der Anwendung der Methode hatten, beobachteten in drei Zyklen (vor Beginn der Fortbildungen, nach dem zweiten Modul und nach Ende der Fortbildungen) in ausgewählten Klassenräumen der teilnehmenden Lehrkräfte. In jedem der darin integrierten Settings konnten auf diese Weise neun Unterrichtsstunden beobachtet, protokolliert und in die Reflexion einbezogen werden. Die grundlegenden Gütekriterien solcherart von Forschung, wie Intersubjektivität und Nutzung der Forschungsgruppe, konnten somit eingehalten werden (vgl. Calderon Gómez, 2009).

Der quantitative Anteil fokussierte auf das Konzept der Selbstwirksamkeit, demnach auf ein primär kognitiv orientiertes Konzept, das auf der Sozialen Lerntheorie Albert Banduras beruht. Analog zur qualitativen Beobachtung wurden die teilnehmenden Lehrkräfte zu den drei genannten Erhebungszeitpunkten gebeten, ihre subjektive Selbstwirksamkeitserwartung einzuschätzen. Ein für die Arbeitsherausforderungen mit traumatisierten Lernenden adaptierter, jedoch auf den Selbstwirksamkeitsskalen von Schwarzer und Jerusalem (2002) beruhender Fragebogen wurde – in zwischen den Erhebungszeitpunkten unveränderter Form – hierfür entwickelt und genutzt. Für die verschiedenen Skalen liegen nationale und internationale Testreihen vor, die die hohe Validität und Reliabilität des Erhebungsinstruments bestätigen (vgl. Mittag et al., 2002) und deren Aussagekraft durch die Adaption an eine spezifische Thematik nicht grundlegend in Zweifel zu ziehen ist. Aufgrund der Anbindung an die Fortbildung konnte ein nahezu hundertprozentiger Rücklauf erreicht werden.

Abschließend wurden Ergebnisse der qualitativen sowie der quantitativen Untersuchung auf einer interpretativen Basis zusammengeführt und verglichen.

7.3 Effekte traumapädagogischer Lehrkräftefortbildung

7.3.1 Qualitative Untersuchung: Vertiefung der Beziehungsarbeit statt didaktischer und verhaltensmodifikatorischer Überladung?

Die Ergebnisse einer qualitativen, längsschnittlich angelegten Studie dieses Profils, die pro Fall nur auf neun Beobachtungen zurückgreifen kann, sind zweifelsohne mit gewisser Vorsicht zu interpretieren. Zudem ist es – auch dies ist ein wesentliches Ergebnis der vorliegenden Studie – nur sehr eingeschränkt möglich, die Veränderungen, die ihr Bedingungsfeld in der Fortbildung haben, von zufälligen Veränderungen zu unterscheiden. Hinzu kommt der Umstand, dass nahezu alle Beobachtungsprotokolle auf einen hohen Einfluss von strukturell bedingten Abläufen und auf den Schuljahresverlauf bezogene Spezifika auf die Beziehungsgestaltungen hinweisen. Dennoch können zwei ausgewählte Fallskizzen sowohl wichtige Hinweise auf das Potenzial als auch auf die Grenzen von traumapädagogischer Fortbildung geben.

Fallskizze 1: Integrierte Gesamtschule

Es handelt sich um eine fünfte Klasse einer Gesamtschule. Im Mittelpunkt der Beobachtungen steht folglich eine Gruppe von Lernenden, die so erst seit wenigen Monaten gemeinsam unterrichtet wird, mithin erst nach und nach halbwegs stabile soziometrische Strukturen ausbildet. Da es sich um eine inklusiv zusammengesetzte Klasse handelt, weisen von insgesamt nur 16 Schülerinnen und Schülern fünf einen sonderpädagogischen Förderbedarf auf (die genauen Förderbedarfe werden von der Beobachterin nicht eruiert).

Alle Beobachtungen sind durch eine ausgesprochen positive Lernatmosphäre gekennzeichnet. Hierzu tragen zwei Lehrkräfte bei, die den größten Teil der Wochenstunden allein oder im Team abdecken. Aus traumapädagogischer Sicht ist besonders bedeutsam, dass ein hohes Maß an Transparenz (zum Beispiel zum Verlauf der Unterrichtsstunden) durchgängig beobachtet werden konnte. Im Folgenden soll deshalb ausschließlich auf ein Kernthema fokussiert werden, das eine starke Verbindung zum Schwerpunkt der Fortbildung aufweist, nämlich dem Umgang mit Trauer (Dyregrov et al., 2012).

Während der zweiten Beobachtung (vor Beginn der Fortbildung) beschreibt die Beobachterin folgende Szene:

> »Auf Aufforderung von Frau Nagel setzen sich die Schüler in den Stuhlkreis. Frau Nagel und ich setzen uns mit einem Stuhl dazu. Sandra sitzt noch an ihrem Platz, mit dem Kopf und den Händen auf dem Tisch verschränkt liegend. Frau Nagel fragt, was los sei. Sandra lugt mit den Augen über ihre Hände und sagt: ›Schlechte Laune‹. Frau Nagel bittet sie, sich auch in die Runde zu setzen. Langsam steht sie auf und sucht sich einen Platz. Die Schüler begrüßen Frau Nagel und mich und können sich noch an meinen Namen erinnern. Es wird eine ›Gefühlsampel‹ herumgegeben, nacheinander sollen die Kinder eine Ampelfarbe wählen und kurz etwas zu ihrer Befindlichkeit sagen. Die meisten Kinder wählen die grüne Farbe und sagen, dass sie ein schönes Wochenende hatten. Sandra wählt rot und sagt, dass es ihr nicht gut geht. Auch Frau Nagel und ich kommen an die Reihe. Frau Nagel erklärt die folgende Aufgabe, bei der die Kinder in Kleingruppen Gefühle, die es gibt oder die sie kennen, aufschreiben sollen. Während sie erklärt, vergräbt Sandra den Kopf auf die Knie und beginnt zu weinen. Ihre Sitznachbarin sagt: ›Sandra weint‹. Dieses lenkt die Aufmerksamkeit der Kinder auf Sandra. Frau Nagel fragt Sandra, ob sie vielleicht einen Moment vor die Tür gehen möchte, Sandra schüttelt den Kopf. Frau Nagel bittet die anderen Schüler, sie einfach in Ruhe zu lassen.«

Obwohl es sich hier eindeutig verbietet, aufgrund der Einzelbeobachtung umfassend zu interpretieren, zeigt sich, dass die zunächst sehr schülerinnen- und schülerfreundliche Methode der Gefühlsampel an ihre Grenzen gerät. Denn Sandra, ein offenbar schwer belastetes Mädchen (so wird sie von der Klassenlehrerin gegenüber der Beobachterin beschrieben), kann zwar benennen, dass es ihr schlecht gehe, sie bekommt jedoch weder auf ihre verbale Äußerung noch auf das Weinen eine Reaktion, die auf eine emotionale Entlastung oder ein Containment durch eine der anwesenden Erwachsenen schließen lassen würde. Auch der Vorschlag, für einen Moment den Klassenraum (allein) zu verlassen, dürfte vordergründig dem Versuch entspringen, hier dem Mädchen Entlastung zu ermöglichen. Jedoch bleibt zumindest unklar, ob hier nicht (auch) eine emotionale Entlastung der Gruppe und der Lehrkraft selbst im Mittelpunkt steht und Sandra das Angebot hingegen durchaus auch als Ausschluss erfahren kann. Zumindest deutet sich an, dass die emotionale Last, die Sandra in die Klasse einbringt, als zu groß für die gruppenbezogene Methodik und das soziale Miteinander empfunden wird. Durch Sozialformen wie den Morgenkreis wird diese Last zunächst zwar in den potenziellen Raum aus innerem Erleben und äußerem schulischen Miteinander eingebracht, kann in diesem jedoch nicht adäquat bearbeitet werden, da die Emotionen das elaborierte Classroom-Management der zwei Lehrerinnen unterminieren. Auch weitere Szenen verweisen bei einer insgesamt sehr zugewandten Klassenführung darauf, dass die subjektiv und szenisch viel Traurigkeit auslösenden Affekte Sandras häufiger »aufgewühlt« werden, aber im Klassenraum selbst (denn nur dieser wurde beobachtet) kaum aufgefangen werden können. Auf der Beobachterinnenseite rief die hier beschriebene Szene eine Irritation und eine leichte Hilflosigkeit hervor, da unklar blieb, was der Schülerin helfen könnte.

Einige Monate später, nach Beendigung des Fortbildungskurses, hat sich an der Gesamtsituation in der Klasse wenig geändert. Es herrscht weiterhin eine positive, durch viel Wertschätzung geprägte Klassenatmosphäre. Es fällt jedoch auf, dass Frau Nagel deutlich mehr in unmittelbaren Kontakt zu Sandra geht. So signalisiert sie ihr in einer der oben beschriebenen, sehr ähnlichen Situation, dass sie nicht am Morgenkreis teilnehmen müsse, sondern außerhalb des Kreises sitzen bleiben könne. Kurz danach nimmt sich die Lehrerin während einer Einzelarbeitsphase Zeit, noch einmal mit Sandra zu sprechen. Insgesamt nimmt die Beobachterin die Interaktion der beiden als deutlich entspannter wahr und auch ihr eigenes Gefühl ist von mehr Ruhe dominiert.

Hierbei bleiben natürlich viele Fragen: Ist das stärker haltende Beziehungsangebot möglicherweise »nur« durch den Fortgang des Schuljahres und das bessere Kennenlernen bedingt? Wie lassen sich beobachtbare Interaktion und die innere Welt des Mädchens sinnhaft in Verbindung bringen, wenn keine hochfrequenten, ein bis zwei Jahre umfassenden Beobachtungsprotokolle vorliegen (vgl. Lazar, 2000)? Nicht umsonst sind die Schlussfolgerungen hier demnach eher als Hypothesen im Sinne eines Potenzials von Fortbildung zu verstehen: Die beobachtete Veränderung der Interaktion kann (muss jedoch nicht) mit einer größeren emotionalen Kapazität der Fachkraft zum Halten auch von Emotionen, die scheinbar nicht zum didaktischen Konzept passen, in Verbindung gebracht werden. Der Fortbildungsfokus auf das Zulassen von Trauer als Teil psychischer Integration spiegelt sich hier doch recht deutlich in den beschriebenen Szenen. Wie in mehreren anderen Klassenräumen auch, geht die Erweiterung emotional-sozialer Räume mit einer Verringerung didaktischer Stringenz einher, insbesondere mit dem weniger ausgeprägten Versuch, alle Lernenden an Gruppenaktivitäten zu beteiligen.

Fallskizze 2: Klassenraum an einer Schule mit dem Förderschwerpunkt emotionale und soziale Entwicklung

Die zweite Fallskizze entstammt der Klassenstufe 3 und 4 einer Schule, an der nahezu ausschließlich Kinder und Jugendliche mit oben genanntem Förderstatus lernen. In der Klasse wird eine stark wechselnde Anzahl von Schülerinnen und Schülern, die zwischen drei und sieben liegt, beobachtet. Verantwortlich für diese Klasse ist eine junge Lehrkraft, die keine sonderpädagogische Hochschulausbildung aufweist. In der Analyse der Beobachtungsprotokolle lässt sich herausarbeiten, dass das Miteinander in diesem Klassenraum überdeutlich von starken Emotionen, insbesondere von Angst, von Größenwahn, Scham und Ohnmacht dominiert wird. Die subjektiven und szenischen Daten hatten zur Entschlüsselung dieser Dominanz von stark traumabezogener Affekte eine hohe Aussagekraft. Nach Aussage der Lehrkraft haben alle Lernenden der Klasse traumatische Erfahrungen, etwa Gewalt, sexuelle Gewalt oder Vernachlässigung erlitten.

Im Hinblick auf die Effekte der Fortbildung wird nun auf Aspekte der Sicherheit und der Verhaltensmodifikation, die im Klassenraum omnipräsent ist, näher eingegangen. Es herrschen verschiedene Zugriffe auf Verhaltensmodifikation vor, mit teilweise parallel laufenden Systemen von Belohnung und Bestrafung. Vor Beginn der Fortbildung konnten Maßregelungen als nahezu dominantes Prinzip des Miteinanders im Klassenraum beobachtet werden, oft ohne dass Schülerinnen und Schüler nach Gründen für ein aktuell gezeigtes Verhalten gefragt wurden. Dies führte – auch hier haben subjektive und szenische Daten die wesentliche Aussagekraft – zu einem hohen Niveau an Verunsicherung. Dies galt nicht nur für die Kinder und Jugendlichen, sondern ebenso für die Lehrkraft selbst.[23]

---

23 Den hier skizzierten Zusammenhang gälte es noch genauer zu analysieren. Rein aus den Beobachtungen lassen sich solch lineare Schlüsse sicher nicht ableiten. Dennoch gibt das Forschungsprojekt durchaus vielerlei Hinweise darauf, dass die Dominanz von Verhaltensmodifikation nicht nur zu einem wechselseitigen Nicht-Verstehen in der pädagogischen Interaktion führt, sondern auch viele Lehrkräfte verunsichert. Dies mag daran liegen, dass ein vermeintlich wirksames Konzept (oder mehrere parallel eingesetzte) nicht funktioniert und das Scheitern demnach wieder stärker der eigenen Lehrerpersönlichkeit zugeschrieben wird.

Mit Blick auf grundlegende Aspekte der Traumapädagogik, die die Schwerpunkte der Module zwei und vier bildeten, kann eine positive Wirkung der Fortbildung zumindest vermutet werden. Erstens zeigen sich im Beobachtungszyklus zwei und drei deutliche Zeichen erhöhter Transparenz, das heißt der Anerkennung, dass die Kinder wirklich verunsichert sind und dafür subjektiv gute Gründe haben. Darauf kann pädagogisch nur mit höchstmöglicher Übersichtlichkeit reagiert werden. Als maßgeblich für das Miteinander wird folglich nicht mehr nur die »Leistungsbereitschaft« der Jungen und Mädchen gesehen, die zu trainieren wäre. Stattdessen werden Aspekte subjektiver Sicherheit im Klassenraum deutlich stärker wertgeschätzt. Unter anderem erklärt die Lehrkraft nunmehr regelmäßig den Tagesablauf. Zweitens zeigt sich ein differenzierterer Umgang mit dem Konzept der Verhaltensmodifikation. An dieser Stelle soll dafür nur ein Zitat aus einem Beobachtungsprotokoll wiedergegeben werden, das Inhalte der Fortbildung gut in pädagogische Beziehungsarbeit übersetzt:

> »Peter erzählt, dass er einen Hasen gemalt habe, der aus der Nase blute. Die Lehrerin fragt wieso der Hase denn bluten würde. Daraufhin erklärt Peter, dass er den Hasen gerade richtig zusammengeschlagen hätte. Jeden Tag würde er den Hasen verprügeln, jeden Tag. Dabei wirkt er immer angespannter und seine Erzählungen werden immer bestimmter. Frau Kersten sagt, dass der Hase einem ja leid tun könne, wenn er immer verprügelt würde und fragt, was denn der Kreis um den Hasen zu bedeuten hätte, ob das eine Art Schutzmauer sei. Peter antwortet, dass es egal sei wie sehr und wie gut sich der Hase verstecken würde, er würde immer gefunden und verprügelt werden. Jeden Tag würde er verprügelt werden. Diesen Satz wiederholt er noch einige Male. Frau Kersten lässt den Satz so stehen, ich merke aber, dass er sie sichtlich mitnimmt und anspannt.«

Was hier diskutiert werden kann ist nun Folgendes: Anstelle der Fokussierung auf das Verhalten des Jungen, das vielfach als Provokation, bestenfalls als »Aufmerksamkeitssuche« gewertet würde, gelingt es der Lehrkraft in empathischer Art und Weise, mit Peter in Kontakt zu gehen. Da es jedoch als unmöglich und unangemessen erscheint, hier konfrontativ und direkt über eigene Erfahrungen des Jungen zu sprechen, wählt die Fachkraft den Dialog über den Hasen. In der Struktur des Fördernden Dialogs nach Evelyn Heinemann und Kollegen (2003) handelt es sich dabei um Formen des nicht-genetischen Deutens sowie der symbolischen Konfliktverarbeitung.

Die Lehrerin nutzt demnach ihr professionelles Wissen darüber, dass Peter mit diesem Bild eigenes, erhebliches Leid ausdrückt, und kann gleichzeitig über den aktuellen, gemeinsamen Gegenstand mit ihm empathisch interagieren. Dies gibt Peter die Chance, sich in seinem Leid wahrgenommen zu fühlen, ohne mit unaushaltbaren Emotionen konfrontiert zu werden. Die Lehrerin hält diese durch das Bild in den Dialog eingebrachten Emotionen mit ihm aus und bricht die Beziehung somit nicht ab.

Gleichwohl soll nicht unerwähnt bleiben, dass viele dieser eher punktuell beobachteten Veränderungen nicht dauerhaft in die Beziehungsarbeit integriert werden konnten. Nahezu ständig wechselnde Gruppenzusammensetzungen sowie an dieser Stelle nicht weiter zu diskutierende institutionelle Rahmenbedingungen führten dazu – soviel kann interpretiert werden –, dass zentrale Inhalte und Haltungen der Fortbildung nicht dauerhaft Einzug in die pädagogische Beziehungsarbeit in den zwei beobachteten Klassen dieser Schule halten konnten.

7.3.2 Quantitative Studie: Erhöhte Selbstwirksamkeit als Effekt traumapädagogischer Fortbildung?

Obwohl sich einige theoretische Schwierigkeiten nicht leugnen lassen – wie können auf langfristige Haltungsänderungen angelegte Fortbildungsmodule mithilfe der Erfassung kognitiv repräsentierter Selbstwirksamkeitserwartungen mehr oder weniger adäquat gemessen werden? –, werden an dieser Stelle dennoch ausgewählte Ergebnisse eben jener Studie vorgestellt. Insgesamt haben 51 Personen an den Fortbildungen und nahezu genauso viele an jener längsschnittlich angelegten, quantitativen Studie teilgenommen. Für den ersten Erhebungszeitpunkt (direkt vor Beginn des ersten Moduls, PRE) liegen 51 Erhebungsbögen, für den zweiten Messzeitpunkt 48 (zwischen dem zweiten und dritten Modul, T1) und für den dritten 47 Erhebungsbögen vor (zwei Wochen nach Ende der Fortbildung, T2). 90% der Befragten waren weiblich, mit einem Altersdurchschnitt von 41 Jahren und einer durchschnittlichen Arbeitserfahrung im Lehrberuf von zehn Jahren. In die mit *EvaSys*, einem in Lehrevaluationen häufig verwendeten Programm, durchgeführten und mithilfe von *SPSS* ausgewerteten Erhebungen wurden folgende Selbstwirksamkeitsskalen integriert:

1. Allgemeine Selbstwirksamkeit
2. Emotionale Erschöpfung

3. Beziehungsaspekte mit Schülerinnen und Schülern
4. De-Personalisierung
5. Feedback
6. Kollektive Selbstwirksamkeit
7. Emotionale Selbstregulation (vgl. Schwarzer & Jerusalem, 2002)

Auf Ergebnisse der Skalen eins und zwei soll im Folgenden näher eingegangen werden.

Skala 1: Allgemeine Selbstwirksamkeit

Die Einzelergebnisse vieler traumapädagogisch relevanter Items verweisen auf eine Zunahme von Selbstwirksamkeit. Dies betrifft vor allem die subjektiven Möglichkeiten, Beziehungen mit schwer belasteten Kindern und Jugendlichen einzugehen. So zeigen sich wachsende Zustimmungsraten zum Item »Ich bin sicher, ich kann mit den schwer belasteten Kindern und Jugendlichen eine Beziehung gestalten, wenn ich es versuche« (vgl. Abb. 2).

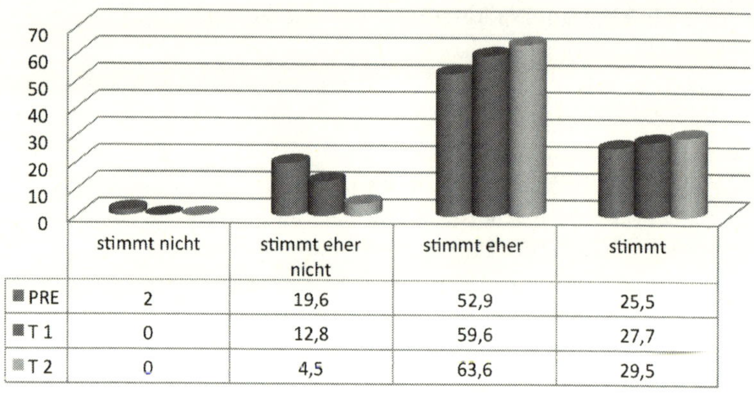

	stimmt nicht	stimmt eher nicht	stimmt eher	stimmt
PRE	2	19,6	52,9	25,5
T 1	0	12,8	59,6	27,7
T 2	0	4,5	63,6	29,5

Abb. 2

Noch bedeutsamer als die wachsende Zustimmung ist hier ein erheblicher und kontinuierlicher Rückgang in der Antwortkategorie »stimmt eher nicht«. Denn diese Antwortmöglichkeit verweist auf das Risiko (in Kapitel 6 ausführlich dargestellt), dass bestimmte Schülerinnen und Schüler, insbesondere jene, die didaktische und gruppenbezogene Angebote kaum anzunehmen scheinen, nicht nur aus diesen Gruppenzusammenhängen, sondern auch aus pädagogischen Beziehungen ausgeschlossen werden. Während die Gruppe der Lehrkräfte, die in Gänze zustimmt, nahezu stabil bleibt, scheinen sich Lehrkräfte mit Zweifeln an der Aussage nunmehr zumindest als etwas selbstwirksamer zu erleben, was der Zuwachs an Antworten in der Kategorie »stimmt eher« bestätigt.

Ein weiterer zentraler und traumabezogener Aspekt ist die subjektiv wahrgenommene Ressource der Lehrkräfte im Hinblick auf Individualisierung, die mit dem Item »Ich bin sicher, dass ich mich in Zukunft auf individuelle Probleme der Schüler_innen noch besser einstellen kann« gemessen wird (vgl. Abb. 3).

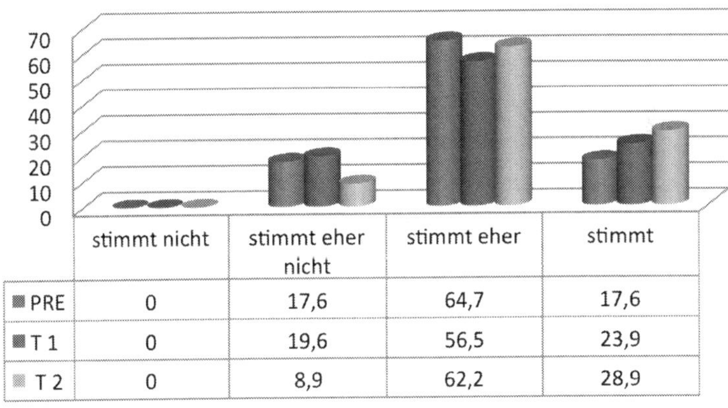

	stimmt nicht	stimmt eher nicht	stimmt eher	stimmt
PRE	0	17,6	64,7	17,6
T 1	0	19,6	56,5	23,9
T 2	0	8,9	62,2	28,9

Abb. 3

Während sich in der Beantwortung der Frage ein kontinuierlicher Zuwachs an klar zustimmenden Antworten zeigt, gibt es in den Kategorien »stimmt eher« und »stimmt eher nicht« ein schwankendes Ergebnis. Gleichwohl stimmen zum letzten Erhebungszeitpunkt mehr als neun von zehn Befragten eher oder gänzlich zu. In welcher Weise sich individuelle Antworten im Laufe der Fortbildung verändern, wird hier nicht genauer untersucht. Es kann jedoch sinnhaft interpretiert werden, dass eine ohnehin hohe Anzahl an Lehrkräften, die zudem im Laufe der Fortbildung noch wächst, ausgeprägte Ressourcen hinsichtlich des Einlassens auf Problemlagen sieht. Im Sinne der sozialen Lerntheorie zeigt sich demnach ein durchaus beeindruckendes Ergebnis mit Blick auf eine Kernkategorie der Arbeit mit traumatisierten Kindern und Jugendlichen, das zudem für eine im Wesentlichen positive Einstellung der Teilnehmenden zur Beziehungsarbeit mit schwer belasteten Kindern und Jugendlichen spricht. Gleichwohl bleiben, vermutlich eine sehr realistische Einschätzung, einige Grenzen von hoch individualisierter Pädagogik, die nicht ignoriert werden dürfen.

Wird die Gesamtskala »Allgemeine Selbstwirksamkeit« im Sinne des Medians der Antworten analysiert, sind die Ergebnisse weniger aussagekräftig. Dennoch zeigen sich zwei Trends: Es lässt sich eine zunehmende Selbstwirksamkeitserwartung der Fachkräfte hinsichtlich der Anpassungsfähigkeit der Professionellen an die Bedürfnisse sehr unterschiedlicher Kinder und Jugendlicher analysieren. Gleichzeitig zeigt sich ein Rückgang bezüglich der Überzeugung, richtige *didaktische* Antworten auf schwere Probleme bei Kindern und Jugendlichen finden zu können.

Skala 2: Emotionale Erschöpfung

Eine zweite Kernskala für traumapädagogische Beziehungsarbeit bildet die Selbsteinschätzung der emotionalen Erschöpfung. Denn fachlich gut begründet kann davon ausgegangen werden, dass nur Fachkräfte, die nicht zu sehr erschöpft sind, transparente und kontinuierliche Beziehungen mit schwer belasteten Kindern und Jugendlichen gestalten können. Im Unterschied zur Skala »Allgemeine Selbstwirksamkeit« zeigen sich in dieser Skala eher schwankende, teils demnach noch schwerer zu interpretierende Antwortmuster.

So beantworten über alle Erhebungszeitpunkte hinweg etwa zwei Drittel der Befragten das Item »Durch meine Arbeit bin ich gefühlsmäßig am Ende« mit »stimmt nicht« (vgl. Abb. 4). Auch die Gruppe der Fachkräfte, die eher nicht zustimmt, ist relativ stabil. Während zum mittleren Erhebungszeitpunkt deutlich weniger Fachkräfte als vor Beginn der Fortbildung (sechs versus zehn Prozent) diesem Item eher zustimmen, steigt deren Anzahl zum Ende hin wieder an. Aufgrund der für Fortbildungen zwar doch durchaus großen Zahl an Teilnehmenden, im Vergleich zu üblichen quantitativen Studien jedoch sehr kleinen Anzahl von Befragten, müssen voreilige Schlüsse hier vermieden werden. Jedoch: Ein erster Hinweis auf eine nicht unerheblich große Gruppe von Lehrkräften, die sich selbst als »gefühlsmäßig am Ende« erlebt, ist dieses Ergebnis dennoch. Zudem zeigen sich nur wenig Veränderungen zwischen den Messzeitpunkten – ein Anhaltspunkt, dass jene Art von modularisierter Fortbildung Professionalisierung voranbringen kann, dabei jedoch nicht zwangsläufig zur selbst empfundenen Entlastung beiträgt.

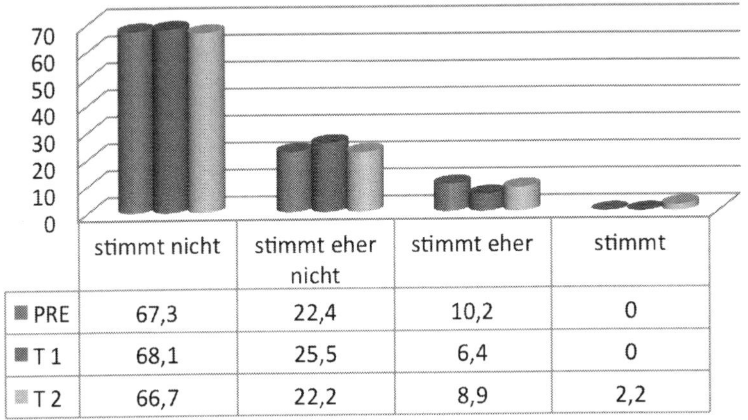

	stimmt nicht	stimmt eher nicht	stimmt eher	stimmt
PRE	67,3	22,4	10,2	0
T 1	68,1	25,5	6,4	0
T 2	66,7	22,2	8,9	2,2

Abb. 4

Interessanterweise zeigen sich bei diesem Item auch erhebliche Unterschiede zwischen den Gruppen. Während es bei den Lehrkräften der Schulen mit dem Förderschwerpunkt emotionale und soziale Entwicklung kaum Veränderungen gibt und sich zwei Lehrkräfte (10,5%) aus dieser Gruppe erst im letzten Erhebungszeitpunkt als »gefühlsmäßig am Ende« beschreiben, sind die Lehrkräfte aus den Grund- und Gesamtschulen am Beginn der Erhebung belasteter, mit einem deutlichen Rückgang bis zum dritten Erhebungszeitpunkt. Eine sehr uneinheitliche Entwicklung wiederum lässt sich bei den Lehrkräften in Sprachlernklassen konstatieren. Diese Unterschiede wie auch die Gesamttendenzen müssen nicht zwangsläufig auf die Fortbildung bezogen werden, als dass sich hierin natürlich auch Krisen im Klassenraum, außerhalb desselben sowie der Fortgang des Schuljahres widerspiegeln. Dennoch ist es im Hinblick auf die Dynamik der Fortbildungen durchaus interessant, dass sich die Lehrkräfte der Schulen mit dem Förderschwerpunkt emotionale und soziale Entwicklung während der Fortbildungen nur sehr schwer auf die emotionalen Gehalte der Module einlassen konnten. Wird Fortbildung folglich stärker zur Vermittlung, kann dies, so eine erste Hypothese, emotional eher zusätzliche Last erzeugen.

Als letztes Item soll hier Folgendes dargestellt werden: »Die Auseinandersetzung mit den traumatisierenden Lebensgeschichten der Schüler_innen belastet mich sehr« (vgl. Abb. 5). Auch dies erscheint als wichtiger Aspekt von Professionalisierung für traumapädagogische Arbeit, weil es über die individuellen Ressourcen hinaus auf strukturelle wie institutionelle Merkmale der Ent- oder Belastung von Fachkräften verweist. Zudem bieten die Antworten auf jenes Item einen wichtigen

Hinweis darauf, wie gut oder schlecht traumatische Verinnerlichungen der Kinder und Jugendlichen ausgehalten werden können und nicht tabuisiert werden müssen. Das heißt auch, dass Fortbildung hier nur neue Perspektiven aufzeigen und an vorhandenen Möglichkeiten der Entlastung anknüpfen kann. Strukturelle Verantwortungslosigkeiten können damit selbstverständlich nicht verändert werden.

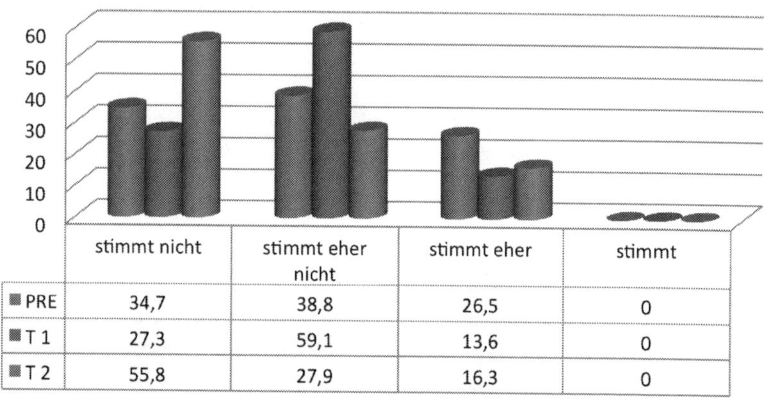

	stimmt nicht	stimmt eher nicht	stimmt eher	stimmt
PRE	34,7	38,8	26,5	0
T 1	27,3	59,1	13,6	0
T 2	55,8	27,9	16,3	0

Abb. 5

Wie in Abbildung 5 sichtbar, zeigt sich ein deutlicher Zuwachs an ablehnenden Antworten, wenngleich die Linie im Verlauf der drei Erhebungszeitpunkte nicht kontinuierlich ist. Sinkt die Anzahl der ablehnenden Antworten zum zweiten Erhebungszeitpunkt sogar (das heißt, es gab weniger Teilnehmende, die die traumatischen Erfahrungen überhaupt nicht als hohe Belastung klassifizierten), steigt deren Anteil bis zum letzten Erhebungszeitpunkt sprunghaft auf über die Hälfte aller Antworten an. Dies mag trotz einiger offener Fragen darauf bezogen werden, dass sich die Teilnehmenden im ersten Teil einer solchen Fortbildung zunächst mit den vielen leidvollen Erfahrungen von traumatisierten Kindern und Jugendlichen auseinandersetzen, in den Modulen drei und vier hingegen stärker Möglichkeiten der Stabilisierung der Kinder, von sich selbst und Umorientierungen der Institution im Vordergrund stehen.

7.4 Ist Fortbildung hilfreich?

Die insgesamt natürlich kleine und hier auch nur mit ausgewählten Ergebnissen vorgestellte Studie zeigt trotz begrenzter statistischer Generalisierbarkeit einige

Ergebnisse auf, die die Fachdiskussion erweitern können. Die projektive Beziehungsgestaltungsfähigkeit (folglich eine Zukunftserwartung, erfragt wurde nicht die aktuelle Erfahrung!) der teilnehmenden Fachkräfte mit traumatisierten Kindern und Jugendlichen ändert sich, soweit das beurteilt werden kann, nachhaltig. Wird dies mit den Inhalten der Fortbildung gemeinsam gedacht, kann sinnhaft interpretiert werden, dass ein Konzept des »Guten Grunds«, demnach das vertiefte Verständnis von Subjektlogik und traumabezogener Beziehungsanfragen, zu einer Zunahme selbst empfundener Beziehungsgestaltungsfähigkeit bei Fachkräften führt. Gleichzeitig sind die auf die persönliche Belastung bezogenen Effekte gering oder wechselnd, sodass keine sinnvollen Schlussfolgerungen gezogen werden können.

Ein weiteres Ergebnis der Gesamtstudie ist Folgendes: Der Korrelationskoeffizient zwischen Berufserfahrung und dem Gefühl von Selbstwirksamkeit ist eher niedrig. Das heißt, dass Gefühle der Selbstwirksamkeit weder in die eine noch in die andere Richtung an die Dauer der Tätigkeit im Schuldienst gekoppelt sind. Es zeigte sich jedoch eine Ausnahme: In der Gruppe der Grund- und Gesamtschullehrkräfte war jene Korrelation mit dem Gefühl emotionaler Erschöpfung mit ,740 durchaus hoch – ältere Lehrkräfte bzw. solche, die seit Langem im Schuldienst sind, waren also deutlich erschöpfter. Hierbei handelte es sich jedoch um die kleinste Teilgruppe – nur zwölf Fachkräfte – sodass die Aussagekraft dieses Teilergebnisses mit Vorsicht zu genießen ist. Einige der Ergebnisse, insbesondere die wechselnden Belastungen der Fachkräfte, führen zudem zu einer für traumabezogene Fortbildungen hoch relevanten Frage: Können nachhaltige Veränderungen in der Arbeit mit traumatisierten Kindern und Jugendlichen auf der Basis von eher reflexions-, haltungs- und handlungsorientierten Fortbildungen erreicht werden, wenn die institutionellen Rahmenbedingungen im Wesentlichen unverändert bleiben? Die hier vorgelegten Teilergebnisse legen den Verdacht nahe, langfristig stabilisierende Wirkung würde dann erreicht, wenn auch der emotionalen Belastung der Fachkräfte im schulischen Alltag Räume der Entlastung zur Seite gestellt würden.

Die tiefenhermeneutischen Auswertungen von insgesamt 27 Beobachtungen verwiesen auf positive Veränderungen insbesondere im Hinblick auf Transparenz im Klassenraum und einen Rückgang von teils hoch präsenten Gefühlen von Hilflosigkeit. Dennoch konnte kein durchgängiges Muster, oft auch nicht innerhalb der gleichen Klassen festgestellt werden. In diesem Punkt korrespondieren qualitative und quantitative Forschungsergebnisse. Beobachtete Veränderungen im Sinne höherer Transparenz oder des Einlassens auf Trauerprozesse bei Kindern und Jugendlichen können im Sinne der Selbsteinschätzung der Fachkräfte, sich mehr auf individuelle Bedürfnisse einlassen zu können, verstanden werden. Der Mangel an Stabilität im Hinblick auf emotionale Verfügbarkeit, der hier in einigen Klassenräumen beobachtet wurde, mag auch als Ergebnis doch wechselnder, aber verhältnismäßig stabiler emotionaler Erschöpfung verstanden werden. Er verweist gleichsam auf die hohe Bedeutung von unzureichenden institutionellen Bedingungen. Auch hier kann die Bedeutung von Schutz, Akzeptanz und Reflexion im schulischen Alltag als eines der wichtigsten Ergebnisse der Studie interpretiert werden. So lange sich Fortbildung hier auf die individuelle Kompetenz beschränkt, zeigen sich die Auswirkungen – und diese waren in qualitativer und quantitativer Studie durchaus eindrücklich – im Hinblick auf ein besseres Verständnis der Kinder und Jugendlichen und in wiederkehrenden Beziehungsangeboten, die jedoch im schulischen Alltag gefährdet bleiben.

Während eine in vier Modulen à fünf Zeitstunden durchgeführte Fortbildung zwangsweise nur erste Einblicke liefern kann, müssen umfassende Reflexionsprozesse stets langfristiger angebahnt werden. Hierzu liegen einige Konzeptionen insbesondere aus den Reihen der psychoanalytischen Pädagogik vor. Eine stärkere Verschränkung mit Forschung, die die Effekte solcher Supervisions- und Fortbildungsangebote erhebt, ist demnach außerordentlich wünschenswert. Einige Teilergebnisse dieser wie auch der Pilotstudie (vgl. Ullrich & Zimmermann, 2014) legen zudem die hohe Bedeutung von Kooperation nahe. Hierzu abschließend einige Anmerkungen:

Professionalisierung für die Arbeit mit teils sehr schwer belasteten Kindern und Jugendlichen bewegt sich, wie auch mit dieser Begleitforschung zur Fortbildung mit ganz unterschiedlich ausgewiesenen Fachkräften aufgezeigt, in einem Spannungsfeld zwischen notwendiger Spezialisierung und allgemeinpädagogischer Professionalität, die als Grundkompetenz aller Fachkräfte in sämtlichen Schularten zu verstehen ist. Das heißt auch: Die Kooperation von beziehungsreflektierten Lehrkräften einerseits und für Diagnostik, Fallverstehen und die Gestaltung sicherer Orte spezifisch ausgebildeten (sonder- und sozial-)pädagogischen Fachkräften andererseits ist zwangsläufig ein wesentlicher Teil von institutioneller Weiterentwicklung. Ein nicht unbedeutender Teil der Problematik fehlender Interdisziplinarität bzw. mangelhafter professioneller Kooperation besteht jedoch darin, dass Spezialistinnen und Spezialisten für bestimmte sonderpädagogische Disziplinen an vielen Stellen gar kein wirklich pädagogisches Profil aufweisen sollen. Ihnen wird stattdessen eine kurzfristige Problemlösungsaufgabe zugewiesen, oft verbunden mit rein psychodiagnostischen Kompetenzerwartungen, die die reflexive Professionalität des Fallverstehens weitgehend vernachlässigt. Unter einer ursprünglich pädagogischen Maxime – dem Primat von Verstehen und der Gestaltung von Beziehungsprozessen – ist diese Aufgabe gar nicht erfüllbar. Denn nachhaltige Probleme werden nicht kurzfristig gelöst, sie müssen in korrigierenden Beziehungserfahrungen in die Selbst- und Weltbilder von Kindern und Jugendlichen integriert werden. Der Problemlöseansatz ist im traumapädagogischen Feld vielfach sogar destruktiv, da er den subjektiven Sinn von Verhalten ignoriert. Schnelle Verhaltensänderung wird regelhaft zur Symptomverschiebung und vielfach zur -verschlimmerung führen.

Professionalisierung und Institutionsentwicklung für schwer belastete Kinder und Jugendliche bedeuten demnach nicht die Angleichung sämtlicher fachlicher und didaktischer Qualifikationen aller Lehrämter, wie es teilweise im Sinne inklusiver Schulentwicklung empfohlen wird. Stattdessen ist eine ausgeprägte, durchaus unterschiedliche Professionalität gefragt, bei hochfrequent verankerter Kooperation und einem gemeinsamen Verständnisrahmen pädagogischen Handelns. Dieser lässt sich in der Arbeit mit traumatisierten Kindern und Jugendlichen und darüber hinaus mit allen jungen Menschen nur über Beziehung und darauf aufbauender Gestaltung von Unterricht definieren.

Literatur

Adam, H., Bistritzky, H. & Inal, S. (2016). Seelische Belastungen von Flüchtlingskindern und die Auswirkungen in Schule. In *Sonderpädagogische Förderung heute, 61*(1), 12–22.

Ahrbeck, B. (2006). Das schwierige Kind. Innenwelt, äußere Realität, Verhaltensgestörtenpädagogik. In B. Ahrbeck & B. Rauh (Hrsg.), *Der Fall des schwierigen Kindes. Therapie, Diagnostik und schulische Förderung verhaltensgestörter Kinder und Jugendlicher* (S. 17–37). Weinheim [u.a.]: Beltz.

Ahrbeck, B. (2008). Erregte Zeiten, unaufmerksame und hyperaktive Kinder. *Psyche, 62*, 693–713.

Ahrbeck, B. (2014). *Inklusion: Eine Kritik. Brennpunkt Schule*. Stuttgart: Kohlhammer.

Aigner, J.C. & Dörr, M. (2009). Die psychoanalytische Pädagogik vor dem Unbehagen in der Kultur. Einleitung. In ders. (Hrsg.), *Das neue Unbehagen in der Kultur und seine Folgen für die psychoanalytische Pädagogik* (S. 7–32). Göttingen: Vandenhoeck & Ruprecht.

Amft, H., Gerspach, M. & Mattner, D. (2004). *Kinder mit gestörter Aufmerksamkeit. ADS als Herausforderung für Pädagogik und Therapie* (2. Aufl.). Stuttgart: Kohlhammer.

Andresen, S. & Heitmeyer, W. (Hrsg.). (2012). *Zerstörerische Vorgänge. Missachtung und sexuelle Gewalt gegen Kinder und Jugendliche in Institutionen*. Weinheim: Juventa.

Argelander, H. (1970). *Das Erstinterview in der Psychotherapie*. Darmstadt: Wissenschaftliche Buchgesellschaft.

APA, American Psychiatric Assoziation (Hrsg.). (2013). *Diagnostic and statistical manual of mental disorders. DSM 5*. Washington DC: American Psychiatric Publishing.

Baader, M.S. (2012). Blinde Flecken in der Debatte über sexualisierte Gewalt. In W. Thole, M.S. Baader, W. Helsper et al. (Hrsg.), *Sexualisierte Gewalt, Macht und Pädagogik* (S. 84–102). Opladen [u.a.]: Budrich.

Baita, S. (2014). The Child Survivor: Healing Developmental Trauma and Dissociation. *Journal of Trauma & Dissociation, 15*(3), 366–368.

Barth-Richtarz, J. & Neudecker, B. (2015). Autistisch, hyperaktiv, traumatisiert: Welchen Nutzen haben Diagnosen für den pädagogischen Umgang mit Kindern? In M. Dörr & J. Gstach (Hrsg.), *Trauma und schwere Störung. Pädagogische Arbeit mit psychiatrisch diagnostizierten Kindern und Erwachsenen* (S. 11–27). Gießen: Psychosozial-Verlag.

Bauman, Z. (2003). *Flüchtige Moderne*. Frankfurt a.M.: Suhrkamp.

Baumann, M. (2012). *Kinder, die Systeme sprengen. Wenn Jugendliche und Erziehungshilfe aneinander scheitern*. Baltmannsweiler: Schneider Hohengehren.

Bausum, J., Besser, L. U., Kühn, M. & Weiß, W. (Hrsg.). (2013). *Traumapädagogik. Grundlagen, Arbeitsfelder und Methoden für die pädagogische Praxis* (3., durchges. Aufl.). Weinheim [u.a.]: Beltz Juventa.

Beck, U. (1986). *Risikogesellschaft. Auf dem Weg in eine andere Moderne.* Frankfurt a. M.: Suhrkamp.

Becker, D. (2003). Migration, Flucht und Trauma. Der Trauma-Diskurs und seine politischen und gesellschaftlichen Bedeutungen. In E. J. Forster, I. Bieringer & F. Lamott (Hrsg.), *Migration und Trauma. Beiträge zu einer reflexiven Flüchtlingsarbeit* (S. 17–37). Münster: Lit.

Becker, D. (2014). *Die Erfindung des Traumas. Verflochtene Geschichten.* Gießen: Psychosozial-Verlag.

Becker, U. & Prengel, A. (2016). Pädagogische Beziehungen mit emotional-sozial beeinträchtigten Kindern und Jugendlichen. Ein Beitrag zur Inklusion bei Angst und Aggression. In D. Zimmermann, M. Meyer & J. Hoyer (Hrsg.) (im Druck), *Ausgrenzung und Teilhabe. Perspektiven einer kritischen Sonderpädagogik auf emotionale und soziale Entwicklung.* Bad Heilbrunn: Klinkhardt.

Beckrath-Wilking, U., Biberacher, M., Dittmar, V. & Wolf-Schmid, R. (2013). *Traumafachberatung, Traumatherapie & Traumapädagogik. Ein Handbuch für Psychotraumatologie im beratenden, therapeutischen & pädagogischen Kontext.* Paderborn: Junfermann.

Benkmann, R. (2013). Inklusion im Kontext gesellschaftlicher Exklusion? *VHN, 82,* 283–293.

Benkmann, R. (2014). Inklusive Bildung in Zeiten roher Bürgerlichkeit. *Gemeinsam leben, 22*(2), 68–77.

Benner, D. (1980). Das Theorie-Praxis-Problem in der Erziehungswissenschaft und die Frage nach Prinzipien pädagogischen Denkens und Handelns. *Zeitschrift für Pädagogik, 26*(4), 486–497.

Benner, D. (2010). *Allgemeine Pädagogik. Eine systematische-problemgeschichtliche Einführung in die Grundstruktur pädagogischen Denkens und Handelns.* Weinheim [u.a.]: Beltz Juventa.

Bernfeld, S. (1925). *Sisyphos oder die Grenzen der Erziehung.* Werke, Band 5. Gießen: Psychosozial-Verlag.

Beyer, C., Strobl, C. & Müller, T. (2016): *»Hier kommste nicht raus«. Geschlossener Jugendwerkhof Torgau. Endpunkt erzieherischer Willkür der SED gegenüber verhaltensabweichenden Jugendlichen.* Baltmannsweiler: Schneider Hohengehren.

Bleher, W., Brombach, R., Lorek, J. & Knöller, A. (2013). All inclusive? Überlegungen zur integrativen/inklusiven Beschulung von »Problemkindern«. *Sonderpädagogische Förderung heute, 58*(1), 85–104.

Bion, W. R. (1990). *Lernen durch Erfahrung.* Frankfurt a. M.: Suhrkamp.

Bisson, J. I., Ehlers, A., Matthews, R., Pilling, S., Richards, D. & Turner, S. (2007). Psychological treatments for chronic post-traumatic stress disorder. Systematic review and meta-analysis. *British Journal of Psychiatry, 190,* 97–104.

Bleidick, U. & Ellgar-Rüttgardt, S. (2008). *Behindertenpädagogik – eine Bilanz.* Stuttgart: Kohlhammer.

Blülle, S. & Gahleitner, S. B. (2014). Traumasensibilität in der Kinder- und Jugendhilfe. In S. B. Gahleitner, T. Hensel, M. Baierl, M. Kühn & M. Schmid (Hrsg.), *Traumapadagogik in Psychosozialen Handlungsfeldern. Ein Handbuch für Jugendhilfe, Schule und Klinik* (S. 103–117). Göttingen: Vandenhoeck & Ruprecht.

Böing, U. (2011). Professionalisierung von Lehrpersonen und Schulentwicklung – eine effektive Wechselbeziehung. In K. Ziemen, A. Langner, A. Köpfer & S. Erbring (Hrsg.), *Inklusion – Herausforderungen, Chancen und Perspektiven.* Integrationspädagogik in Forschung und Praxis (S. 59–74). Hamburg: Dr. Kovac.

Bohleber, W. (2000). Die Entwicklung der Traumatheorie in der Psychoanalyse. *Psyche, 54,* 797–839.

Bohleber, W. (2006). Adoleszente Gewaltphänomene. Trauma, Krisen und Sackgassen in der jugendlichen Entwicklung. In M. Leuzinger-Bohleber, R. Haubl & M. Brumlik (Hrsg.), *Bin-*

dung, Trauma und soziale Gewalt. Psychoanalyse, Sozial- und Neurowissenschaften im Dialog (S. 121–141). Göttingen: Vandenhoeck & Ruprecht.

Bohleber, W. (2007). Erinnerung, Trauma und kollektives Gedächtnis. Der Kampf um die Erinnerung in der Psychoanalyse. *Psyche, 61*, 293–321.

Bohleber, W. (2011). Die Traumatheorie in der Psychoanalyse. In G.H. Seidler, H.J. Freyberger & A. Maerker (Hrsg.), *Handbuch der Psychotraumatologie* (S. 107–117). Stuttgart: Klett-Cotta.

Bohleber, W. (2012). *Was Psychoanalyse heute leistet. Identität und Intersubjektivität, Trauma und Therapie, Gewalt und Gesellschaft*. Stuttgart: Klett-Cotta.

Bonus, B. (2008). *Die Anstrengungsverweigerung. Mit den Augen eines Kindes sehen lernen* (Bd. 2). Norderstedt: Books on Demand.

Bräutigam, B. (2000). *Der ungelöste Schmerz. Perspektiven und Schwierigkeiten in der therapeutischen Arbeit mit Kindern politisch verfolgter Menschen*. Gießen: Psychosozial-Verlag.

Brandmeier, M. (2015). Trauma und Gesellschaft – Kritische Reflexionen. In S.B. Gahleitner, C. Frank & A. Leitner (Hrsg.), *Ein Trauma ist mehr als ein Trauma. Biopsychosoziale Traumakonzepte in Psychotherapie, Beratung, Supervision und Traumapädagogik* (S. 38–51). Weinheim [u.a.]: Beltz Juventa.

Brisch, K.H. (2000). Bedeutung von Vernachlässigung und Gewalt gegenüber Kindern und Jugendlichen aus Sicht der Bindungstheorie. In U. Finger-Trescher & H. Krebs (Hrsg.), *Mißhandlung, Vernachlässigung und sexuelle Gewalt in Erziehungsverhältnissen* (S. 91–103). Gießen: Psychosozial-Verlag.

Brisch, K.H. & Hellbrügge, T. (Hrsg.). (2003). *Bindung und Trauma: Risiken und Schutzfaktoren für die Entwicklung von Kindern*. Stuttgart: Klett-Cotta.

Brothers, D. (2014). Traumatic Attachments: Intergenerational Trauma, Dissociation, and the Analytic Relationship. *International Journal of Psychoanalytic Self Psychology, 9*(1), 3–15.

Bundesministerium für Familie, Senioren, Frauen und Jugend (2015). *Fünfter Bericht zur Evaluation des Kinderförderungsgesetzes: Bericht der Bundesregierung 2015 über den Stand des Ausbaus der Kindertagesbetreuung für Kinder unter drei Jahren für das Berichtsjahr 2014 und die Bilanzierung des Ausbaus durch das Kinderförderungsgesetz*. http://www.bmfsfj.de/blaetterkatalog/214054/blaetterkatalog/index.html (19.5.2015).

Burgess, D.A. & Phifer, L.W. (2013). Students exposed to Domestic Violence. In E. Rossen & R. Hull (Hrsg.), *Supporting and Educating Traumatized Students. A Guide for School-Based Professionals* (S. 129–138). New York: Oxford Univ. Press.

Calderon Gómez. C. (2009). Assessing the Quality of Qualitative Health Research: Criteria, Process and Writing. *Forum qualitative research, 10(2)*.

Clarkin, J.F., Yeomans, F.E. & Kernberg, O.F. (2008). *Psychotherapie der Borderline-Persönlichkeit. Manual zur psychodynamischen Therapie*. Stuttgart: Schattauer.

Cohen, Y. (2004). *Das mißhandelte Kind. Ein psychoanalytisches Konzept zur integrierten Behandlung von Kindern und Jugendlichen*. Frankfurt a.M.: Brandes & Apsel.

Crain, F. (2005). *Fürsorglichkeit und Konfrontation. Psychoanalytisches Lehrbuch zur Arbeit mit sozial auffälligen Kindern und Jugendlichen*. Gießen: Psychosozial-Verlag.

Crain, F. (2012). *»Ich geh ins Heim und komme als Einstein heraus«: Zur Wirksamkeit der Heimerziehung*. Wiesbaden: VS Verlag für Sozialwissenschaften.

Dabbert, L. (2016). Methodenbereiche und Haltungen in traumapädagogischen Handlungsfeldern. In D. Zimmermann, L. Dabbert & H. Rosenbrock (Hrsg.). (im Druck), *Praxis Traumapädagogik. Perspektiven professioneller Weiterbildung und ihrer Auswirkungen auf differentielle Arbeitsfelder*. Weinheim [u.a.]: Beltz Juventa.

Dammasch, F. (2008). Triangulierung und Geschlecht. Das Vaterbild in der Psychoanalyse und die Entwicklung des Jungen. In F. Dammasch, D. Katzenbach & J. Ruth (Hrsg.), *Triangulierung.*

Lernen, Denken und Handeln aus psychoanalytischer und pädagogischer Sicht (S. 13–39). Frankfurt a. M.: Brandes & Apsel.

Datler, M. (2012). *Die Macht der Emotion im Unterricht: Eine psychoanalytisch-pädagogische Studie.* Gießen: Psychosozial-Verlag.

Datler, W. (2005). *Bilden und Heilen. Auf dem Weg zu einer pädagogischen Theorie psychoanalytischer Praxis. Zugleich ein Beitrag zur Diskussion um das Verhältnis zwischen Psychotherapie und Pädagogik.* Wien: Empirie-Verlag.

Datler, W., Datler, M., Hover-Reisner, N. & Trunkenpolz, K. (2014). Observation according to the Tavistock model as a research tool: remarks on methodology, education and the training of researchers. *Infant Observation. The International Journal of Infant Observation and Its Applications, 17,* 195–214.

Datler, W., Finger-Trescher, U. & Gstach, J. (Hrsg.). (2012). *Psychoanalytisch-pädagogisches Können. Vermitteln – Aneignen – Anwenden. Jahrbuch für Psychoanalytische Pädagogik 20.* Gießen: Psychosozial-Verlag.

Datler, W., Gstach, J., Steinhardt, K. & Ahrbeck, B. (Hrsg.). (2009). *Themenschwerpunkt. Der pädagogische Fall und das Unbewusste. Psychoanalytische Pädagogik in kasuistischen Berichten. Jahrbuch für Psychoanalytische Pädagogik 17.* Gießen: Psychosozial-Verlag.

Desbiens, N. & Gagné, M.-H. (2007). Profiles in the development of behaviour disorders among youth with family maltreatment histories. *Emotional and Behavioural Difficulties, 12,* 215–240.

Deutsches Jugendinstitut (2009). *Hilflos und überfordert? Wenn Erziehung scheitert und Kinder ins Heim kommen.* http://www.dji.de/index.php?id=42082 (27.10.2015).

Diem-Wille, G. (2009). *Das Kleinkind und seine Eltern. Perspektiven psychoanalytischer Babybeobachtung.* Stuttgart: Kohlhammer.

Ding, U. (Hrsg.). (2014). *»Ich kann mir sowieso nichts merken, also brauche ich auch nicht hin!« Wie kann Schule dissoziierende Kinder verstehen und im Lernen unterstützen?* In W. Weiß, E. K. Friedrich, E. Picard & U. Ding (Hrsg.), »Als wär' ich ein Geist, der auf mich runter schaut.« Dissoziiation und Traumapädagogik. Weinheim [u.a.]: Beltz Juventa.

Dirks, S. & Kessl, F. (2012). Räumlichkeit in Erziehungs- und Bildungsverhältnissen. In U. Bauer (Hrsg.), *Handbuch Bildungs- und Erziehungssoziologie* (S. 507–525). Wiesbaden: Springer.

Dörr, M. (2013). Das Ethos des sozialen Ortes »Heim« und die Haltung von PädagogInnen. Eine notwendige und doch störbare Einheit. In B. Lang, C. Schirmer, T. Lang, I. Andreae de Hair, T. Wahle, J. Bausum, W. Weiß & M. Schmid (Hrsg.), *Traumapädagogische Standards in der stationären Kinder- und Jugendhilfe* (S. 14–31). Weinheim [u.a.]: Beltz Juventa.

Dörr, M. (2015). Stationäre Einrichtungen als Orte zur (Wieder-)Herstellung des Wohlergehens von Kindern und Jugendlichen? Eine psychoanalytisch-pädagogische Perspektive. In U. Finger-Trescher, A. Eggert-Schmid Noerr, B. Ahrbeck & A. Funder (Hrsg.), *Kindeswohl und Kindeswohlgefährdung. Jahrbuch für Psychoanalytische Pädagogik 22* (S. 137–153). Gießen: Psychosozial-Verlag.

Dörr, M. (2016). Scham und Schamgefühle – am Beispiel der Leitung von pädagogischen Gruppen. In D. Zimmermann, J. Hoyer & M. Meyer (im Druck). (Hrsg.), *Ausgrenzung und Teilhabe. Perspektiven einer kritischen Sonderpädagogik auf emotionale und soziale Entwicklung.* Bad Heilbronn: Klinkhardt.

Dorness, M. (2012). *Modernisierung der Seele: Kind – Familie – Gesellschaft.* Frankfurt a. M.: Fischer.

Dorness, M. (2015). Macht der Kapitalismus depressiv? *Psyche, 69,* 115–160.

Dyregrov, A., Dyregrov, K. & Idsoe, T. (2012). Teachers' perceptions of their role facing children in grief. *Emotional and Behavioural Difficulties, 18*(2), 125–134.

Eberle-Sejari, R., Nocon, A. & Rosner, R. (2015). Zur Wirksamkeit von psychotherapeutischen Interventionen bei jungen Flüchtlingen und Binnenvertriebenen mit posttraumatischen Symptomen. *Kindheit und Entwicklung, 24*(3), 156–169.

Eggert-Schmid Noerr, A. (2002). Über Humor und Witz in der Pädagogik. In U. Finger-Trescher, H. Krebs, B. Müller & J. Gstach (Hrsg.), *Professionalisierung in sozialen und pädagogischen Feldern. Impulse der psychoanalytischen Pädagogik. Jahrbuch für Psychoanalytische Pädagogik 13* (S. 123–140). Gießen: Psychosozial-Verlag.

Ellinger, S. & Stein, R. (2012). Effekte inklusiver Beschulung: Forschungsstand im Förderschwerpunkt emotionale und soziale Entwicklung. *Empirische Sonderpädagogik, 4*(2), 85–109.

Erikson, E.H. (1973). *Identität und Lebenszyklus: Drei Aufsätze.* Frankfurt a.M.: Suhrkamp.

Fahrenberg, J. (2003). Interpretationsmethodik in Psychologie und Sozialwissenschaften – neues Feld oder vergessene Traditionen? *Forum Qualitative Sozialforschung, 4*(2), Art. 45.

Farmer, T.W., Reinke, W.M. & Brooks, D.S. (2014). Managing Classrooms and Challenging Behavior: Theoretical Considerations and Critical Issues. *Journal of Emotional and Behavioral Disorders, 22*(2), 67–73.

Faulstich, P. & Zeuner, C. (2015). Ökonomisierung und Politisierung des Feldes der Erwachsenenbildung: Die Rolle der Wissenschaft. *Erziehungswissenschaft, 26,* 25–36.

Fegert, J.M., Ziegenhain, U. & Goldbeck, L. (Hrsg.). (2013). *Traumatisierte Kinder und Jugendliche in Deutschland: Analysen und Empfehlungen zu Versorgung und Betreuung* (2. Aufl.). Weinheim [u.a.]: Beltz Juventa.

Fegert, J.M. & Petermann, F. (2014). Kinder- und Jugendpsychiatrie/Psychotherapie versus Kinder- und Jugendhilfe. *Kindheit und Entwicklung, 23*(3), 135–139.

Felitti, V.C., Fink, P.J., Fishkin, R.E. & Anda, R.F. (2007). Ergebnisse der Adverse Childhood Experience (ACE) – Studie zu Kindheitstrauma und Gewalt. Epidemiologische Validierung psychoanalytischer Konzepte. *Trauma und Gewalt, 1,* 18–32.

Feuser, G. & Jantzen, W. (2014). Bindung und Dialog. In G. Feuser, W. Jantzen & B. Herz (Hrsg.), *Emotion und Persönlichkeit* (S. 64–90). Stuttgart: Kohlhammer.

Fickler-Stang, U. (2009). Gelingende Übergänge gestalten – aus der Arbeit mit einem männlichen Jugendlichen mit frühkindlichem Missbrauch und Vernachlässigung. *Sonderpädagogische Förderung heute, 54*(3), 244–260.

Finger-Trescher, U. (2009). Psychosoziale Beratung – (Wieder-)Herstellung von Entwicklungschancen und Bewältigungskompetenzen. In A. Eggert-Schmid Noerr, U. Finger-Trescher, J. Heilmann & H. Krebs (Hrsg.), *Beratungskonzepte in der Psychoanalytischen Pädagogik* (S. 63–78). Gießen: Psychosozial-Verlag.

Finger-Trescher, U., Krebs, H., Müller, B. & Gstach, J. (Hrsg.). (2002). *Professionalisierung in sozialen und pädagogischen Feldern: Impulse der psychoanalytischen Pädagogik. Jahrbuch für Psychoanalytische Pädagogik 13.* Gießen: Psychosozial-Verlag.

Fischer, G. & Riedesser, P. (2009). *Lehrbuch der Psychotraumatologie.* München: Reinhardt.

Freud, S. (1927a). Nachwort zur »Frage der Laienanalyse«. *GW 14,* 287–296.

Freyberg, T. von & Wolff, A. (2006). Trauma, Angst und Destruktivität in Konfliktgeschichten nicht beschulbarer Jugendlicher. In M. Leuzinger-Bohleber, R. Haubl & M. Brumlik (Hrsg.), *Bindung, Trauma und soziale Gewalt. Psychoanalyse, Sozial- und Neurowissenschaften im Dialog* (S. 164–185). Göttingen: Vandenhoeck & Ruprecht.

Freyberg, T. von & Wolff, A. (2005). *Störer und Gestörte. Band 1: Konfliktgeschichten nicht beschulbarer Jugendlicher.* Frankfurt a.M.: Brandes & Apsel.

Gahleitner, S.B. (2011). *Das Therapeutische Milieu in der Arbeit mit Kindern und Jugendlichen. Trauma und Beziehungsarbeit in stationären Einrichtungen.* Bonn: Psychiatrie Verlag.

Gahleitner, S.B., Hensel, T., Baierl, M., Kühn, M. & Schmid, M. (Hrsg.). (2014). *Traumapädagogik in Psychosozialen Handlungsfeldern: Ein Handbuch für Jugendhilfe, Schule und Klinik*. Göttingen: Vandenhoeck & Ruprecht.

Gahleitner, S.B. & Schmid, M. (2014). Traumapädagogische Forschung und Qualitätssicherung. In S.B. Gahleitner, T. Hensel, M. Baierl, M. Kühn & M. Schmid (Hrsg.), *Traumapädagogik in Psychosozialen Handlungsfeldern. Ein Handbuch für Jugendhilfe, Schule und Klinik*. Göttingen: Vandenhoeck & Ruprecht.

Gahleitner, S.B., Schneider, M., Brandstetter, W., Mingazzini, C., Gerlich, K., Hinterwallner, H. & Frank, C. (2015). Bindungs- und traumasensibel arbeiten: Traumapädagogische Konzepte in der stationären Kinder- und Jugendhilfe. In Die Kinderschutz-Zentren (Hrsg.), *Kindgerecht. Verändertes Aufwachsen in einer modernen Gesellschaft* (S. 192–203). Köln: Bundesarbeitsgemeinschaft d. Kinderschutz-Zentren.

Gavranidou, M., Niemiec, B., Magg, B. & Rosner, R. (2008). Traumatische Erfahrungen, aktuelle Lebensbedingungen im Exil und psychische Belastung junger Flüchtlinge. *Kindheit und Entwicklung*, *17*(4), 224–231.

Gerspach, M. (2002). Der Beitrag der Psychoanalyse zum Dialog. In B. Warzecha (Hrsg.), *Zur Relevanz des Dialogs in Erziehungswissenschaft, Behindertenpädagogik, Beratung und Therapie* (S. 125–168). Hamburg: Lit.

Gerspach, M. (2009). *Psychoanalytische Heilpädagogik: Ein systematischer Überblick*. Stuttgart: Kohlhammer.

Gerspach, M. (2012). Das heimliche Curriculum der Psychoanalytischen Pädagogik. In W. Datler, U. Finger-Trescher & J. Gstach (Hrsg.), *Psychoanalytisch-pädagogisches Können. Vermitteln – Aneignen – Anwenden. Jahrbuch für Psychoanalytische Pädagogik 20* (S. 81–105). Gießen: Psychosozial-Verlag.

Gewerkschaft für Erziehung und Wissenschaft (2015). *Material für die Praxis*. http://www.gew.de/migration/flucht-und-asyl/material-fuer-die-praxis/ (13.1.2016).

Göppel, R. (2010). Von der »sittlichen Verwilderung« zu »Verhaltensstörungen« – Zur Begriffs- und Ideengeschichte der pädagogischen Reflexion über »schwierige« Kinder. In B. Ahrbeck & M. Willmann (Hrsg.), *Pädagogik bei Verhaltensstörungen. Ein Handbuch* (S. 11–20). Stuttgart: Kohlhammer.

Göppel, R. (2013). Vom »polymorph-perversen Triebwesen« zum »polypotent-neuralen Lernwesen«. Die Modernisierung des Bildes der Kindheit unter dem Einfluss der modernen Hirnforschung. In B. Ahrbeck, M. Dörr, R. Göppel & J. Gstach (Hsrg.), *Strukturwandel der Seele. Modernisierungsprozesse und pädagogische Antworten. Jahrbuch für psychoanalytische Pädagogik 21* (S. 83–103). Gießen: Psychosozial-Verlag.

Görgen, A., Griemert, M. & Fangerau, H. (2013). Kindheit und Trauma Kindheit und Trauma. Medikalisierung und Skandalisierung im Umgang mit der Gewalt gegen Kinder. *Trauma und Gewalt*, *7*, 218–229.

Graf-Deserno, S. (2001). Sinnverstehen in der kollegialen Falldiskussion als professionelle Form der Verständigung. In S. Müller (Hrsg.), *Reflexion als Schlüsselkategorie* (S. 89–125). Baltmannsweiler: Schneider Verlag Hohengehren.

Grgic, M. & Alt, C. (2014). Bildung in der Familie und elterliche Betreuungsbedarfe als neue Themen des Monitorings frühkindlicher Bildung. *Frühe Bildung*, *3*(1), 10–21.

Gruntz-Stoll, J. (2006). Schön gefärbt? Schwarz gemalt?: Einführende Gedanken zum Sprachwandel in der Heil- und Sonderpädagogik. In J. Gruntz-Stoll (Hrsg.), *Verwahrlost, beziehungsgestört, verhaltensoriginell. Zum Sprachwandel in der Heil- und Sonderpädagogik* (S. 7–16). Bern: Haupt.

Groß, E. & Hövermann, A. (2015). Die Gefährdung des Sozialen im hoch entwickelten Kapitalismus. Inklusion, Abwertung und Ausgrenzung im Namen neoliberaler Leitbilder. In

S. Kluge, A. Liesner & E. Weiß (Hrsg.), *Jahrbuch für Pädagogik 2015. Inklusion als Ideologie* (S. 41–58). Frankfurt a. M.: Peter Lang.

Hamburger Bündnis für schulische Inklusion (2014). *Memorandum*. Hamburg.

Hanses, A. (2000). Biographische Diagnostik in der Sozialen Arbeit. Über Notwendigkeiten und Möglichkeit eines hermeneutischen Fallverstehens im institutionellen Kontext. *Neue Praxis, 4*, 357–379.

Hantke, L. (2012). Traumazentrierte Arbeit im psychosozialen Feld. Unterschiede und Gemeinsamkeiten von Traumatherapie, -beratung und -pädagogik. *Trauma & Gewalt, 6*, 198–205.

Hantke, L. (2015). Traumakompetenz in psychosozialen Handlungsfeldern. In S. B. Gahleitner, C. Frank & A. Leitner (Hrsg.), *Ein Trauma ist mehr als ein Trauma. Biopsychosoziale Traumakonzepte in Psychotherapie, Beratung, Supervision und Traumapädagogik* (S. 118–126). Weinheim [u.a.]: Beltz Juventa.

Hantke, L. & Görges, H.-J. (2012). *Handbuch Traumakompetenz: Basiswissen für Therapie, Beratung und Pädagogik*. Paderborn: Junfermann.

Hartke, B., Diehl, K., Blumenthal, Y., Mahlau, K., Hensen, A., Langer, J., Marten, K., Schöning, A., Sikora, S. & Voß, S. (2015). *Rügener Inklusionsmodell (RIM). Präventiv und integrative Schule auf Rügen (PISaR)*. Universität Rostock. http://www.rim.uni-rostock.de/uploads/media/1. Ruegener_Inklusionsmodell-Kurzinformation_zum_Projekt-Broschuere.pdf (24.8.2015).

Hart, O. van der (2007). »Die Phobie vor dem Trauma überwinden«. Ein Gespräch mit Onno van der Hart (von M. Huber). *Trauma und Gewalt, 1*, 58–61.

Hartmann, V. (2014). *Beziehungs- und Interaktionsgestaltung als Reinszenierung traumatischer Erfahrung. Beobachtungen und Auswertungen nach dem Tavistock-Konzept* [Masterarbeit]. Leibniz Universität. Hannover.

Hattie, J. (2012). *Visible Learning for Teachers*. New York: Routledge.

Heinemann, E., Grüttner, T. & Rauchfleisch, U. (2003). *Gewalttätige Kinder: Psychoanalyse und Pädagogik in Schule, Heim und Therapie*. Düsseldorf [u.a.]. Walter.

Heiner, M. (2004). *Professionalität in der sozialen Arbeit. Theoretische Konzepte, Modelle und empirische Perspektiven*. Stuttgart: Kohlhammer.

Heiner, M. (2012). Handlungskompetenz »Fallverstehen«. In R. Becker-Lenz (Hrsg.), *Professionalität Sozialer Arbeit und Hochschule. Wissen, Kompetenz, Habitus und Identität im Studium Sozialer Arbeit* (S. 201–217). Wiesbaden: VS Verlag für Sozialwissenschaften.

Heinrich, M., Urban, M. & Werning, R. (Hrsg.). (2013). Grundlagen, Handlungsstrategien und Forschungsperspektiven für die Ausbildung und Professionalisierung von Fachkräften für inklusive Schulen. In H. Döbert & H. Weishaupt (Hrsg.), *Inklusive Bildung professionell gestalten. Situationsanalyse und Handlungsempfehlungen*. Münster [u.a]: Waxmann.

Henningsen, F. (2012). Psychoanalytische Perspektiven der Posttraumatischen Belastungsstörungen. *Trauma und Gewalt, 6*, 134–149.

Herz, B. (2013). Aggression Macht Angst. In B. Herz (Hrsg.), *Schulische und außerschulische Erziehungshilfe* (S. 55–65). Bad Heilbrunn: Klinkhardt.

Herz, B. (2015a). Biologisierung und Ökonomisierung bei ADHS. *Sonderpädagogische Förderung heute, 60*, 61–105.

Herz, B. (2015b). Inklusionssemantik und Risikoverschärfung. In S. Kluge, A. Liesner & E. Weiß (Hrsg.), *Jahrbuch für Pädagogik 2015. Inklusion als Ideologie* (S. 59–76). Frankfurt a. M.: Peter Lang.

Herz, B. (2016). Deprofessionalisierungsprozesse in der schulischen Erziehungshilfe durch »Para-Professionelle«? *Behindertenpädagogik, 55*(2), 187–196.

Herz, B. & Heuer, S. (2014). Eine Pädagogik der Beschämung? Emotionale Gewalt als Disziplinartechnik. *VHN, 83*, 246–249.

Herz, B. & Zimmermann, D. (2015). Beziehung statt Erziehung? Psychoanalytische Perspektiven auf pädagogische Herausforderungen in der Praxis mit emotional-sozial belasteten Heranwachsenden. In R. Stein & T. Müller (Hrsg.), *Inklusion im Förderschwerpunkt emotionale und soziale Entwicklung* (S. 144–169). Stuttgart: Kohlhammer.

Herz, B., Zimmermann, D. & Meyer, M. (Hrsg.). (2015). *»… und raus bist Du!« Pädagogische und institutionelle Herausforderungen in der schulischen und außerschulischen Erziehungshilfe.* Bad Heilbrunn: Klinkhardt.

Heuer, S. (2012). Als Kunde nicht erreichbar. Beschäftigungsförderung zwischen Aktivierungspolitik und inklusionsorientiertem Bildungsmainstream. *Forum für Kinder- und Jugendarbeit, 7,* 37–42.

Hillenbrand, C. (2006). *Einführung in die Pädagogik bei Verhaltensstörungen* (3., überarb. Aufl.). München [u.a.]: Reinhardt.

Hillenbrand, C. (2015). Evidenzbasierte Praxis im Förderschwerpunkt emotional-soziale Entwicklung. In R. Stein & T. Müller (Hrsg.), *Inklusion im Förderschwerpunkt emotionale und soziale Entwicklung* (S. 170–215). Stuttgart: Kohlhammer.

Hinz, A. (2013). Inklusion – von der Unkenntnis zur Unkenntlichkeit!? – Kritische Anmerkungen zu einem Jahrzehnt Diskurs über schulische Inklusion in Deutschland. *Zeitschrift für Inklusion*, 1. http://www.inklusion-online.net/index.php/inklusion-online/article/view/26/26. (13.04.2016).

Hirblinger, H. (2011). *Unterrichtskultur. Band I: Emotionale Erfahrungen und Mentalisierung in schulischen Lernprozessen.* Gießen: Psychosozial-Verlag.

Hirsch, M. (2011). *Trauma.* Gießen: Psychosozial-Verlag.

Hüther, G., Korittko, A., Wolfrum, G. & Besser, L. (2010). Neurobiologische Grundlagen der Herausbildung psychotraumabedingter Symptomatiken. *Trauma und Gewalt, 4,* 18–31.

Hüther, G., Korittko, A., Wolfrum, G. & Besser, L. (2012). Neurobiologische Erkenntnisse zur Herausbildung psychotraumabedingter Symptomatiken und ihre Bedeutung für die Traumapädagogik. *Trauma und Gewalt, 6,* 182–189.

Hurvich, M. (Hrsg.). (2004). *Psychic Trauma and Fears of Annihilation.* In D. Knafo (Hrsg.), Living with terror, working with trauma: A clinician´s handbook. New Jersey: Jason Aronson.

Jäckle, M., Fuchs, C. & Wutti, B. (Hrsg.). (2016). Handbuch TraumaPädagogik und Schule. Bielefeld: transcript.

Jaeggi, E., Faas A. & Mruck K. (1998). *Denkverbote gibt es nicht! Vorschlag zur interpretativen Auswertung kommunikativ gewonnener Daten.* Forschungsbericht aus der Abteilung Psychologie im Institut für Sozialwissenschaften (Nr. 2-98). Berlin.

Janschewski, J., Berens, P. & Käppler, C. (2014). Psychisch belastete Kinder und Jugendliche im Schulkontext – eine empirische Analyse schulischer Problemlagen anhand von Schulakten einer Klinikschule. *Zeitschrift für Heilpädagogik, 65*(10), 368–378.

Jaritz, C., Wiesinger, D. & Schmid, M. (2008). Traumatische Lebensereignisse von Kindern und Jugendlichen in der stationären Jugendhilfe. Ergebnisse einer epidemiologischen Untersuchung. *Trauma und Gewalt, 2,* 266–277.

Jennings, P. A. & Greenberg, M. T. (2009). The Prosocial Classroom: Teacher Social and Emotional Competence in Relation to Student and Classroom Outcomes. *Review of Educational Research, 79*(1), 491–525.

Jütte, M. (2016). Sprachlernklassen – Möglichkeiten und Grenzen der Integration in intensivpädagogischer Förderung. *Sonderpädagogische Förderung heute, 61*(1), 64–69.

Karunkarra, U. K., Neuner, F., Schauer, M., Singh, K., Hill, K., Elbert, T. & Burnha, G. (2004). Traumatic events and symptoms of post-traumatic stress disorder amongst Sudanese nationals, refugees and Ugandans in the West Nile. *African Health Science, 4,* 83–93.

Katzenbach, D. & Ruth, J. (2008). Lernen – Lernstörung – Triangulierung. Zum Zusammenspiel von Emotion und Kognition bei Lernprozessen. In F. Dammasch, D. Katzenbach & J. Ruth (Hrsg.), *Triangulierung. Lernen, Denken und Handeln aus psychoanalytischer und pädagogischer Sicht* (S. 59–81). Frankfurt a. M.: Brandes & Apsel.

Kavemann, B. & Rothkegel, S. (2014). Trauma Sexualisierte Gewalt in der Kindheit und Jugend. Vergessen und Erinnern. Sprechen und Schweigen. *Trauma und Gewalt, 8*, 202–213.

Keilson, H. (1979). *Sequentielle Traumatisierung bei Kindern: deskriptiv-klinische und quantifizierend-statistische follow-up Untersuchung zum Schicksal der jüdischen Kriegswaisen in den Niederlanden.* Stuttgart: Enke.

Kessl, F. (2015). Ökonomisierung von Bildung und Erziehung: Von der Dynamisierung eines anhaltenden Prozesses durch TTIP. *Erziehungswissenschaft, 26*, 17–24.

Khan, M. (Hrsg.). (1977). Das kumulative Trauma. In ders., *Selbsterfahrung in der Therapie* (S. 50–70). München: Kindler.

Kizilhan, J. I., Utz, K. S. & Bengel, J. (2013). Transkulturelle Aspekte bei der Behandlung der Posttraumatischen Belastungsstörung. In R. E. Feldmann & G. H. Seidler (Hrsg.), *Traum(a) Migration. Aktuelle Konzepte zur Therapie traumatisierter Flüchtlinge und Folteropfer* (S. 261–279). Gießen: Psychosozial-Verlag.

Klitzing, K. von (2000). Repräsentanzen der Vaterschaft, triadische Fähigkeit und kindliche Entwicklung. In H. Bosse & V. King (Hrsg.), *Männlichkeitsentwürfe. Wandlungen und Widerstände im Geschlechterverhältnis* (S. 155–167). Frankfurt a. M. und New York: Campus.

Klusmann, U. & Richter, D. (2014). Beanspruchungserleben von Lehrkräften und Schülerleistung. Eine Analyse des IQB-Ländervergleichs in der Primarstufe. *Zeitschrift für Pädagogik, 60*(2), 202–224.

König, H. D. (2000). Tiefenhermeneutik. In U. Flick, E. Kardoff & I. Steinke (Hrsg.), *Qualitative Forschung. Ein Handbuch* (S. 556–569). Reinbeck bei Hamburg: Rowohlt.

Kobi, E. E. (2006). Sprachmatt?! In J. Gruntz-Stoll (Hrsg.), *Verwahrlost, beziehungsgestört, verhaltensoriginell. Zum Sprachwandel in der Heil- und Sonderpädagogik* (S. 123–153). Bern: Haupt.

Kobi, E. E. (2008). Alternative Integration als integrierte Alternative?: Assoziationen zum Interview mit Konrad Bundschuh: »Es gibt keine Alternative zur schulischen Integration …«. *Heilpädagogik online, 7*(2), 13–28.

Kolk, B. van der (2005). Developmental Trauma Disorder. Towards a rational diagnosis for children with complex trauma histories. *Psychiatric Annals, 35*(5), 401–408.

Kraushofer, T. (2004): Genug ist nicht genug. Überlegungen zur Konzeptarbeit für den pädagogischen Alltag mit jugendlichen Flüchtlingen. In C. Büttner, R. Mehl, P. Schlaffer & M. Nauck (Hrsg.), *Kinder aus Kriegs- und Krisengebieten: Lebensumstände und Bewältigungsstrategien* (S. 171–180). Frankfurt a. M.: Campus.

Krebs, H. (2002). Emotionales Lernen in der Schule – Aspekte der Professionalisierung von Lehrerinnen und Lehrern. In U. Finger-Trescher, H. Krebs, B. Müller & J. Gstach (Hrsg.), *Professionalisierung in sozialen und pädagogischen Feldern. Impulse der psychoanalytischen Pädagogik. Jahrbuch für Psychoanalytische Pädagogik 13* (S. 47–69). Gießen: Psychosozial-Verlag.

Kreuter-Hafer, B. (2012). »Fliegen sterben in der Nacht«. Zur psychoanalytischen Behandlung traumatisierter Kinder im Vorschulalter – exemplarisch aufgezeigt anhand des Therapieprozesses eines chronisch kranken Kindes. *Analytische Kinder- und Jugendlichenpsychotherapie, 43*, 521–542.

Krüger, A. (2007). *Psychodynamisch Imaginative Traumatherapie für Kinder und Jugendliche: PITT-KID – das Manual.* Stuttgart: Klett-Cotta.

Kühn, M. (2012). »Jeder Schritt macht eine neue Farbe ...«. Zur Diversität traumapädagogischer Arbeitsfelder. *Trauma und Gewalt, 6*, 190–197.

Kühn, M. (2014). Traumapädagogik – von einer Graswurzelbewegung zur Fachdisziplin. In S.B. Gahleitner, T. Hensel, M. Baierl, M. Kühn & M. Schmid (Hrsg.), *Traumapädagogik in Psychosozialen Handlungsfeldern. Ein Handbuch für Jugendhilfe, Schule und Klinik* (S. 19–26). Göttingen: Vandenhoeck & Ruprecht.

Künkler, T. (2011). *Lernen in Beziehung. Zum Verhältnis von Subjektivität und Relationalität in Lernprozessen.* Bielefeld: transcript.

Lazar, R.A. (2000). Erforschen und Erfahren: Teilnehmende Säuglingsbeobachtung. »Emphatietraining« oder empirische Forschungsmethode. *Analytische Kinder- und Jugendlichen-Psychotherapie, 31*, 399–417.

Leber, A. (1988). Zur Begründung des Fördernden Dialogs in der Psychoanalytischen Heilpädagogik. In G. Iben (Hrsg.), *Das Dialogische in der Heilpädagogik* (S. 41–61). Mainz: Matthias Grünewald.

Leuzinger-Bohleber, M. (2009). *Frühe Kindheit als Schicksal? Trauma, Embodiment, Soziale Desintegration. Psychoanalytische Perspektiven.* Stuttgart: Kohlhammer.

Lewicki, M.-L. & Greiner-Zwarg, C. (2015) *Ansprüche ans Elternsein.: Eine repräsentative forsa-Studie im Auftrag von ELTERN.* http://www.eltern.de/public/mediabrowserplus_root_folder/PDFs/studie2015.pdf (19.3.2015).

Liesebach, J. (2015). Dilematta inklusiver Schulentwicklung. In B. Herz, D. Zimmermann & M. Meyer (Hrsg.), *»... und raus bist Du!«. Pädagogische und institutionelle Herausforderungen in der schulischen und außerschulischen Erziehungshilfe* (S. 118–129). Bad Heilbrunn: Klinkhardt.

Lindmeier, C. & Lindmeier, B. (2015). Inklusion aus der Perspektive des rechtlichen und ethischen Begründungsdiskurses. *Erziehungswissenschaft, 26*, S. 43–51.

Loch, U. (2008). Spuren von Traumatisierungen in narrativen Interviews, *9*(1). http://www.qualitative-research.net/index.php/fqs/article/view/320/701 (14.4.2016).

Lück, M., Strüber, D. & Roth, G. (2006). Neurobiologische und entwicklungspsychologische Grundlagen gewalttätigen Verhaltens. In M. Leuzinger-Bohleber, R. Haubl & M. Brumlik (Hrsg.), *Bindung, Trauma und soziale Gewalt. Psychoanalyse, Sozial- und Neurowissenschaften im Dialog* (S. 78–99). Göttingen: Vandenhoeck & Ruprecht.

Lutz, R. (2014). Ökonomische Landnahme und Verwundbarkeit – Thesen zur Produktion sozialer Ungleichheit. *Neue Praxis, 44*(1), 3–22.

Lynn, S., Carroll, A., Houghton, S. & Cobham, V.E. (2013). Peer relations and emotion regulation of children with emotional and behavioural difficulties with and without a developmental disorder. *Emotional and Behavioral Difficulties, 18*(3), 297–309.

Mack, R. (2002). Wegschauen, abwehren oder die Konfrontation aufgreifen – Praxis der Unterrichtsgestaltung mit Problemkindern. In C. Ertle & M. Hoanzl (Hrsg.), *Entdeckende Schulpraxis mit Problemkindern* (S. 63–88). Bad Heilbrunn: Klinkhardt.

Mahlau, K., Diehl, K., Voß, S. & Hartke, B. (2011). Das Rügener Inklusionmodell (RIM) – Konzeption einer inklusiven Grundschule. *Zeitschrift für Heilpädagogik, 11*, 464–472.

Marks, S. & Mönnich-Marks, H. (2003). The Analysis of Counter-Transfer Reactions is a Means to Discern Latent Interview-Contents. *Forum qualitative research.* http://www.qualitative-research.net/index.php/fsq/article/view/709/1537 (14.04.2016).

Mayring, P. (2007). Generalisierung in qualitativer Forschung. *Forum Qualitative Sozialforschung.* http://www.qualitative-research.net/index.php/fqs/article/view/291/639 (14.04.2016).

Max (2012). Angst, Liebe, Leben. Wozu Missbrauch fähig ist. In S. Andresen & W. Heitmeyer (Hrsg.), *Zerstörerische Vorgänge. Missachtung und sexuelle Gewalt gegen Kinder und Jugendliche in Institutionen* (S. 66–70). Weinheim [u.a.]: Beltz Juventa.

McDonald, M.K., Borntrager, C.F. & Rostad, W. (2014). Measuring trauma: considerations for assessing complex and non-PTSD Criterion A childhood trauma. *J Trauma Dissociation*, *15*(2), 184–203.

Mentzos, S. (1988). *Interpersonale und institutionalisierte Abwehr.* Frankfurt a.M.: Suhrkamp

Mertens, H. (2000). Auswahlverfahren, Sampling, Fallkonstruktion. In U. Flick, E. v.Kardoff & I. Steinke (Hrsg.), *Qualitative Forschung. Ein Handbuch* (S. 286–299). Reinbek bei Hamburg: Rowohlt.

Meyer, M., Haertel, N., Heuer, S., Hoyer, J., Liesebach, J., Schwarz, U.J. & Zimmermann, D. (2016). Forschungsdesiderate der schulischen und außerschulischen Erziehungshilfe – Perspektiven einer kritischen Sonderpädagogik. In D. Zimmermann, M. Meyer und J. Hoyer (Hrsg.). (im Druck), *Ausgrenzung und Teilhabe. Perspektiven einer kritischen Sonderpädagogik auf emotionale und soziale Entwicklung.* Bad Heilbrunn: Klinkhardt.

Miller, L., Rustin, M., Rustin, M. & Shuttleworth, J. (1989). *Closely observed infants.* London: Duckworth.

Mittag, W., Kleine, D. & Jerusalem, M. (2002). Evaluation der schulbezogenen Selbstwirksamkeit von Sekundarschülern. *Zeitschrift für Pädagogik*, *44*, 145–173.

Möhrlein, G. & Hoffart, E.-M. (2014). Traumapädagogische Konzepte in der Schule. In S.B. Gahleitner, T. Hensel, M. Baierl, M. Kühn & M. Schmid (Hrsg.), *Traumapadagogik in Psychosozialen Handlungsfeldern. Ein Handbuch für Jugendhilfe, Schule und Klinik* (S. 91–102). Göttingen: Vandenhoeck & Ruprecht.

Moreno, G., Wong-Lo, M., Short, M. & Bullock, L.M. (2014). Implementing a culturally attuned functional behavioural assessment to understand and address challenging behaviours demonstrated by students from diverse backgrounds. *Emotional and Behavioural Difficulties*, *19*(4), 343–355.

Mowat, J.G. (2014). ›Inclusion – that word!‹ examining some of the tensions in supporting pupils experiencing social, emotional and behavioural difficulties/needs. *Emotional and Behavioural Difficulties*, *20*(2), 153–172.

Müller, B. (2002). Beziehungsarbeit und Organisation: Erinnerung an eine Theorie der Professionalisierung sozialer Arbeit. In U. Finger-Trescher, H. Krebs, B. Müller & J. Gstach (Hrsg.), *Professionalisierung in sozialen und pädagogischen Feldern. Impulse der psychoanalytischen Pädagogik* (S. 27–46). Gießen: Psychosozial-Verlag.

Müller, B. (2013). Professionelle Handlungsungewissheit und professionelles Organisieren Sozialer Arbeit. *Neue Praxis*, *36*, 246–262.

Müller, C. (2014). Emotionale Gewalt als Methode: Zur Kritik des Programms »Bei Stopp ist Schluss!«. *Behindertenpädagogik*, *53*(4), 391–398.

Müller, C. & Schwarz, U.J. (2016). Psychosoziale Aspekte der pädagogischen Arbeit mit geflüchteten Kindern und Jugendlichen. *Sonderpädagogische Förderung heute*, *61*(1), 23–38.

Müller, T. & Stein R. (2013). Erziehung an Schulen für Erziehungshilfe? *VHN*, *82*, 213–226.

Müller, T. & Stein, R. (2015). Erziehung – ein intensivpädagogische Angebot schulischer Erziehungshilfe? In B. Herz, D. Zimmermann & M. Meyer (Hrsg.), *»… und raus bist Du!«. Pädagogische und institutionelle Herausforderungen in der schulischen und außerschulischen Erziehungshilfe* (S. 20–35). Bad Heilbrunn: Klinkhardt.

Myschker, N. (1999). *Verhaltensstörungen bei Kindern und Jugendlichen: Erscheinungsformen – Ursachen – hilfreiche Massnahmen* (3., überarb. Aufl.). Stuttgart [u.a.]: Kohlhammer Pädagogik.

Naumann, T.M. (2015). Ökonomisierungsdruck? Eine andere Pädagogik ist möglich! In I. Seifert-Karb (Hrsg.), *Frühe Kindheit unter Optimierungsdruck. Entwicklungspsychologische und familientherapeutische Perspektiven* (S. 133–142). Gießen: Psychosozial-Verlag.

Neudecker, B. (2015). Manna! Oder doch nur wieder Krümel vom Tisch der Reichen? Zum Verhältnis von Traumapädagogik und (Psychoanalytischer) Pädagogik. In M. Dörr & J. Gstach

(Hrsg.), *Trauma und schwere Störung. Pädagogische Arbeit mit psychiatrisch diagnostizierten Kindern und Erwachsenen. Jahrbuch für Psychoanalytische Pädagogik 23* (S. 76–90). Gießen: Psychosozial-Verlag.

News4Teachers.de (2014). *Inklusion: Lehrer schlagen Alarm – »Kinder mit Verhaltensstörungen in Regelschulen kaum zu betreuen«.* http://www.news4teachers.de/2014/05/inklusion-lehrer-schlagen-alarm-kinder-mit-verhaltensstoerungen-in-regelschulen-kaum-zu-betreuen/ (28.11.2014).

Nohl, H. (1949). *Die pädagogische Bewegung in Deutschland und ihre Theorie* (3. Aufl.). Frankfurt a.M: Schulte-Bulmke.

Pestalozzi, J.H. (1932 [1799]). Pestalozzis Brief an einen Freund über seinen Aufenthalt in Stanz. In ders. (Hrsg.), *Sämtliche Werke, Band 13* (S. 1–32). Berlin: Gruyter.

Prengel, A. (2013). *Pädagogische Beziehungen zwischen Anerkennung, Verletzung und Ambivalenz.* Leverkusen: Budrich.

Rauh, B. (2014). Komorbidität von Lern- und Verhaltensstörungen: Was nützt dieses medizinisch-psychiatrische Konzept für eine inklusive (sonder-)pädagogische Förderung. *Sonderpädagogische Förderung heute, 59*(3), 245–259.

Reddemann, L. (2011). *Psychodynamisch Imaginative Traumatherapie: PITT® – Das Manual. Ein resilienzorientierter Ansatz in der Psychotraumatologie* (6. Aufl.). Stuttgart: Klett-Cotta.

Reichertz, J. (2015). Die Bedeutung der Subjektivität in der Forschung. *Forum Qualitative Sozialforschung, 16*(3), Art. 33. http://www.qualitative-research.net/index.php/fqs/article/view/2461/3889 (22.2.2016).

Reiser, H. (2016). Psychodynamische Aspekte von Leistungsstörungen im Schulfach Mathematik. In D. Zimmermann, M. Meyer & J. Hoyer (Hrsg.). (im Druck), *Ausgrenzung und Teilhabe. Perspektiven einer kritischen Sonderpädagogik auf emotionale und soziale Entwicklung.* Bad Heilbrunn: Klinkhardt.

Ricken, N. (2012). Macht, Gewalt und Sexualität in pädagogischen Beziehungen.: Versuch einer systematischen Reflexion. In W. Thole (Hrsg.), *Sexualisierte Gewalt, Macht und Pädagogik* (S. 103–117). Opladen [u.a.]: Budrich.

Rosner, R. (2010). Sind unsere diagnostischen Konzepte adäquat? Posttraumatische Belastungsstörung vs. Traumaentwicklungsstörung. In J.M. Fegert, U. Ziegenhain & L. Goldbeck (Hrsg.), *Traumatisierte Kinder und Jugendliche in Deutschland. Analysen und Empfehlungen zu Versorgung und Betreuung* (S. 64–70). Weinheim [u.a.]: Beltz Juventa.

Rosner, R. & Hagl, M. (2008): Posttraumatische Belastungsstörung. *Kindheit und Entwicklung, 17*(4), 205–209.

Rosner, R., Hagl, M. & Petermann, U. (2015). Themenschwerpunkt: Trauma- und belastungsbezogene Störungen. *Kindheit und Entwicklung, 24*, 131–136.

Rousseau, C. (2015). Ein Schritt nach vorne? *Kindheit und Entwicklung, 24*(3), 137–145.

Ruf, M., Schauer, M. & Elbert, T. (2010). Prävalenz von traumatischen Stresserfahrungen und seelischen Erkrankungen bei in Deutschland lebenden Kindern von Asylbewerbern. *Zeitschrift für klinische Psychologie und Psychotherapie, 39*, 151–160.

Sachsse, U. (2012). Neurobiologische Grundlagen und Veränderungen nach traumatischen Lebenserfahrungen. In I. Özkan, U. Sachsse & A. Streek-Fischer (Hrsg.), *Zeit heilt nicht alle Wunden. Kompendium zur Psychotraumatologie* (S. 65–84). Göttingen: Vandenhoeck & Ruprecht.

Scanlon, G. & Barnes-Holmes, Y. (2013). Changing attitudes: supporting teachers in effectively including students with emotional and behavioural difficulties in mainstream education. *Emotional and Behavioural Difficulties, 18*(4), 374–395.

Scherwath, C. & Friedrich, S. (2012). *Soziale und pädagogische Arbeit bei Traumatisierung.* München: Reinhardt.

Schirmer, C. (2013). Institutionelle Standards – Worauf es bei traumapädagogischen Konzepten in den Institutionen ankommt. In B. Lang, C. Schirmer, T. Lang, I. Andreae de Hair, T. Wahle, J. Bausum, W. Weiß & M. Schmid (Hrsg.), *Traumapädagogische Standards in der stationären Kinder- und Jugendhilfe* (S. 241–267). Weinheim [u.a.]: Beltz Juventa.

Schirmer, C. (2016): Wert-volle Organisationskultur in traumapädagogisch ausgerichteten Einrichtungen. In D. Zimmermann, L. Dabbert & H. Rosenbrock (Hrsg.). (im Druck), *Praxis Traumapädagogik. Perspektiven professioneller Weiterbildung und ihrer Auswirkungen auf differentielle Arbeitsfelder*. Weinheim [u.a.]: Beltz Juventa.

Schmid, M. (2008). Entwicklungspsychopathologische Grundlagen einer Traumapädagogik. *Trauma und Gewalt, 2*(4), 288–309.

Schmid, M. (2010). Umgang mit traumatisierten Kindern und Jugendlichen in der stationären Jugendhilfe: »Traumasensibilität« und »Traumapädagogik«. In J.M. Fegert, U. Ziegenhain & L. Goldbeck (Hrsg.), *Traumatisierte Kinder und Jugendliche in Deutschland. Analysen und Empfehlungen zu Versorgung und Betreuung* (S. 36–60). Weinheim [u.a.]: Beltz Juventa.

Schmid, M. & Fegert, J.M. (2008). Themenheft Traumapädagogik I. *Trauma & Gewalt, 2*, 257–352.

Schmid, M. & Fegert, J.M. (2009). Themenheft Traumapädagogik II. *Trauma & Gewalt, 3*, 89–176.

Schmid, M., Fegert, J.M. & Petermann, F. (2010). Aktuelle Kontroverse. Traumaentwicklungsstörung: Pro und Contra. *Kindheit und Entwicklung, 19*, 47–63.

Schmid, M. & Lang, B. (2015). Die traumapädagogische Interaktionsanalyse als Mittel der Fallreflexion. *Trauma und Gewalt, 9*(1), 48–65.

Schneider, B. & Waite, L. (2005). *Being together, working apart: Dual-career families and the work-life balance.* New York: Cambridge University Press.

Schöning, A., Fahrenwaldt, A.-M., Rössig, A.-M. & Hartke, B. (2013). *Zur Qualität sonderpädagogischer Diagnostik in Mecklenburg-Vorpommern im Schuljahr 2008/2009.* Universität Rostock. http://www.sopaed.uni-rostock.de/fileadmin/Isoheilp/Diagnostik_MV/Dia-Bericht_13.6.13.pdf (24.8.2015).

Schore, A. (2001). The Effects on Early Realtional Trauma on Right Brain Development, Affect Regulation and Infant Mental Health. *Infant Health Journal, 22*, 201–269.

Schore, A. (2013). Relational trauma, brain development, and dissociation. In J.D. Ford & C.A. Courtois (Hrsg.), *Treating complex traumatic stress disorders in children and adolescents. Research and therapeutic models* (S. 3–23). New York und London: Guilford.

Schorn, A. (2000). Das »themenzentrierte Interview«. Ein Verfahren zur Entschlüsselung manifester und latenter Aspekte subjektiver Wirklichkeit. *Forum qualitative Sozialforschung, 1*(2). http://www.qualitative-research.net/index.php/fqs/article/view/1092/2393 (14.4.2016).

Schwarz, U.J. (2016). »Und weiß dann auch gar nich, wo ich mit mir hin soll mit mein [sic!] Gefühlen.« Anhaltspunkte für eine traumapädagogische Beziehungsgestaltung in der Schule aus der Forschung. In D. Zimmermann, L. Dabbert & H. Rosenbrock (Hrsg.). (im Druck), *Praxis Traumapädagogik. Perspektiven professioneller Weiterbildung und ihrer Auswirkungen auf differentielle Arbeitsfelder*. Weinheim [u.a.]: Beltz Juventa.

Schwarz, U.J. (2014). *Pädagogische Beziehung mit traumatisierten Kindern und Jugendlichen* [unveröffentl. Masterarbeit]. Hannover: Leibniz Universität.

Schwarzer, R. & Jerusalem, M. (2002). Konzept der Selbstwirksamkeit. *Zeitschrift für Pädagogik, 44*, 28–53.

Seidler, G.H., Freyberger, H.J. & Maerker, A. (Hrsg). (2011). *Handbuch der Psychotraumatologie.* Stuttgart: Klett-Cotta.

Seiffge-Krenke, I. (2007). *Psychoanalytische und tiefenpsychologisch fundierte Therapie mit Jugendlichen.* Stuttgart: Klett-Cotta.

Sennett, R. (2005). *Die Kultur des neuen Kapitalismus.* Berlin: Berlin-Verlag.

Shearman, S. (2003). What is the reality of ›inclusion‹ for children with emotional and behavioural difficulties in the primary classroom? *Emotional and Behavioural Difficulties, 8*(1), 53–76.

Skinner, B.F. (1980). »*Walden Two*«. *Die Vision einer aggressionsfreien Gesellschaft.* Reinbek bei Hamburg: Rowohlt.

Solnit, J. & Kris, M. (1967). Trauma and Infantile Experience: A Longitudinal Perspective. In S.S. Furst (Hrsg.), *Psychic Trauma* (S. 175–220). New York: Basic Books.

Speck, O. (1997). *Chaos und Autonomie in der Erziehung. Erziehungsschwierigkeiten unter moralischem Aspekt.* München: Reinhardt.

Spitzer, C., Wibisono, D. & Freyberger, H.J. (Hrsg.). (2011). *Theorien zum Verständnis von Dissoziation.* Handbuch der Psychotraumatologie. Stuttgart: Klett Cotta.

Stein, R., & Müller, T. (2014). Psychische Störungen aus sonderpädagogischer Perspektive. *Sonderpädagogische Förderung heute, 59*(3), 232–244.

Stein, R. & Müller, T. (2015). Verhaltensstörungen und emotional-soziale Entwicklung: zum Gegenstand. In R. Stein & T. Müller (Hrsg.), *Inklusion im Förderschwerpunkt emotionale und soziale Entwicklung* (S. 19–43). Stuttgart: Kohlhammer.

Steinlin, C., Dölitzsch, C., Fischer, S., Lüdtke, J., Fegert, J.M. & Schmid, M. (2015). Burnout, Posttraumatische Belastungsstörung und Sekundärtraumatisierung. Belastungsreaktionen bei pädagogischen Fachkräften in Kinder- und Jugendhilfeeinrichtungen der Schweiz. *Trauma und Gewalt, 9*(1), 6–21.

Stern, D. (2003). *Die Lebenserfahrung des Säuglings.* Stuttgart: Klett-Cotta.

Streek-Fischer, A. (2003). *Trauma und Entwicklung. Frühe Traumatisierung und ihre Folge in der Adoleszenz.* Stuttgart: Schattauer.

Streek-Fischer, A. (2012). Themenheft Traumapädagogik III. *Trauma & Gewalt, 6,* 177–272.

Streeck-Fischer, A. (2014). *Trauma und Entwicklung: Adoleszenz – frühe Traumatisierungen und ihre Folgen* (2., überarb. Aufl.). Stuttgart: Schattauer.

Streek-Fischer, A. & van der Kolk, B.A. (2000). Down will come baby, cradle and all; diagnostic and therapeutic implications of chronic trauma on child development. *Australian and New Zealand Journal of Psychiatry, 34,* 309–918.

Sturm, T. (2015). Inklusion: Kritik und Herausforderung des schulischen Leistungsprinzips. *Erziehungswissenschaft, 26,* 25–32.

Suess, G.J. (2010). Belastungen durch die Arbeit mit traumatisierten Kindern und Jugendlichen. Die Bedeutung eigener Bindungserfahrungen der HelferInnen. In J.M. Fegert, U. Ziegenhain & L. Goldbeck (Hrsg.), *Traumatisierte Kinder und Jugendliche in Deutschland. Analysen und Empfehlungen zu Versorgung und Betreuung* (2. Aufl.) (S. 268–274). Weinheim [u.a.]: Beltz Juventa.

Tagay, S., Repic, N., Düllmann, S., Schlottobohm, E., Hermanns, E., Hiller, R., Holtmann, M., Frosch, D. & Senf, W. (2013). Traumatische Ereignisse, psychische Belastungen und Prädikatoren der PTBS- Symptomatik bei Kindern und Jugendlichen. *Kindheit und Entwicklung, 22,* 70–79.

Terr, L. (1995). *Schreckliches Vergessen, heilsames Erinnern: Traumatische Erfahrungen drängen ans Licht.* München: Kindler.

Thoms, E., Lack, K. & Salgo, L. (2015). *Kinderschutz in der frühen Kindheit. Ein Leitfaden für die Praxis.* Gießen: Psychosozial-Verlag.

Trescher, H.G. (1990). *Theorie und Praxis der psychoanalytischen Pädagogik* (korr. Neuaufl.). Mainz: Matthias-Grünewald-Verlag.

Ullrich, F. & Zimmermann, D. (2014). Gewalt und Vernachlässigung – Belastungen, die Unterricht unmöglich machen? Wahrnehmung von Traumatisierung bei Kindern und Jugendli-

chen und ihrer Folgen durch Fachkräfte in Schulen. *Zeitschrift für Heilpädagogik, 65,* 257–266.

Urton, K., Wilbert, J. & Hennemann, T. (2015). Die Einstellung zur Integration und die Selbstwirksamkeit von Lehrkräften. *Psychologie in Erziehung und Unterricht, 62,* 147–157.

Volmer, J. (2016). … damit traumapädagogische Ideen nicht an der Realität zerschellen. Dreierlei Anregungen für die Weiterbildung. In D. Zimmermann, L. Dabbert & H. Rosenbrock (Hrsg.). (im Druck), *Praxis Traumapädagogik. Perspektiven professioneller Weiterbildung und ihrer Auswirkungen auf differentielle Arbeitsfelder.* Weinheim [u.a.]: Beltz Juventa.

Warzecha, B. (2000). Sekundärtraumatisierungen in pädagogischen Einrichtungen? In U. Finger-Trescher & H. Krebs (Hrsg.), *Misshandlung, Vernachlässigung und sexuelle Gewalt in Erziehungsverhältnissen* (S. 139–152). Gießen: Psychosozial-Verlag.

Watts, B. V., Schnurr, P. P., Mayo, L., Young-Xu, Y., Weeks, W. B. & Friedman, M. J. (2013). Meta-analysis of the efficacy of treatments for posttraumatic stress disorder. *Journal of Clinical Psychiatry, 74,* 541–550.

Weiss, S. (2002). How teachers' autobiographies influence their responses to children's behaviors. *Emotional and Behavioural Difficulties, 7*(2), 109–127.

Weiß, W. (2009). *Philipp sucht sein Ich. Zum pädagogischen Umgang mit Traumata in den Erziehungshilfe.* Weinheim [u.a.]: Beltz Juventa.

Weiß, W., Gahleitner, S. B., Kessler, T. & Koch, J. (Hrsg.). (2016). *Handbuch Traumapädagogik.* Weinheim [u.a.]: Beltz Juventa.

Wenk-Ansohn, M., Scheef-Maier, G. & Gierlichs, H.-W. (2013). Zur Begutachtung psychisch-reaktiver Traumafolgen in aufenthaltsrechlichen Verfahren: Ein Update. In R. E. Feldmann & G. H. Seidler (Hrsg.), *Traum(a) Migration. Aktuelle Konzepte zur Therapie traumatisierter Flüchtlinge und Folteropfer* (S. 283–302). Gießen: Psychosozial-Verlag.

Wevelsiep, C. (2014). Pädagogik bei emotional-sozialen Entwicklungsstörungen – ein »besonderes Arbeitsbündnis«. *Neue Praxis, 44*(4), 378–390.

Willmann, M. (2012). *De-Psychologisierung und Professionalisierung der Sonderpädagogik. Kritik und Perspektiven einer Pädagogik für »schwierige« Kinder.* München: Reinhardt.

Willmann, M. (2015). »Was hinter dem Verhalten steht« – Pädagogische Beziehungsgestaltung und ihre Reflexion im Unterricht mit »schwierigen« Kindern. In M. Dörr & J. Gstach (Hrsg.), *Trauma und schwere Störung. Pädagogische Arbeit mit psychiatrisch diagnostizierten Kindern und Erwachsenen. Jahrbuch für Psychoanalytische Pädagogik 23* (S. 127–142). Gießen: Psychosozial-Verlag.

Wininger, M. (2012). »Reflection on action« im Dienst pädagogischer Professionalisierung. Psychoanalytisch-pädagogische Überlegungen zur Vermittlung sonderpädagogischer Kompetenzen an Hochschulen. In W. Datler, U. Finger-Trescher & J. Gstach (Hrsg.), *Psychoanalytisch-pädagogisches Können. Vermitteln – Aneignen – Anwenden. Jahrbuch für Psychoanalytische Pädagogik 20* (S. 53–80). Gießen: Psychosozial-Verlag.

Winnicott, D. W. (2006). Reifungsprozesse und fördernde Umwelt. Gießen: Psychosozial-Verlag.

Witt, A., Rassenhofer, M., Fegert, J. M. & Plener, P. L. (2015). Hilfebedarf und Hilfsangebote in der Versorgung von unbegleiteten minderjährigen Flüchtlingen: Eine systematische Übersicht. *Kindheit und Entwicklung, 24*(4), 209–224.

Wolff, A. (2012). Zur Verschränkung von traumatischen Situationen mit den jeweiligen Entwicklungskonflikten eines Kindes. Ein klinischer Beitrag aus der Behandlung des achtjährigen Robert. *Analytische Kinder- und Jugendlichenpsychotherapie, 43,* 499–520.

Wolff, L. (2010). *An den Grenzen der Pädagogik. Konflikte und Dynamiken in der sozialen Arbeit mit »Straßenkindern« in Cajamarca (Peru). Psychoanalytisch orientierte Fallstudien aus zwei Projekten.* Frankfurt a. M.: Brandes & Apsel.

Ziegenhain, U. (2009). Frühe Bindungserfahrungen und Trauma. *Trauma und Gewalt, 3*, 136–147.

Zhu, C., Wang, D., Cai, Y.H. & Engels, N. (2013). What core competencies are related to teachers' innovative teaching? *Asia-Pacific Journal of Teacher Education, 41*(1), 9–27.

Zimmermann, D. (2012a). *Migration und Trauma. Verstehen und Handeln in der Arbeit mit jungen Flüchtlingen*. Gießen: Psychosozial-Verlag.

Zimmermann, D. (2012b). Die subjektive und soziale Fremdheit. In J. Heilmann, H. Krebs & A. Eggert-Schmid Noerr (Hrsg.), *Außenseiter integrieren. Perspektiven auf gesellschaftliche, institutionelle und individuelle Ausgrenzung* (S. 347–363). Gießen: Psychosozial-Verlag.

Zimmermann, D. (2013). Verstehen und Handeln. Vom Umgang mit schweren psychosozialen Belastungen in der Schule. *Heilpädagogische Forschung, 34*, 187–193.

Zimmermann, D. (2014). Trauma und Traumadiagnostik in der Schule. *Sonderpädagogische Förderung heute, 59*, 308–322.

Zimmermann, D. (2015a). Das Leiden der anderen. Beziehungstraumatisierung und institutionelle Abwehr. In B. Herz, D. Zimmermann & M. Meyer (Hrsg.), *»... und raus bist du.« Pädagogische und institutionelle Herausforderungen in der schulischen und außerschulischen Erziehungshilfe* (S. 49–65). Heilbrunn: Klinkhardt.

Zimmermann, D. (2015b). Migration, individuelles Leid und Beziehungstraumatisierung: Tiefenhermeneutisches Verstehen schwer belasteter Entwicklung. *Freie Assoziation. Zeitschrift für psychoanalytische Sozialpsychologie, 1*, 43–69.

Zimmermann, D. (2015c). Psychoanalytisches Fallverstehen als Methode schulischer Traumapädagogik. In M. Fürstaller, W. Datler & M. Wininger (Hrsg.), *Psychoanalytische Pädagogik: Selbstverständnis und Geschichte* (S. 163–174). Leverkusen: Budrich.

Zimmermann, D. (2015d). Sequenzielle Traumatisierung bei Kindeswohlgefährdungen. Traumapädagogische und psychoanalytisch-pädagogische Perspektiven. In U. Finger-Trescher, A. Eggert-Schmid Noerr, B. Ahrbeck & A. Funder (Hrsg.), *Kindeswohl und Kindeswohlgefährdung. Jahrbuch für Psychoanalytische Pädagogik 22* (S. 31–47). Gießen: Psychosozial-Verlag.

Zimmermann, D. (2015e). »Ich dachte, ich hab einen Säugling auf dem Schoß« – Pädagogische Arbeit mit beziehungstraumatisierten Kindern. Forschungserträge und ihr Beitrag für die psychoanalytische Pädagogik. In M. Dörr & J. Gstach (Hrsg.), *Trauma und schwere Störung. Pädagogische Arbeit mit psychiatrisch diagnostizierten Kindern und Erwachsenen. Jahrbuch für Psychoanalytische Pädagogik 23* (S. 91–110). Gießen: Psychosozial-Verlag.

Zimmermann, D. (2016a). Die innere und äußere Beziehungsstörung- eine (psychoanalytisch-)pädagogische Perspektive auf das Phänomen Trauma. In M. Jäckle & B. Bendel (Hrsg.). (im Druck), *Handbuch TraumaPädagogik in der Schule*. Bielefeld: transcript.

Zimmermann, D. (2016b). Traumabezogene Diagnostik – Überlegungen zu einem umstrittenen Aspekt pädagogischer Professionalität. In D. Zimmermann, L. Dabbert & H. Rosenbrock (Hrsg.). (im Druck), *Praxis Traumapädagogik. Perspektiven professioneller Weiterbildung und ihrer Auswirkungen auf differentielle Arbeitsfelder*. Weinheim [u.a.]: Beltz Juventa.

Zimmermann, D., Dabbert, L. & Rosenbrock, H. (Hrsg.). (2016). *Praxis Traumapädagogik. Perspektiven einer Fachdisziplin und ihrer Herausforderungen in verschiedenen Praxisfeldern*. Weinheim [u.a.]: Beltz Juventa.

Zimmermann, D. & Wininger, M. (2014). Dialog: Kann man Reflexionsfähigkeit und Beziehungsgestaltung lernen? *VHN, 83*, 250–255.

David Zimmermann

Migration und Trauma

Pädagogisches Verstehen und Handeln in der Arbeit mit jungen Flüchtlingen

2012 · 266 Seiten · Broschur
ISBN 978-3-8379-2180-9

Das Leben zwangsmigrierter Jugendlicher ist durch extreme Belastungen gekennzeichnet, die von den erlebten Kriegserfahrungen bis zur gestörten familiären Interaktion im Exil reichen.

Diese Erfahrungs- und Erlebenswelten der Jugendlichen unterzieht der Autor anhand zahlreicher Fallbeispiele einer genauen Analyse.

Es zeigt sich, dass der verantwortungsvolle Umgang mit der Traumatisierung dieser jungen Menschen für die pädagogische Arbeit eine besondere Herausforderung darstellt, für die bislang kaum Konzepte vorliegen. Indem der Autor auf die Erkenntnisse der Traumaforschung, insbesondere die Konzeption der sequenziellen Traumatisierung zurückgreift, entwickelt er einen innovativen, pädagogisch sinnvollen Verstehenszugang. Daraus leitet er konkrete Handlungsoptionen sowohl für den schulischen als auch für den außerschulischen Bereich ab.

Robert E. Feldmann, Jr., Günter H. Seidler (Hg.)

Traum(a) Migration

Aktuelle Konzepte zur Therapie traumatisierter Flüchtlinge und Folteropfer

2013 · 309 Seiten · Broschur
ISBN 978-3-8379-2261-5

Kriege, Konflikte, Naturkatastrophen oder wirtschaftliche Verhältnisse verursachen weltweit anhaltende Migrationsströme nach Europa.

Erlebnisse während der Flucht, Trennung von der Familie, Haft oder Folter bergen für die Betroffenen nicht selten ein hohes Risiko für die Entwicklung psychisch reaktiver Traumafolgestörungen. Im deutschsprachigen Raum ist ein zunehmender Bedarf an medizinischer Versorgung traumatisierter Flüchtlinge, immigrierter Folteropfer und deren Folgegenerationen zu verzeichnen. Trotz vielfältiger Bemühungen ist das psychiatrisch-psychotherapeutische Versorgungssystem in Deutschland bislang nicht ausreichend in der Lage, die Gruppe der PatientInnen mit Migrationshintergrund angemessen zu versorgen.

Für das vorliegende Buch haben namhafte Expertinnen und Experten wissenswerte Hintergrundinformationen, neuste transkulturelle Behandlungskonzepte und prägnante klinische Fallbeispiele zusammengestellt und analysiert. Ergänzt wird der Band durch die Vorstellung der überarbeiteten Standards zur Begutachtung psychisch-reaktiver Traumafolgen in aufenthaltsrechtlichen Verfahren, die von der Deutschen Ärztekammer übernommen wurden.